广东改革开放40周年回顾与展望丛书

陆 军◎主编

广东企业社会责任
理论与实践

陈宏辉 张 麟◎编著

中国社会科学出版社

图书在版编目（CIP）数据

广东企业社会责任：理论与实践 / 陈宏辉，张麟编著. —北京：中国社会科学出版社，2024.4

（广东改革开放40周年回顾与展望丛书）

ISBN 978-7-5227-3232-9

Ⅰ.①广⋯ Ⅱ.①陈⋯ ②张⋯ Ⅲ.①企业责任—社会责任—研究—广东 Ⅳ.①F279.275.5

中国国家版本馆CIP数据核字（2024）第049752号

出 版 人	赵剑英	
责任编辑	喻　苗	
责任校对	胡新芳	
责任印制	王　超	

出　　版	中国社会科学出版社	
社　　址	北京鼓楼西大街甲158号	
邮　　编	100720	
网　　址	http://www.csspw.cn	
发 行 部	010-84083685	
门 市 部	010-84029450	
经　　销	新华书店及其他书店	
印　　刷	北京明恒达印务有限公司	
装　　订	廊坊市广阳区广增装订厂	
版　　次	2024年4月第1版	
印　　次	2024年4月第1次印刷	
开　　本	710×1000　1/16	
印　　张	18	
插　　页	2	
字　　数	242千字	
定　　价	96.00元	

凡购买中国社会科学出版社图书，如有质量问题请与本社营销中心联系调换
电话：010-84083683
版权所有　侵权必究

总　序

党的十一届三中全会，吹响了中国改革开放的号角，从此中国大地发生了翻天覆地的变化。时至今日，已经整整四十年，中国从一个贫穷落后的国家发展成为世界第二大经济体，外界称之为中国奇迹。四十年的改革开放，给中国人民带来了实惠，也给世界人民带来了福利，中国已经成为了世界第一贸易大国。四十年的风雨历程，四十年的探索前行，走出了一条中国特色的社会主义道路，向世人证明了中国特色社会主义制度的优越性。

广东地处华南，濒临港澳，是中国改革开放的试验田和排头兵。从蛇口工业区、经济特区到沿海开放城市，再到沿江沿边城市，形成全面对外开放的新格局，广东的先行先试以及"敢为天下先"的开创精神，为全国提供了很好的经验借鉴。2018年3月7日，习近平总书记在参加十三届全国人大一次会议广东代表团审议时发表重要讲话，充分肯定了党的十八大以来广东的工作，深刻指出广东在我国改革开放和社会主义现代化建设大局中的重要地位和作用，对广东提出了"四个走在全国前列"的明确要求。"进一步解放思想、改革创新，真抓实干、奋发进取，以新的更大作为开创广东工作新局面，在构建推动经济高质量发展体制机制、建设现代化经济体系、形成全面开放新格局、营造共建共治共享社会治理格局上走在全国前列。"从某种意义上讲，广东的改革开放就是全国的一个缩影，广东的经验就是全国的经验。党中央在充分肯定广东成绩的同时，对广东也提出了更高和更大的要求。

1985年我还在中山大学攻读研究生，到深圳参加广东外贸体制改革课题的调研，当年深圳建设时期晴天黄尘漫天、雨天泥泞的道路至今印象深刻。珠江三角洲河网密布，水系发达，改革开放前广东特别是珠三角交通很不发达，广州到东莞要过五六个渡口，要用6个多小时的时间。如今粤港澳大湾区城市群通过高速铁路、高速公路、港珠澳大桥等连成一体，成为世界上最发达的区域。改革开放初期，以习仲勋、任仲夷等为代表的老一代改革开拓者，以大无畏的改革精神和实事求是的探索精神，给广东的发展打出来一片新天地。广东从改革开放前的一个偏远落后的省份，如今已经连续29年经济总量位列全国第一。广东"以桥养桥""以路养路"，率先到国际金融市场融资，率先成功采用BOT的建设方式，率先采用掉期等风险管理的方式，率先发行信用卡等，广东在中国不知有多少个全国第一！从经济特区的建立，对外开放以及"三来一补"的发展模式，助力广东取得发展的原始积累；到珠三角的迅速崛起，广东制造蜚声海内外；再到广东创造，成为创新创业的引领者，这中间不知凝聚了多少广东人民的勤劳和智慧。特有的广东经济发展模式，给各种所有制经济提供了发展的舞台，特别是民营经济以及家族企业开拓了一条特色发展之路。企业发展需要社会和政策的土壤，企业也在不断地回馈社会和国家，广东的企业家们也格外注重履行企业社会责任。经济的发展，更离不开政府的政策扶持和市场制度建设，金融、外贸、工业、财政、税收等各个领域的改革，在广东大地上全面推开。广东的发展离不开港澳两地的支持，同时广东的发展也给港澳的发展注入了新的活力。在"一国两制"方针的指导下，粤港澳经济合作的格局也在不断发展和壮大。最近粤港澳大湾区建设的战略设想，也给粤港澳合作提出了更高的要求，粤港澳三地人民将发挥更大的智慧来互补互助，解决发展的瓶颈问题，将会给世界大湾区经济建设和制度创新留下浓墨重彩的一笔。然而，发展也存在一定的问题，广东的区域发展极不平衡，粤东西北等地区的经济发展甚至滞后于全国平均水平，最富在广东，最穷也在广东。2020年我们要全面步入小康社会，广东的扶贫攻坚工作也尤为艰巨。

中国特别是广东的改革开放走的是一条创新开拓之路，没有现成的经验可以借鉴，是中国共产党人带领全国人民披荆斩棘，共建美好家园的探索之路，所以有人把改革称之为摸着石头过河。既然是走没有人走的路，就会出现这样或那样的问题，也会遇到这样或那样的困难。我们把这些解决问题的思路和克服困难的方法总结起来，这就是经验，是希望给继续前行的人点上一盏明灯。

中山大学地处广东改革开放这块热土，中山大学的众多师生全程参与了广东的改革开放，见证了广东改革开放的奇迹。在我的记忆中，广东改革开放四十年的不同阶段碰到的重要的理论与实践问题，都有我们经济学人参与研究。从最早的加工贸易、"三来一补"、鲜活农产品输港问题，到香港珠三角"前店后厂"、国际经济大循环、珠三角发展规划、产业升级转型、大湾区建设、价格改革、外贸改革、金融改革、国企改革、农民工问题等，中山大学的经济学人都积极地贡献着智慧。1989年成立的中山大学岭南（大学）学院，本身就是作为中国教育部和中山大学在中国高等教育改革开放方面的一个尝试。得益于广东改革开放的伟大成就，经过近30年的建设，岭南学院已经通过了AACSB、AMBER和EQUIS等国际商学院的三大认证，跻身于国际优秀的商学院之列。自2017年初，岭南学院就计划组织校内外专家学者编写"广东改革开放40周年回顾与展望"丛书，从经济发展、经济改革、对外开放、区域经济发展、民营企业、广东制造、财政改革、金融发展、企业社会责任以及粤港澳合作等视角全方位回顾广东的发展历程，总结广东的发展经验，并展望未来的发展方向。丛书的编写工作，得到了中山大学领导的大力支持，学校不仅在经费上全力支持，而且在总体布局上给予了诸多指导。当然，由于团队水平有限，写作的时间较短，难免有所疏漏，错误在所难免，还请广大读者批评指正。

中山大学岭南（大学）学院　陆军教授

2018年10月21日

目　　录

第一章　企业社会责任概述 …………………………………… （1）
　第一节　企业社会责任的缘起与发展 …………………………… （1）
　第二节　关于企业社会责任的争论 ……………………………… （2）
　第三节　企业社会责任的含义 …………………………………… （7）
　第四节　企业社会责任的相关概念 ……………………………… （10）

第二章　企业社会责任理论研究进展 ………………………… （15）
　第一节　利益相关者理论：企业社会责任
　　　　　研究的基石 ……………………………………………… （15）
　第二节　企业社会责任领域研究的核心问题 …………………… （17）
　第三节　企业社会责任理论研究的前沿进展 …………………… （29）

第三章　全球化浪潮与企业社会责任 ………………………… （41）
　第一节　以全球化的视野来看待企业社会责任 ………………… （41）
　第二节　不同国别的企业社会责任实践 ………………………… （43）
　第三节　联合国全球契约 ………………………………………… （56）
　第四节　社会责任国际指南 ISO26000 ………………………… （60）
　第五节　联合国可持续发展目标 SDGs ………………………… （68）

第四章　改革开放与广东企业社会责任的发展 （73）
第一节　改革开放进程中中国企业社会责任实践的发展 （73）
第二节　广东企业社会责任实践的发展 （77）
第三节　广东企业承担社会责任的典型事件 （84）

第五章　广药集团企业社会责任实践 （90）
第一节　广州医药集团简介 （90）
第二节　广州医药集团成长历程与发展现状 （92）
第三节　广药集团的企业社会责任管理 （95）
第四节　广州医药集团企业社会责任典型项目 （106）

第六章　广汽集团企业社会责任实践 （121）
第一节　广汽集团简介 （121）
第二节　广汽集团成长历程与经营现状 （122）
第三节　广汽集团企业社会责任管理 （125）
第四节　广汽集团企业社会责任典型项目 （133）
第五节　总结与展望 （148）

第七章　腾讯公司企业社会责任实践 （149）
第一节　腾讯公司简介 （149）
第二节　腾讯公司的成长历程与经营现状 （150）
第三节　腾讯公司的企业社会责任管理 （154）
第四节　腾讯公司企业社会责任实践的典型项目 （158）
第五节　总结与展望 （166）

第八章　万科集团企业社会责任实践 （168）
第一节　万科集团简介 （168）
第二节　万科集团成长历程与业务简介 （169）

第三节　万科集团企业社会责任管理 …………………………（172）
　　第四节　万科集团企业社会责任典型项目 ……………………（180）
　　第五节　总结与展望 ……………………………………………（191）

第九章　唯品会企业社会责任实践 ………………………………（193）
　　第一节　唯品会公司简介 ………………………………………（193）
　　第二节　唯品会成长历程与经营现状 …………………………（195）
　　第三节　唯品会企业社会责任管理 ……………………………（200）
　　第四节　唯品会企业社会责任典型项目 ………………………（213）
　　第五节　总结与展望 ……………………………………………（219）

第十章　美的集团企业社会责任实践 ……………………………（221）
　　第一节　美的公司简介 …………………………………………（221）
　　第二节　美的成长历程与经营现状 ……………………………（223）
　　第三节　美的企业社会责任管理 ………………………………（228）
　　第四节　美的企业社会责任典型项目 …………………………（238）
　　第五节　总结与展望 ……………………………………………（247）

第十一章　面向未来的思考：广东企业改进社会责任工作的建议 ………………………………………………（248）
　　第一节　走出对企业社会责任理解的误区 ……………………（248）
　　第二节　"互联网＋"带给企业社会责任的机遇 ………………（252）
　　第三节　从战略的高度思考企业社会责任工作 ………………（256）

参考文献 ……………………………………………………………（268）

后　记 ………………………………………………………………（276）

第一章

企业社会责任概述

第一节 企业社会责任的缘起与发展

企业社会责任（Corporate Social Responsibility, CSR）是近年来国内外学术界、企业界广泛关注的一个重要话题，也是媒体、社会公众和各级政府普遍关注的一个热点话题。从世界范围来看，随着经济的快速增长，环境污染、质量安全、劳工冲突、诚信缺失等问题逐渐涌现出来。这些问题引发了学术界和实践界对企业本质的重新思考和对企业追求经济利润最大化目标的质疑，社会公众要求企业承担社会责任的呼声也日益高涨。

学术界普遍认为，关于企业社会责任的讨论是从美国兴起的。第二次工业革命以后，美国经济过快增长以及在经济高速增长过程中企业社会责任的失范，引发了讨论企业社会责任的热潮。英国学者谢尔顿（Oliver Sheldon）在对美国企业进行考察后，于1923年最早提出了"企业社会责任"的概念，他将企业社会责任与企业经营者满足产业内外各种人需要的责任联系起来，并认为企业社会责任含有道德因素。

1953年，鲍文（H. R. Bowen）在《商人的社会责任》（*Social Responsibilities of the Businessman*）一书中指出，企业有责任采取某些有利于实现社会目标以及社会追求的价值的策略、决策及行动。鲍文认为，企业的社会责任体现在实现社会目标以及社会追求的价值上。企业承担社会责任基于两个前提的：第一，企业需要履行社会契约，企业的合法性往往就是源于对社会契约的遵守；第二，企业扮演着社会中的道德代理人（Moral agent）的角色，其行为必须满足道德规则的要求（Wartick & Cochran，1985）。鲍文对社会责任的观点代表了20世纪50年代的主流思想，鲍文也因其开创性的研究，被学术界称为"企业社会责任之父"。

在此后几十年的时间里，随着消费者运动、劳工运动、环境保护运动等一系列广泛而深入的社会运动的开展，公众对于企业承担社会责任的期望和关注度越来越高。同时，联合国、国际劳工组织、经济合作和发展组织等各类组织在全球范围内积极推动社会责任运动，使企业社会责任问题得到学术界和企业界越来越多的重视。

2010年11月1日，国际标准化组织（International Organization for Standardization，ISO）在瑞士日内瓦国际会议中心向全球发布了《社会责任指南：ISO26000（第一版）》。尽管这只是一份指南性文件，而不是强制性的国际标准，但由于社会责任问题牵涉面很广、影响深远，ISO26000指南的发布还是引起了世界各国（地区）政府、企业、各种组织机构、媒体的高度关注。ISO26000从研究立项到正式发布历时近10年，是ISO的国际标准制定史上耗时最长的一次，其起草、制定过程也是国际社会责任标准领域利益相关者参与最为广泛的一次（李伟阳、肖红军，2011）。在这份影响深远的指南中，一个组织的社会责任被界定为"该组织通过透明的、道德的行为，为其经营决策和运营活动对社会和环境所产生的影响而承担的责任"（ISO26000，2010）。值得注意的是，国际标准化组织认为需要承担社会责任的主体并不仅仅是企业，还有所有的组织；只要该组织的生存和发展对社会和环境产生了影响，那么它就需要采取相应的行动来承担其社会责任。

第二节 关于企业社会责任的争论

企业社会责任概念在20世纪20年代被提出以后，一方面有助于解决经济过快增长过程中企业所带来的社会问题，另一方面又被认为是动摇了美国社会所普遍信奉的自由企业制度和利润最大化原则。因此，企业社会责任概念刚一出现，便引起了学术界的广泛关注与讨论。其中最为著名的是贝利（Adolf A. Berle）和多德（Merrick Dodd）的论战。该论战始于 20 世纪 30 年代，双方围绕"企业管理者是谁的受托人"（For whom are corporate managers trustees）这一焦点问题而展开，就其本质而言是争论企业是否应该承担社会责任。

在 20 世纪初的美国，现代企业中管理者权限急剧膨胀，企业管理者对究竟是追求股东利益还是谋求其他目标享有很大的选择自由。针对这种情况，哥伦比亚大学贝利教授指出，企业是营利性组织，追逐利润是企业安身立命之所在，管理者只是股东的受托人，其权力本应为股东服务而拥有，股东的利益始终优于其他潜在利害相关人（Potential claimants）的利益（Berle，1932）。哈佛大学的多德教授则持不同的观点，他指出："这将最终变成法律的舆论，业已并正在汇成为一股股巨大的潮流。这些舆论倾向于视商事企业为既有营利功能，又具社会服务职能的经济机构。"（Dodd，1932）他认为企业财产的运用是深受公共利益影响的，企业管理者的权力来源于所有利益相关者，除股东利益外，法律和舆论在一定程度上迫使企业同时承认他人的利益，企业应该树立对员工、顾客以及广大公众的社会责任观。

有意思的是，两位教授的观点在此后发生了换位性的变化。多德教授在 20 世纪 40 年代放弃了企业应负社会责任的观点，指出"某种程度上认可企业管理者是企业的所有利害关系人的受托人，这种认识显然太莽撞"。贝利教授反而认为多德原来的观点是对的，他于 20 世纪 50 年代在《20 世纪资本主义革命》一书中指出，"二十年前，笔者与已故的多德教授展开了一场争论……，笔者以为企业的权力乃为股东利益而设定的信托权力，多德教授则主张这些权力系为全社会的利益相关者而拥有。这场争论明显地以多德教授的观点获胜而告终（至少目前已经告终）"。

这场颇有戏剧成分的"多德论战"看似告一段落，但是企业社会责任并未因此而获得学术界的一致认同，与企业社会责任有关的争论也从未停息过。自20世纪50年代开始,除了继续"企业是否应该承担社会责任"这一争论之外,诸多与企业社会责任直接相关的其他问题也逐步进入了学者们的研究视野和讨论范围。企业社会责任理论的研究广度与深度也正是在这些争论过程中得到了扩展与深化。

著名经济学家、1976年诺贝尔经济学奖获得者米尔顿·弗里德曼(Milton Friedman)在20世纪70年代加入这场论战之中。他在一篇题为"企业的社会责任就是增加利润"(The Social Responsibility of Business is to Increase Its Profits)的文章中明确指出,"企业有且只有一个社会责任,那就是……增加企业的利润"。那些忘记了这一点而坚称企业负有社会责任的商人,甚至被弗里德曼教授怀疑是否具有精神分裂的特征;在他看来,企业社会责任是一种会对自由经济社会"从根本上起颠覆作用的学说",会危害自由社会的根基。事实上,作为自由主义经济学旗手的弗里德曼教授持有这一观点,是不难理解的:在一个把企业追求利润最大化作为天经地义的事情的环境中,那些认为企业需要承担很多社会责任的观点也的确是显得离经叛道了,也就自然会受到主流经济学家们的怒斥和贬损。

以弗里德曼为代表的一批经济学家实际上是拒绝承认企业需要承担社会责任,如果一定说企业有社会责任的话,那它也只有经济责任。在此观点的影响下,20世纪60年代至70年代西方企业界曾经流传着这样一句谚语,"企业要做的事情就是赚钱"(Business of business is business)。不过,值得特别指出的是,对弗里德曼教授的这一著名论断,学术界和企业界千万不能断章取义。事实上,通读该文可以看出,弗里德曼教授的这一论断是建立在特定的市场经济环境之中的,这句话中间的省略号所隐去的前提条件内容恰恰是令人警醒的:弗里德曼教授强调在市场经济中生存发展的企业首先必须遵循自由、公开的竞争规则,要恪守伦理底线,不能欺骗舞弊、肆意妄为。这段话的原文如下:In such a society, there is one and only one social responsibility of business—to use its resources and engage in activities designed to increase its profits so long as it stays within the rules of the game, which is to say, engages in open and free competition without deception or fraud。我们将其翻译如下："在一个自由的经济里，企业有且只有一个社会责任，那就是在游戏规则范围之内，即在公开自由竞争、没有欺骗或者作弊的情况下，利用其资源从事各种活动，以提高企业的利润。"

现实中许多企业恰恰是遗忘了这些基本的规范要求，为了经济利益而不断突破底线，沦为世人唾弃的对象；许多企业管理者也都想方设法推出名目繁多的社会责任活动，常常宣称自己的企业承担了多种多样的社会责任，事实上却并没有准确理解企业社会责任的基本含义和内容范畴。当初，弗里德曼教授在发表这篇影响深远的文章时，用了"企业的社会责任就是增加利润"这一省略了限定条件的断言作为标题，言简意赅，直抒胸臆，应该是为了坚定表明其自由主义经济学家的鲜明立场。但是，后来许多人（包括学术界和企业界的人）在引用他的这一著名论断时，都有意无意地忘记了弗里德曼教授所特别指出的前提条件。由此看来，这篇文章也许是企业社会责任领域内最有名的"标题党"文章了。

但是，弗里德曼教授的这一论断在20世纪80年代之后就已经为西方国家许多企业经营过程中的失范行为所击毁，大量理论研究也表明弗里德曼教授的观点过于理想化了。20世纪80年代初期，利益相关者理论（Stakeholder Theory）逐渐完善，并拓展了人们对企业社会责任、企业社会绩效（Corporate Social Performance，CSP）等概念的认识。利益相关者理论由美国弗吉尼亚大学达顿商学院的爱德华·弗里曼（R. Edward Freeman）教授于1984年提出。根据定义，利益相关者是能够影响企业目标达成或被企业达成目标的过程所影响的个人或团体，包括股东、消费者、员工、政府、社区等。利益相关者理论的核心观点之一就是认为企业应该履行多种社会责任以满足各利益相关者的利益要求。在20世纪80年代之后，现实中的许多企业开始积极地承担起多种社会责任，主动地甚至前瞻性地考虑其利益相关者的利益要求，这就为利益相关者理论的发展提供了生动的现实注脚。

事实上，在回答企业是否应该承担社会责任这一问题前，我们还需要讨论一些更为根本性的问题，那就是企业为什么存在以及管理者对谁负责？以弗里德曼教授为代表的经济学家认为，股东是公司的所有人，是股东投资成立了公司，雇佣管理者也是为了服务股东的利益，因此企业是为股东存在的，管理者也是对股东负责的。在这一视角下，如果管理者把本应分配给股东的利益用来承担社会责任是不可取的（在尊重广泛的伦理习俗和法律的前提下）。社会责任应该由政府去承担，企业承担社会责任是对自由主义社会中政府扮演的角色和权利的颠覆。

而以弗里曼为代表的利益相关者理论的拥趸则认为，企业和管理者对诸多利益相关者负有责任——尤其是对那些与公司持续经营相关的投资人负有责任，如员工、供应商、消费者、股东和本地社区。这一派的学者认为，虽然股东以外的其他利益相关者并没有直接投入资金到公司中，但他们同样为公司投入了其他资源。例如，企业的员工向公司投入了他们的劳动力、知识、技能以及情感，本地社区为公司提供了经营的场所和环境。因此，公司不仅要为股东负责，还应该为供应商、员工、消费者等其他利益相关者负责。企业管理者的任务就是保持利益相关者利益的平衡。企业满足各个利益相关者利益需求的各种活动就是企业承担社会责任的具体表现。

在20世纪80年代中期以后，尽管还是有一些反对之声，但是以利益相关者理论为基础的现代企业社会责任观逐渐取得了学术界和企业界的广泛认同。现如今，企业应该承担社会责任几乎已经成为整个社会的共识，企业是否应该承担社会责任也成为一个无须争辩的话题。2019年8月19日，包括亚马逊公司CEO贝佐斯、苹果公司CEO库克等在内的美国181家顶尖企业的首席执行官集体发出了一份联合声明书，宣称股东利益不再是一个公司最重要的目标，公司的首要任务是创造一个更美好的社会。这份声明被称为"历史性地终结了以股东利益最大化为信条的经营理念时代，为力图在创造经济价值的同时，创造社会与环境多重共享价值打开了通途"。

第三节 企业社会责任的含义

20世纪初，企业社会责任并没有获得学术界的过多关注。鲍文（1953）的划时代著作《商人的社会责任》的出版标志着现代企业社会责任概念构建的开始。鲍文在其著作中将"商人的社会责任"定义为"商人具有按照社会的目标和价值观去确定政策、做出决策和采取行动的义务"。鲍文对企业社会责任的定义有三层含义：（1）承担社会责任的主体是现代大企业，（2）企业社会责任的实施者是公司管理者，（3）企业社会责任的原则是自愿。鲍文提出的社会责任的定义及其著作奠定了其在企业社会责任研究领域的地位，因此他被称为"企业社会责任之父"。

此后，学者们针对企业社会责任的概念展开了广泛的讨论。其中Davis（1960）将企业社会责任定义为"至少部分地考虑了企业直接的经济和技术利益以外因素的商人所做出的决策和采取的行动"。尽管Davis（1960）依然定义企业社会责任的实施者是商人，但是从Mcguire（1963）的定义开始，企业逐渐成为企业社会责任讨论的主体。Mcguire（1963）将企业社会责任定义为"企业所需承担的经济和法律义务之外的其他社会责任"。这一定义将企业社会责任与企业的经济、法律责任进行了区分。与之类似，Davis（1973）将企业社会责任定义为"企业对超越了经济、技术、法律要求事务的回应与关注"。与之类似，Eells和Walton（1974）将企业社会责任定义为"对超越了经济的社会需求与目标的关注"。这些定义的提出者均认为经济责任是企业存在的原因，而不是对于社会的责任，因此这些定义都没有将经济责任包含到企业社会责任的概念中。

Davis和Blomstrom（1971）提出的同心圆理论是第一个在企业社会责任中包含一系列经济绩效和非经济绩效因素的理论。该理论认为企业所负有的诸多社会责任位于一个同心圆中，内圈包括经济功能的基本责任，中圈包括改变社会价值和优先权的反应意识以执行经济功能的责任，外圈包括新出现的和未确定的责任。

类似地，卡罗尔（Carroll，1979）将企业的经济责任形容为企业生产社会所需的产品和服务并卖给社会赚取利润的责任。因此，卡罗尔认为经济责任也是企业社会责任的重要组成部分。根据这一观点，卡罗尔于1979年提出了企业社会责任的金字塔模型（Pyramid Model），并于1991年进行了修订完善。根据金字塔模型，企业社会责任主要包含四个方面的内容，即经济责任（Economic responsibility）、法律责任（Legal responsibility）、伦理责任（Ethical responsibility）与慈善责任（Phylanthropic responsibility），它们自下而上构成一个金字塔。其中经济责任是企业最基本的责任，位于塔基。经济责任之所以如此重要，是因为企业生产产品和服务并售卖它们来换取利润是一个经济系统设计和运行的初衷。法律责任处于金字塔的第二层次。法律责任代表着商业社会所要遵守的最基本的强制性"游戏规则"。伦理责任处于金字塔的第三层。伦理责任代表着社会期望企业遵守的行为准则和道德要求，它往往超出了法律的强制要求。慈善责任处于金字塔的顶层，它是企业在创造财富的过程中对如何在社会成员中分配利润的自由决定，企业如何承担慈善责任取决于企业的选择。企业应该率先满足处于较低层次的责任后，再考虑满足更高层次的责任。值得指出的是，卡罗尔最初用"自由决定的责任"（Discretionary responsibility）一词来表达位于金字塔最上端的企业社会责任，但是由于该词过于生僻，不容易为大众所理解，后来他作了修正，改用"慈善责任"一词，并将企业公民行为与实践包含其中。

Aupperle（1984）在卡罗尔框架下开发了一套企业社会责任与伦理研究量表（CSR & Ethics Research Questionnaire），并运用实证研究的方法来验证卡罗尔金字塔模型中的经济、法律、伦理和慈善责任是按照4∶3∶2∶1的权重存在的。至此，一个具有社会责任感的企业"应该努力赚钱、遵守法律、恪守伦理，并成为一个好的企业公民"（Carroll，1991）的观点得到了学术界的普遍认同。根据企业社会责任金字塔模型，卡罗尔将企业社会责任定义为"企业对社会在特定时间对于其有关经济、法律、伦理与慈善期望的回应"。该定义简洁明了，结构化程度很高，在企业界和学术界均产生了广泛的影响。

尽管企业社会责任金字塔模型在学术界备受推崇，但是学者们一直对其存在着不同的看法和意见。例如，有学者认为，经济责任、法律责任、道德责任、慈善责任既不是并列的关系，也不是递进的关系，这四种企业社会责任之间可能存在着交叉和重叠。例如，为客户提供安全可靠的产品既可以归为法律责任，也可以归为伦理责任，因为法律和伦理规范都对企业产品提出了要求。因此，学者们对卡罗尔的企业社会责任模型进行了进一步优化。例如，Lantos（2001）建议用伦理和战略目标维度替代慈善维度；Golob等（2008）研究发现卡罗尔模型中的道德责任和慈善责任高度相关，可以合并为一项责任。Elkington（1997）也将经济责任纳入了企业社会责任的范畴并提出了"三重底线理论"。根据这一理论，企业社会责任可以分为经济责任、环境责任和社会责任。为了企业的持续发展，企业在经营过程中必须守住这三重底线（而不仅仅是"经济底线"或"财务底线"），需要同时承担经济、环境、社会这三个方面的责任。

利益相关者理论的提出对企业社会责任的定义产生了重要影响。弗里曼（1984）在其出版的《战略管理：利益相关者管理的分析方法》一书中，明确提出了利益相关者理论，并将利益相关者界定为能够影响组织目标实现或在组织实现目标过程中受到影响的所有个人和群体，范围涉及股东、债权人、员工、供应商、消费者、政府、非政府组织等。利益相关者理论的核心观点是：企业需要在其经营过程中平衡其诸多利益相关者的利益要求。如果企业只看重某类利益相关者的利益要求，而忽视其他利益相关者的利益要求的话，那么企业将面临多种经营风险。受这一理论的影响，学者们从利益相关者理论的视角给企业社会责任下了定义。例如，Waddock（2004）将企业社会责任定义为"企业在经营与利益相关者关系的过程中发展的战略与运营实践"。

2004年，国际标准化组织启动了社会责任指南 ISO26000 的制定工作。2010年颁布的ISO26000对一个组织所需承担的社会责任的定义是：该组织通过透明和道德的行为，为其决策和活动对社会和环境的影响而承担的责任。这些行为应：（1）致力于可持续发展，包括健康和社会福祉；（2）考虑利益相关者的期望；（3）遵守适用的法律，并与国际行为规范相一致；（4）融入整个组织的各项活动之中。此外，ISO26000还提出了企业履行社会责任的七项原则，包括担当、透明度、道德的行为、尊重利益相关者的利益、尊重法制、尊重国际行为准则、尊重人权。

在综合考察现有文献的基础上，Aguinis（2011）将企业社会责任定义为"在考虑了利益相关者的期望以及经济、社会、环境这三重底线的基础上，在一定情境下的组织活动与政策"。可以看到，这一定义融合了利益相关者理论、三重底线等相关理论。当前，这一定义得到了来自企业社会责任领域学者的广泛认可与引用。

第四节　企业社会责任的相关概念

学者们对企业社会责任的研究过程中，开发出了一系列与之相关的概念。为了便于读者阅读和理解本书的内容，在此对这些概念进行简要介绍。

一　企业公民

企业公民（Corporate Citizenship，CC）来源于着重讨论企业承担社会角色的文献。20世纪80年代，"企业公民"这一词语开始进入公众的视野。2002年，来自可口可乐、麦当劳、菲利普等34家世界大型跨国公司的CEO发表了"全球企业公民宣言"。这一事件也成为"企业公民"这一概念发展过程中的标志性事件。

Matten和Crane（2005）认为，关于企业公民的理解主要包含三个不同视角：企业公民的局部观（limited view of CC）、企业公民的等同观（equivalent view of CC）、企业公民的拓展观（extended view of

CC）。企业公民的局部观认为，企业公民是企业社会责任的一部分。企业公民的核心就是公司对社区的介入。企业社区参与的程度，特别是在经济上支持公共或非营利机构的程度通常会被看成是衡量公司是不是一个好企业公民的重要标准。在这一视角下，典型的企业公民活动包括社区志愿服务、工作培训、为社区提供场地和设施等促进当地政治、经济、文化发展的活动。企业公民的等同观认为，企业公民被等同地视为企业社会责任。卡罗尔认为企业公民不仅涉及公司与社区的关系，还应该包括公司对众多利益相关者需求的回应。企业应该和个人公民一样，承担起经济、法律、伦理与慈善责任。

Matten 和 Crane（2005）认为以上两种理解企业公民的视角缺乏新意，于是他们提出了企业公民的拓展观。企业公民的拓展观认为，企业公民描述了企业在保护和促进个体公民行使其权利中的作用。在他们看来，"公民"一词强调的是公民个体的权利，包括民事权利、社会权利和政治权利。在复杂的社会现实中，政府无力完全承担起保护和促进公民权利的职责。在这种情况下，企业可以部分地承担原来仅由政府承担的保护和促进公民行使正当权利的责任。

尽管"企业公民拓展观"赋予了"企业公民"一词新的内涵，但是，大部分人仍然坚持企业公民与企业社会责任等同的观点。那么，有了企业社会责任的概念后为什么还需要有企业公民的概念呢？Lujik 给出了这样的解释："企业社会责任"这一词汇通常意味着企业应该去做些什么额外的事情，但是"企业公民"对于企业来说却有着独特的含义。"企业公民"这一概念让公司看到或者意识到企业在社会中的正确位置和独特作用，企业与社会中的其他公民一起组成了一个个社区，彼此相邻，共同促进社会的健康发展。

二 企业社会响应

企业社会响应（social response）是指企业对社会期望的反应。事实上，对社会要求作出响应比决定做什么要复杂得多。Frederick 教授认为，倡导企业社会响应就是促使企业绕开社会责任这样的哲学问题，而集中考虑如何开展更具体的实际行动，即怎样对企业外部环境的压力做出有效的反应。

学者们从不同视角提出了不同的企业社会响应策略。例如，Wilson 提出了企业社会响应的四种策略，包括反应性策略、防御性策略、适应性策略和主动性策略。Davis 等学者归纳了五种企业社会响应策略，分别是直接退出、采取公关措施、采取法律措施、讨价还价和解决问题。

综合来说，企业社会响应是企业回应社会期望的具体方式，也可以将其视为企业履行社会责任的策略和过程。社会预测、社会审计、社会问题管理等一系列针对社会环境因素的企业活动都属于企业社会响应的范畴。

三 企业社会绩效

从字面意义上理解，企业社会绩效指的是企业履行社会责任所呈现出来的绩效。学者们试图通过企业社会绩效的概念把企业社会责任、企业社会响应等概念整合起来。值得指出的是，英语中的 performance 一词既可以译为"绩效"，也可以译为"表现"。因此，国内不同的学者出于不同的语境和研究意图，将 CSP 分别译为"企业社会绩效"和"企业社会表现"。本书统一采用"企业社会绩效"一词。

Wartick 和 Cochran 提出了一个企业社会绩效的模型。该模型由三部分组成，包括：（1）原则，即企业社会责任（经济责任、法律责任、伦理责任和慈善责任）；（2）过程，即社会响应策略（包含主动策略、适应策略、防御策略、反应策略）；（3）政策，即社会问题管理（包括确认问题、分析问题和采取对策）。

1991 年，Wood 修正、完善了企业社会绩效的模型。该模型包含三个组成部分。（1）企业社会责任原则，包含企业通用原则、公共责任原则和个人原则。企业通用原则是指作为企业的一般义务，是适用于所有企业的。这一原则指明了企业与社会的关系并规定了社会对所有企业的期望。公共责任原则是指在特定公共政策背景下组织管理的职责，企业不必对所有社会问题负责，但是企业对解决由它们在经营过程中引起的社会问题负有责任。个人原则是指企业管理者应该运用其自由决定权来担负起每一个具体的社会责任。(2) 企业社会响应过程，包括环境评估、利益相关者管理、社会问题管理。(3) 企业行为的结果，包括社会影响、社会项目和社会政策。

1995年，Swanson提出了由四个部分组成的企业社会绩效模型。这四个部分包括企业社会责任的宏观原则、企业社会责任的微观原则、企业文化、社会影响。Swanson认为企业是经济化和生态化的工具。由于企业在一定规模上为社会提供产品和服务，因此企业是经济化的工具；由于企业是社会大系统的一部分，它必须与社会建立合作和协助关系，因此企业是社会化的工具。企业社会责任的宏观原则在制度层面上要求考察企业经济化、生态环境化与社会责任之间的内在联系，在组织层面上要求企业承担经济化和生态化的具体责任。企业社会责任的微观原则要求企业高层管理者必须放弃或者限制其将对权力的追求作为个人或者公司的目标，而引导企业朝向经济化和生态化方向发展。在这些原则的指引下，企业加强组织文化的建设、综合考虑其经营活动对社会产生的诸多影响，最终才能对一个企业的社会责任绩效做出客观、全面的评价。

四 社会创业

社会创业（social entrepreneurship）指的是用创新的方式整合和运用资源以寻求促进社会变革或解决社会问题的过程。

一个典型的社会创业的例子是孟加拉乡村银行。该银行由孟加拉国经济学家穆罕默德·尤努斯创立。该组织具有一种成熟的扶贫金融模式，主要特点为：瞄准最贫困的农户，并以贫困家庭中的妇女作为主要目标客户；提供小额短期贷款，按周期还款，整贷零还，这是其商业模式的关键；无须抵押和担保人，以五人小组联保代替担保，相互监督，形成内部约束机制；按照一定比例的贷款额收取小组基金和强制储蓄作为风险基金；执行小组会议和中心会议制度，检查项目落实和资金使用情况，办理放、还、存款手续，同时还交流致富信息，传播科技知识，提高贷款人的经营和发展能力。尤努斯的创新实践取得了巨大成功，被视为社会创业的成功典范。尤努斯和孟加拉乡村银行也因其从社会底层推动经济、社会发展的努力而被授予诺贝尔和平奖。

社会创业兴起于20世纪80年代，主要是基于两个方面的原因。首先，由于新自由主义经济政策的盛行，许多政府机构对非营利组织的资助大为削减。面临有限的政府资助，非营利组织需要借助商业的运作手段来提升运作效率，以更好地提供社会服务。其次，政府通过税收等经济手段鼓励私人对非营利组织的投入。在这个背景下，越来越多的个人或组织投身到公益活动中，并使用创新的方式开展公益活动。相较于传统的创业，社会创业关注的是容易被社会忽视的弱势群体。并不是说社会创业完全不考虑经济利润，而是说社会利益是社会创业优先考虑的目标。更为确切地说，社会创业将传统的经济手段与服务社会的使命结合了起来。

社会性和创业性是社会创业的两个重要特征。社会创业的社会性表现为：实现社会目标、履行社会使命、实行社会变革、创造社会价值、增加社会财富。社会创业的创业性表现为：不知疲倦地寻找新机会、不断创新、修正和改进、不受当前资源稀缺限制的大胆行动。Weerawardena和Mort两位学者总结了社会创业的七个主要特征，包括创新性、前瞻性、风险管理、机会识别和认知、环境动态性、可持续性、社会使命。其中创新性、风险管理和前瞻性被认为是社会创业的核心要素，它们受到环境动态性、可持续性和社会使命这三个外部环境要素的制约。在外部环境要素的约束下，个体或组织通过识别和认知机会来进行社会创业实践，进而以一种新颖的方式来承担社会责任。

第二章

企业社会责任理论研究进展

第一节 利益相关者理论：企业社会
责任研究的基石

1984年，美国弗吉尼亚大学教授弗里曼（时任明尼苏达大学管理学院副教授）出版了《战略管理：一种利益相关者的方法》一书，开创了从战略管理、企业伦理理论和组织行为学的角度研究利益相关者理论的先河，突破了过去仅从企业理论和公司治理理论来研究利益相关者理论的局限，使得利益相关者理论能够解释企业现实问题，进而指导企业管理实践。自这本著作问世以来，理论界掀起了有关利益相关者理论的研究热潮，利益相关者理论在实践中也得到了积极响应。该理论打破了传统的"股东至上"的观点，向股东单边治理提出了质疑，呼吁"利益相关者"共同治理。近40年来，利益相关者理论的发展从不同方面深化了我们对利益相关者以及企业社会责任的认识。

"Stakeholder"一词在管理文献中首次出现是在1963年斯坦福研究院（Stanford Research Institute，SRI，现SRI国际公司）的内部备忘录中。利益相关者的概念原本是将"股东是管理者需要应对的唯一群体"思想进行拓展，因此概念起初被定义为"组织没有这些群体的支撑将无法存在"，这些群体包括股东、员工、客户、供应商、社区等。斯坦福研究院的研究者认为，除非经理人理解这些利益相关者群体的需要并关心他们，否则他们将无法达成企业持续生存的目标。在之后的几年里，利益相关者的概念得到了修正和补充。

1982年夏天，弗里曼在位于新泽西州普林斯顿的家中完成了《战略管理：一种利益相关者的方法》一书的初稿。他自述，写作该书的目的是陈述一些经理人更好地理解如何管理关键利益相关者关系的方法和技巧。此外，在该书中，弗里曼还尝试追踪利益相关者观点的起源。1984年该书的正式出版标志着利益相关者理论的正式创立。

该书的主要逻辑可以归纳为以下6个方面。（1）无论你代表谁，也无论你最终的目的是什么，你都必须考虑你的行为对他人的影响，以及他人对你的潜在影响。（2）这样做意味着你必须理解利益相关者的行为、价值观、背景或者情境，包括社会情境。为了在一段时间内获得成功，需要对"我们代表谁"的问题有更清晰的回答。（3）利益相关者管理可以用来对"我们代表谁"和企业战略问题做出回答，而目前有几种理解利益相关者管理及其重点的明确方法。（4）我们应当理解利益相关者关系是如何在三个分析层面上起作用的，即理性层面，或组织总体层面；过程层面，或者标准处理程序；业务层面，或日常管理。（5）我们可以援用这些观点来彻底思考清楚新的架构、流程和商业职能，并将利益相关者纳入战略计划流程工作中考虑。（6）利益相关者的利益需要动态平衡。

此外，该书给出了一个关于利益相关者的明确定义。根据利益相关者理论，利益相关者是指那些能够影响企业目标实现，或者能够被企业实现目标的过程影响的任何个人或群体。这个定义不仅将影响企业目标的个人和群体视为利益相关者，同时还将受企业目标实现过程中所采取的行动影响的个人和群体看作利益相关者，这样就将当地社区、政府部门、环境保护主义者等实体都纳入利益相关者管理的研究范畴，大大扩展了利益相关者的内涵。利益相关者理论的核心观点认为企业的经营管理者必须为综合平衡各个利益相关者的利益要求而开展管理活动。根据利益相关者理论的视角，任何一个公司的发展都离不开各种利益相关者的投入或参与，企业追求的是利益相关者的整体利益，而不仅仅是某个主体的利益（Freeman，1984；Mitchell，1997；

Wheeler，1998）。这些利益相关者都对企业的生存和发展注入了一定的专用性投资，他们或是分担了一定的企业经营风险，或是为企业的经营活动付出了代价，企业的经营决策必须考虑他们的利益，并给予相应的报酬和补偿（Blair，1995）。从这个意义上来讲，企业是一种治理和管理专业化投资的制度安排，其企业的生存和发展取决于它能否有效地处理与各种利益相关者的关系，而股东只是其中之一罢了。

《战略管理：一种利益相关者的方法》一书问世以来，受到了学术界的高度评价。在《美国管理学会学报》的一篇文章中，密歇根大学的沃什教授认为该书对国际管理学者产生了深远的影响。沃什教授甚至认为，引用这本书的人远比真正去读过这本书的人多。他声称该书是《组织外部控制》一书的实践版，对企业实践具有重要影响。

企业社会责任问题与利益相关者理论之间有天然的相通之处，它们都在研究企业与股东及股东之外的个人和群体之间的关系问题。因此，许多企业社会责任研究领域的学者纷纷转向利益相关者理论，力求从利益相关者理论中寻找企业承担社会责任的源头。特别是利益相关者理论的视角对企业社会责任研究领域的几个关键问题的分析具有重要作用。这些问题包括：企业为什么要承担社会责任，企业应该对谁承担社会责任，如何衡量企业社会责任，企业社会责任与企业经济绩效的关系是什么，等等。可以说，利益相关者理论的提出大大推进了企业社会责任领域的研究，是企业社会责任研究的基石。接下来，我们将主要从利益相关者理论的视角，梳理企业社会责任研究领域的几个核心问题。

第二节 企业社会责任领域研究的核心问题

一 企业为什么要承担社会责任

（一）企业是否应该承担社会责任：利益相关者理论的视角

在利益相关者理论看来，企业履行针对诸多利益相关者的社会责任、关注社会绩效是自然而然的应有之义（Clarkson，1995）。从某种程度上讲，利益相关者理论修正了"股东至上"的原则，回答了企业为什么要承担社会责任这一核心问题。

以弗里德曼为代表拥趸"股东至上"原则的人认为，企业存在的唯一目的就是最大限度地盈利并实现股东利益的最大化。这一派学者主张：（1）股东应该拥有控制权；（2）管理者负有单独服务于股东利益的信托责任；（3）企业的目标应该是最大化股东的财富。而利益相关者理论却主张：（1）所有的受企业影响的利益相关者都有参加企业决策的权利；（2）管理者负有服务于所有利益相关者利益的信托责任；（3）企业的目标应该是促进所有利益相关者的而不仅仅是股东的利益。

利益相关者理论认为，企业是由多个相关利益者所构成的"契约联合体"。企业的出资不仅来自股东，也来自企业的雇员、供应商和债权人等。股东提供的是物质资本，其他的相关利益者提供的既有物质资本更有人力资本。人力资本与物质资本应该具有同样重要的作用，尤其是在今天这样的知识经济时代。人力资本的作用在某种程度上甚至超过了物质资本。企业已不再是简单的实物资本的"集合物"，而是一种"治理与管理专业化投资的制度安排"，本质上是各种契约形式的集合。企业的风险不是由股东全部承担，其他的相关利益者也在承担着企业的风险。因此，企业的所有者不能仅仅局限于股东，所有的利益相关者都是企业的所有人。相关利益者之间的权利是独立的、平等的，他们共同拥有企业的所有权。利益相关者理论在向"股东至上"原则挑战的同时，在某种程度上也为企业社会责任理论的发展扫清了障碍。因为企业社会责任理论一贯的主张就是要改变那种企业的唯一使命就是增加股东利益、提高企业价值的狭隘看法，认为企业应该站在一个更高的角度考虑问题：考虑其与所有利益相关者、与整个社会的关系，并且承担一定的社会责任。

值得注意的是，根据利益相关者理论，在确定公司目标的时候需要考虑特定的利益相关者（即那些可以影响公司或者被公司影响的人）的利益。这并不是说股东的观点将会被忽略，而是应当嵌入该公司更广泛的利益相关者中。

（二）企业社会责任的驱动因素

现实中企业承担社会责任的驱动因素究竟是什么？学者们从理论分析和实证研究两个角度对此进行了深入探讨，以探明企业承担社会责任的前因。

关于企业承担社会责任驱动因素的理论基础，不同学者看法不一。Garriga 和 Melé（2004）曾对企业社会责任的理论版图进行了划分，他们把企业承担社会责任的动因分为工具论（Instrumental Theories）、政治论（Political Theories）、综合论（Integrative Theories）和伦理理论（Ethical Theories）等四大类。其中，工具论只是把企业视为创造财富的工具，其社会责任的活动也只是为了实现经济目的的手段；政治论关注的是企业自己在社会上的权力多寡问题，以及如何在社会政治舞台上负责任地使用这些权力；综合论则认为企业与社会之间存在着综合性社会契约，企业需要关注如何满足社会的需要；伦理理论认为企业与社会之间的关系嵌入有伦理价值判断，企业的伦理责任比其他责任更加需要管理决策者认真考虑。有的企业出于某一动因而承担社会责任，也有可能是出于多个动因而推行社会责任，其驱动因素和实际效果与管理者的认知和决策息息相关。类似地，Aguilera 等（2007）将利益相关者影响企业社会责任的动机归为以下三类：（1）工具主义的动机，（2）基于关系的动机，（3）基于道德的动机。

关于探究企业社会责任前因驱动变量的实证研究非常丰富。学者们从不同视角探讨了企业社会责任的驱动要素。这些研究从制度、组织、个体这三个层次梳理企业社会责任的前因驱动因素。根据 Aguinis 和 Glavas（2012）的分类标准，如果企业社会责任的前因因素属于 Scott（1995）所提出的制度三要素（规则、规范、认知），这一前因要素就归属于制度层次。关于法律和标准的因素属于制度层的规则要素，关于社会、消费者和其他外部利益相关者的因素属于制度层次中的规范与认知要素。现有研究表明，来自利益相关者的制度压力会影响企业社会责任。早在 20 世纪 70 年代，Grunig（1979）就发现不同利益相关者对企业社会责任的期望都各不相同。这之后，大量研究表明不同利益相关者可以通过不同方式影响企业社会责任。这些研究探讨了股东（David 等，2007）、消费者（Sen 和 Bhattacharya，2001）、媒体（Davidson 和 Dan，1988）、社区（Marquis 等，2007）、非政府组织（Berrone 等，2013）等利益相关者对企业社会责任的影响。从影响机制上来说，利益相关者主要通过影响企业的潜在收益、资源以及声誉对企业社会责任产生影响。例如，Sen 和 Bhattacharya（2001）发现消费者可以通过对产品的评估和购买意愿影响企业社会责任。Christmann 和 Taylor（2006）发现消费者能通过消费者监督与预期的处罚影响企业社会责任。除了利益相关者压力以外，规则与标准也能影响企业社会责任（Buehler 和 Shetty，1974；Fineman 和 Clarke，1996）。有意思的是，Tenbrunsel 等（2000）发现规则与标准往往会导致企业开展更多象征性的社会责任活动，而非实质性的社会责任活动。

企业社会责任的文献中有大量研究从组织层次探讨了企业社会责任的前因要素。一个影响企业参与社会责任的重要因素就是企业动机。一些学者提出，企业参与社会责任活动是出于工具主义的动机，是为了通过企业社会责任帮助企业获得合法性与竞争优势（Bansal 和 Roth，2000；Sharma，2000）。另外一些学者提出，企业参与社会责任活动是出于利他主义的动机，企业会将企业社会责任视为一种责任，是一种道德的要求（Bansal 和 Roth，2000；Davis 等，1997）。此外，现有研究表明企业所信奉的价值观与愿景也会对企业社会责任产生重要的影响（Bansal，2003；Maignan 等，1999；Marcus 和 Anderson，2006）。另有一些研究表明，企业的公司治理结构也会影响企业社会责任。这些研究发现企业的所有权结构会影响企业社会责任。例如，Neubaum 和 A. Zahra（2006）发现长期的机构持股会正向影响企业社会责任。Johnson 和 Greening（1999）的研究表明高管持股比例能正向促进企业承担社会责任。Li 等（2014）以中国企业为研究对象，发现国有持股负向影响企业慈善捐献。公司治理结构中董事会的构成也会对企业社会责任产生影响。例如，Johnson 和 Greening（1999）发现独立董事的比例正向影响企业社会责任。Bear 等（2010）的研究发现董事会的女性比例会对企业社会责任产生显著正向影响。此外，学者们还从其他不同视角探讨了企业社会责任在组织层次的前因驱动因素。这些研究表明企业冗余资源（Seifert 等，2004）、政治关联（Li 等，2014；Li 和 Zhang，2010）、可见性（Brammer 和 Millington，2006；Chiu 和 Sharfman，2011）、多元化（Kang，2012）等众多因素能够对企业社会责任产生影响。

在个体层面影响企业社会责任的因素主要是关于企业首席执行官（CEO）与员工的因素。CEO 的教育背景（Lewis 等，2014；Manner，2010；Mazutis，2013）、性别（Manner，2010）、年龄（Oh 等，2016a）、在职时间（Thomas 和 Simerly，1994）等人口统计学变量会对企业责任产生影响。CEO 的价值观会对企业社会责任产生影响。例如，Chin 等（2013）的研究表明，CEO 的自由主义的政治价值观会正向影响企业社会责任。CEO 过去的工作经历会影响企业社会责任。现有研究表明，CEO 过去的职能背景会影响企业社会责任。这些研究表明 CEO 过去工作所在部门的类型、职能背景的广度会对企业社会责任产生影响（Manner，2010；Mazutis，2013；Thomas 和 Simerly，1994）。此外，还有研究表明 CEO 的海外工作经历会正向影响企业社会责任（Slater 和 Dixon-Fowler，2009）。CEO 的人格特质会影响企业社会责任。例如，Petrenko 等（2015）提出自恋型 CEO 倾向于承担更多企业社会责任。与之类似，还有学者发现 CEO 自大也可能会对企业社会责任产生影响（Tang 等，2017；Tang 等，2015）。企业员工也会对企业社会责任产生影响。Aguilera 等（2007）在美国《管理学会评论》（*Academy of Management Review*）上发表的文章中提出员工的各种心理需求能够影响企业社会责任。具体说来，在这篇文章中，Aguilera 等（2007）提出员工关于控制、归属感以及有意义的存在这三种心理需求能够迫使企业承担更多的社会责任，因此企业社会责任也可以是自下而上的。

二 企业应该对谁承担社会责任

正如第一章介绍的，关于企业社会责任的含义可谓众说纷纭。企业社会责任概念自20世纪20年代提出以后，便引起了学术界的广泛讨论。从30年代初爆发的著名的贝—多论战（哥伦比亚大学贝利教授与哈佛大学多德教授关于"企业管理者是谁的受托人"的争论）（Berle，1996），到50年代"企业社会责任之父"鲍文（1953）开创从商人的角度来研究社会责任的先河，再到60年代Davis（1960）从社会的责任与权力的角度来明确商人和企业的"责任铁律"，直至70年代Friedman（1970）试图从自由竞争的角度来廓清企业社会责任的边界，学术界对企业社会责任的定义可谓是百家争鸣、百花齐放。

不过，这些对企业社会责任的定义和内容维度的研究只回答了企业社会责任包含哪些构成要素的问题，并没有回答企业应该对谁承担社会责任的问题，而后者才是企业社会责任理论和实践的关键所在。20世纪80年代初期，利益相关者理论逐渐完善，其核心观点之一就是企业在其生存和发展的过程中需要对多个利益相关者履行社会责任（Freeman，1984）。利益相关者理论是在关于公司治理的问题上与股东至上主义学派的争论中逐步发展起来的，它主要是对"企业的本质究竟是什么"这一问题提供了不一样的答案，很好地解释了企业为什么需要在经营决策活动中考虑诸多利益相关者的利益要求、对利益相关者承担相应的社会责任（Parmar et al.，2010）。依此理论，企业的诸多利益相关者都对企业进行了风险性的投资，并期望企业给予他们合理的回报，因而企业需要针对诸多利益相关者履行社会责任（Clarkson，1995）。至于企业应该承担哪些社会责任和对谁承担，可以通过辨识企业拥有哪些利益相关者，廓清不同的利益相关者在合法性、紧急性、重要性等维度上具有怎样的动态性的区别，进而明确他们各自的利益要求的特质，那么该问题也就不难解决了（Mitchell et al.，1997）。自20世纪90年代以后，运用利益相关者理论来探寻企业社会责任问题成为该领域研究的主流，该理论认为企业承担社会责任的客体对象就是企业的利益相关者（Barnett，2007；Cooper，2004；Lee，2008）。当然，企业的利益相关者可以依照不同的标准进行多维分类（陈宏辉和贾生华，2004），而且这些企业社会责任的客体对象还存在着多样性、层次性、协调性、对立性等特征（唐鹏程和杨树旺，2016）。

三 企业社会责任的衡量

尽管许多学者围绕着企业社会责任的前因与影响结果开展了丰富的研究，并取得了许多成果，但一个更为基本的问题是"如何来测量企业社会责任"。倘若无法测量企业社会责任水平的话，上述研究永远都只算是隔靴搔痒。根据现有文献，用于测量企业社会责任的方法大致可以被分为四种（Turker，2009）。

第一种测量企业社会责任的方法是选用第三方机构构建的企业社会责任数据库中的数据来衡量企业承担社会责任的水平。KLD、CSID、RKS 等数据库是最为常见的企业社会责任数据库。KLD（Kinder Lydenderg Domini & Co）的数据库是西方学者在研究企业社会责任问题时应用最为广泛的数据库。KLD 公司建立这一数据库的初衷是为了给投资者提供有关企业社会因素方面的信息。这一数据库包含了标准普尔指数多米尼社会指数中的 600 多家公司的数据。KLD 公司构建了一个综合性的指标来衡量这些企业承担社会责任的水平。具体说来，KLD 公司根据企业的公开信息，从产品的责任与安全、公司与员工关系、公司与社区关系、环境保护、妇女及少数民族问题、核能、军费削减和南非问题这八个方面对企业的社会责任表现进行了评价。RKS 数据库（润灵环球责任评级）是用于衡量中国企业社会责任水平最为重要的数据库之一。RKS 每年会根据中国上市公司公开披露的企业社会责任信息（主要是企业社会责任报告上的信息）对企业承担社会责任的水平进行评估。另一个常用于研究中国上市公司社会责任的数据库是和讯网中上市公司企业社会责任数据库。该数据库依托于上市公司企业社会责任报告中有关社会责任各方面指标的描述，由专业人员对相应指标进行打分,最后形成了上市企业承担社会责任水平的总分。这一数据的评测体系包含了股东责任、员工责任、供应商、客户和消费者权益责任、环境责任与社会责任这5个一级指标以及对应的13个二级指标与37个三级指标。在该数据库中,根据企业社会责任总得分的高低,企业承担社会责任的水平被分为A、B、C、D、E五个等级。使用第三方数据库数据测量企业社会责任的优点在于认可度高,使用便捷。但是第三方企业社会责任数据库一般只包含特定国家大规模企业的企业社会责任数据,因此这一方法的使用是有一定局限的。

第二种用于测量企业社会责任的方法是使用单维或多维数据指标。这些数据指标反映了企业在企业社会责任的某些方面的表现。例如,由美国CEP(Council of Economic Priorities)发布的企业环境污染控制表现的数据就是经常被学者使用的单维企业社会责任数据之一(Chen和Metcalf,1980;Freedman和Jaggi,1982)。此外,企业慈善捐赠和企业财务舞弊的数据也都是常用的企业社会责任的单维度指标(Muller和Kraussl,2011;Yiu等,2014)。考虑到单一指标并不能代表企业社会责任的全部,学者们提出可以将多个单一指标聚合成为一个多维度指标。尽管如此,由于单维或多维企业社会责任指标只能代表企业某些方面的社会责任表现,因此这一方法还是不适用于测量企业社会责任这一整体概念。但是这一方法也具有独特的优点:由于单维或多维企业社会责任指标一般都是客观数据,因此使用这一方法测量企业社会责任某些具体方面的水平具有较高的可靠性。

第三种测量企业社会责任的方法是内容分析法。近年来,越来越多的企业开始主动披露企业社会责任信息,学者们可以根据一定的标准,基于企业披露的信息评估企业承担社会责任的水平。评估指标的标准化会使得评估结果更加客观。例如,Wang和Bansal(2012)使用内容分析法,从149家新创企业的官方网站上收集信息,并将这些信息编码成数据以评价每个企业承担企业社会责任的水平。这一测量方法的优点在于适用范围广,缺点在于对样本企业披露信息的要求较高。企业有可能为了提升企业形象刻意美化所披露的企业社会责任信息,这有可能造成披露的信息与企业实际状况不符的情况,进而影响测量的准确性。此外,在这一测量方法中,企业信息的收集与编码将花费大量的人工成本。

第四种方法是使用量表来测量企业CEO或高层管理人员对企业社会责任的感知。基于不同的分类标准,学者们在开发企业社会责任的多维度量表时有不同的做法。一些学者根据社会评价机构的分类标准开发了企业社会责任的多维度量表。比如,Ruf等(1998)根据社会评价机构KLD的指标构建了8个维度的量表来测量企业社会责任。然而,这类量表的设计思路往往并不是理论驱动的,因而,在量表的信度和效度方面仍存在争议。另一些学者则根据不同理论视角来开发企业社会责任的多维度量表。例如,基于卡罗尔(1979)的理论框架(经济、法律、伦理、慈善责任),Maignan和Ferrell(2000)开发了包含四个维度共18个条目的问卷来评价企业社会责任;基于利益相关者的理论视角,Turker(2009)开发了包含4个维度共计18个条目的量表来测量企业社会责任。这四个维度分别是"社会""员工""消费者""法律"。这两个量表各有优势,也已经被众多学者在研究中采用,并在国际一流管理学期刊上发表了多篇重要的文章(Mueller等,2012;Saeidi等,2015)。使用量表测量企业社会责任的优势在于适用范围广,缺点在于主观性过大,测量过程需要企业CEO或高管配合,数据获取难度较大。

企业社会责任测量方法的汇总如表2-1所示。

四 企业社会责任对企业经济绩效的影响

在企业社会责任研究领域,学者们一直试图用数据来验证企业社会责任与企业经济绩效之间是否存在正向影响关系。这一主题的研究有一个非常清晰的潜在希望,即能够经验性地证明企业绩效的"社会"和"经济"维度的兼容性:从长期来看,成功的公司将会是那些在社会绩效和经济绩效方面同时获得好的表现的公司。

表2-1　　　　　　　　企业社会责任测量方法汇总

	数据库数据	单维/多维数据指标	内容分析	量表
简介	第三方机构根据一定的企业社会责任指标，收集企业社会责任的相关信息，并评定企业社会责任水平。由此构建的企业社会责任数据库包含了企业社会责任的总体水平以及各细分维度的数据。现有数据库如KLD数据库、润灵企业社会责任数据库等	根据公开数据构建的关于企业社会责任某一方面的数据，例如企业社会责任、企业环境污染治理投入等	研究者根据一定的企业社会责任指标，收集企业社会责任的相关信息，评定样本企业承担企业社会责任的水平	由企业CEO或企业高管填写测量企业社会责任的问卷而得到其所在企业承担社会责任水平的数据
优点	认可度高，使用方便	实际客观数据，数据可靠性强	适用范围广	适用范围广
缺点	适用范围窄，一般只适用于某些国家的大规模企业	并不能代表企业社会责任的完整概念	对样本企业披露信息的要求较高，人工编码工作量巨大	主观性过大。需要企业CEO或高管配合，数据获取难度较大
适用范围	适用于现成企业社会责任数据库中包含了样本企业信息的情况	适用于只关注企业社会责任个别方面，并能从公开数据中获得对应信息的情况	适用于没有现成企业社会责任数据可以使用，但可以从公开渠道获得样本企业充足的企业社会责任相关信息的情况	适用于无法从公开渠道获得企业社会责任相关信息，但能够得到企业CEO或高层管理人员充分配合的情况
代表性的研究	Kang, 2013; Zhang等, 2015	Wang和Qian, 2011; 温素彬和方苑, 2008	Wang和Bansal, 2012	Saeidi等, 2015

资料来源：作者自行整理。

自20世纪70年代开始，许多学者就致力于研究企业承担社会责任与企业经济绩效之间究竟存在怎样的关系。许多研究表明，以财务指标比率来衡量的企业绩效与企业社会责任之间的关系在一定程度上存在着正相关（Bragdon & Marlin, 1972; Bowman & Haire, 1975）。该主题研究中的一个典型的例子是 Waddock 和 Graves（1997）的成果。他们假定更好的财务表现会带来更好的社会绩效，而更好的社会绩效反过来也会提升企业的财务绩效表现。他们采用 KLD 的数据来衡量企业的社会责任表现，并用企业在股权、资产和销售额上面的回报来测量企业的经济绩效。他们的研究发现企业社会绩效与企业经济绩效之间存在着较小的正相关关系。

Heinze（1976）、Sturdivant 和 Ginter（1977）的研究结果同样表明企业经济绩效（以股东权益回报率、利润率、每股收益来衡量）与企业社会责任之间也存在正相关关系。但与此同时，采用以证券市场为基础的企业绩效衡量方法来研究企业社会责任和企业经济绩效之间关系的结果却不一致。Moskowitz（1971）的研究显示，高企业社会责任等级的公司的股票价格在股票市场上表现良好，而 Vance（1975）的结果则正好相反；Alexander 和 Buchholz（1978）的研究表明股票风险水平和企业承担社会责任之间似乎没有显著的关系；Abbott 和 Monsen（1979）采用投资者收益来测量公司绩效，结果发现企业承担社会责任对投资者的收益没有影响。可以看出，在企业社会责任和企业经济绩效的关系问题上，20 世纪 70 年代的这些实证研究结果差别很大，并没有达成一致。

Margolis 和 Walsh（2001）的研究提供了一个非常具有价值的分析方法。他们分析了95个关于企业社会绩效与企业经济绩效之间关系的实证研究。分析后，他们得出如下结论：至少超过50%的关于企业社会绩效—企业经济绩效正向关系的研究是值得商榷的。他们认为，造成这种不稳定结果的原因在于这些研究实施方式的差异，例如：不同研究人员所选取的样本存在很大差异，企业社会绩效和经济绩效的测量方式存在差异，研究人员所构建的计量模型中控制变量的选取也不同。

Orlizky等（2013）通过元分析（Meta-Analysis）的方法检验了企业社会责任对企业经济绩效的影响。研究结果表明，总体来说，企业社会责任能够正向影响企业的经济绩效。但是，企业社会责任和企业经济绩效的测量方法会影响这一关系的成立。例如，企业社会责任与采用会计指标测量的企业经济绩效的关系更强，而与采用市场指标测量的企业经济绩效的关系则较弱。

事实上，企业社会责任对企业经济绩效的影响是具有两面性的。一方面，企业承担社会责任会花费企业资金、占用企业资源、耗费管理者精力。从成本的角度看，企业社会责任对企业经济绩效的影响是负向的。另一方面，企业承担社会责任会提升企业声誉，改善与利益相关者的关系，进而帮助企业提升经济绩效。特别地，对于企业社会责任会提升企业经济绩效的观点，利益相关者理论提供了一个重要的框架。根据利益相关者理论的视角，企业只有在满足重要利益相关者需求的基础上，股东的经济利益才能获得满足。沿着这一思路，学者们探讨了企业社会责任对各种利益相关者的影响。例如，学者们发现企业社会责任能够提升员工的组织认同，进而增加员工的组织公民行为、提升员工的工作绩效（Brammer等，2015；Farooq等，2014；Glavas和Godwin，2013）；企业社会责任能够帮助企业获得更多股票分析师的推荐（Luo等，2015），进而在资本市场上赢得投资者的青睐；企业社会责任能够帮助企业提升消费者对企业的品牌感知，并减少消费者的价格敏感性（Habel等，2016；Sen等，2001）。利益相关者理论被认为是一个更加细致的关于公司创造社会和财务价值，并在价值创造过程中涉及不可分割的伦理和道德作用的理论。可以说，利益相关者理论的提出和发展对研究企业社会责任与企业经济绩效之间的关系起到了重要的推动作用。

第三节　企业社会责任理论研究的前沿进展

一　西方学者的探索

（一）西方学者企业社会责任研究概述

在利益相关者理论视野中，西方学术界对企业社会绩效问题展开了大量的研究，并取得了丰硕的成果。梳理这些研究成果可以发现，西方学者在该领域的研究集中在以下四个方面。

第一，界定企业社会绩效的内涵。西方学者针对企业社会责任的内涵开展了持续的探讨。美国经济开发委员会在其编撰的《商事公司的社会责任》中倾向于将企业的经济责任和社会责任区分开（卢代富，2001），也有学者坚持认为企业经济绩效与企业社会绩效是并行关系，一起归于企业绩效之中（Brummer，1991）。Davis 和 Blomstrom（1971）提出的同心圆理论是第一个在企业社会绩效中包含一系列经济绩效和非经济绩效因素的理论。美国佐治亚大学教授卡罗尔（1979、1991）则认为社会责任具有多维结构，并对企业社会责任进行了更详尽的分类。他认为任何给定的企业行为和责任都包括经济责任、法律责任、伦理责任和自由决定责任，而且这种责任并不是等量的，它们的权数依次为4—3—2—1。卡罗尔认为企业承担这些社会责任而形成的总体绩效就是企业社会绩效，经济绩效是其中一个方面的内容。直至今日，卡罗尔教授关于企业社会责任和社会绩效的观点已经为学术界所广泛认同。

第二，探寻企业承担社会责任、关注社会绩效的理论根源。企业社会责任和社会绩效的理念自从20世纪初期被提出以来，学术界就为寻找其理论根源进行了不懈的努力。早期的探讨包括著名的贝—多论战和 Gunness、Smith 等学者试图从社会学和伦理学的领域来挖掘企业承担社会责任的缘由。但是随着利益相关者理论的迅速发展和逐步完善，西方学者发现可以在利益相关者理论这样一个统一的框架中来探寻企业社会责任和社会绩效问题。进入90年代以后，西方学者在该领域的研究取得了丰硕成果,如 Harrison & Freeman (1999)、Clark (2000)、Davenport (2000) 等。其中有一项颇具影响力的研究是由多纳德逊和邓非 (Donaldson & Dunfee, 1994) 做出的,他们提出了一个基于利益相关者的综合性社会契约 (Integrative Social Contracts) 分析思路,用以探讨企业在履行其囊括显性契约与隐性契约在内的综合性社会契约时,必须考虑其利益相关者合理的利益要求,进而主动承担起应有的社会责任,关注社会绩效。

第三,研究企业形成社会绩效的行动模式。卡罗尔(1979)将企业产生社会绩效的行动模式区分为"利益相关者管理"(Stakeholder Management) 和"社会事务参与"(Social Issue Participation) 两大类型。两者的区别在于:利益相关者管理能够使企业获得无形的、有价值的、竞争对手难于模仿的关键性资产,从而增强企业的竞争力,而社会事务参与虽然能够改善企业形象,但由于这种行为很容易为对手所模仿,所以不仅不会增强企业长期竞争力,反而还消耗企业资源,降低企业的经济绩效(陈立勇、曾德明,2002)。Hillman & Kleim (2001) 的研究结论部分验证了卡罗尔的判断,他们发现企业与社区关系、雇员关系和雇员多元化与企业绩效、企业竞争力呈显著的正相关关系,但顾客满意度、环境管理与企业绩效之间却呈微弱的负相关关系。除了卡罗尔区分的两种行动模式之外,另外一个具有代表性的行动模式是由沃提克和寇克兰(Wartick & Cochran, 1985)提出的 RDAP 模式。它是指企业需要根据其战略意图和内外部环境而选择以下四种模式来开展社会责任活动,即"对抗式"(Reactive)、"防御式"(Defensive)、"适应式"(Accommodative) 和"预见式"(Proactive)。沃提克和寇克兰通过对曼维尔 (Manville) 公司和强生 (J&J) 公司的实例研究发现,采取不同行动模式的企业会形成不同的社会绩效。

第四,研究企业承担社会责任与企业经济绩效之间的关系。为了改变企业在承担社会责任方面踯躅不前的状况,自 20 世纪 70 年代开始,许多学者就致力于研究企业承担社会责任与企业经济绩效之间究竟存在怎样的关系。例如，Cochran 和 Wood（1984）的研究对企业社会责任活动的测量采用了一个特别声望指数（Special Reputation Index）和 Moskowitz 量表，研究了 1970—1974 年的包含 29 个行业的 39 家公司和 1975—1979 年的包括 28 个行业的 36 家公司的绩效。该项研究结果表明，即使在控制了资产寿命等因素的影响，企业社会责任和企业绩效之间仍然存在着正相关关系（古丽娜、张权武，2004）。Cochran 和 Wood 是当前非常活跃的两位研究利益相关者管理问题的学者，他们的这项研究工作产生了深远的影响，并使学术界逐渐将其研究结论作为假设性命题而反复进行验证。

（二）西方学者关于企业社会责任研究的主要分歧

尽管在利益相关者理论的旗帜下，西方学者对企业社会绩效问题进行了广泛且深入的研究，并且取得了许多令人耳目一新的成果，但是仍然存在着许多分歧。总体而言，西方学者关于企业社会责任问题的研究还存在以下不同看法。

第一，"企业形成社会绩效的行动模式"中是否一定要做出经济上的牺牲。以 Manne 和 Haas 为代表的一批学者坚持认为，唯有在经济上有所牺牲的行为方属企业社会绩效行动。Loevinger 和 Bauer 等学者对此也持肯定的态度，他们认为，唯有本着提升公共福利的主观愿望而牺牲经济利益的企业行动，才能形成企业社会绩效。而 Bock 和 Davis 等学者则表示，企业履行社会责任与其实现利润最大化之间并不必然地发生冲突，不能断然将企业形成社会绩效的行动模式与企业利润目标对立起来。以 Blomstrom 和 Sturdivant 为代表的学者也持类似观点，他们认为一定的企业行为能否形成社会绩效，不是看它是否会牺牲企业的经济利益，或是看它有无纯粹的慈善动机，而是取决于该行为的社会影响和实际效果如何（卢代富，2001）。这一分歧直接导致了许多学者至今依然对 Cochran 和 Wood 的研究结论进行实证检验，并乐此不疲。同时，这种理论上的分野也使企业界人士对慈善捐款活动产生了不同的认识。

第二，企业社会绩效的形成过程应否包括"自愿"的要素。

Manne、Jones、Wallich 等学者认为，为了突出强调企业社会绩效形成过程所产生的实际效果，有必要把企业自愿地圆满完成其社会任务作为一个重要的变量来加以考察，即企业社会绩效的形成必须是完全自愿的，而不是由法律或者外部经济压力强加的。而以 Starling、Strier、Sethi 为代表的学者们则认为，"企业社会绩效"这一概念主要表达的应该是企业追寻社会目标的过程所产生的结果，企业社会责任和社会绩效的精髓就在于它是外在的力量以某种方式施加给企业的义务。这种外在力量，通常是指社会的期望，有时亦表现为市场的压力（卢代富，2001）。这一分歧属于认识论上的差异，要消弭这种差异的难度很大。

第三，如何选用合适的方法来测量企业社会绩效。尽管许多学者都在反复验证"企业承担社会责任是否会影响企业经济绩效"，并取得了许多成果，但一个更为基本的问题是"如何来测量企业社会绩效"。倘若无法测量企业社会绩效的话，何谈用数据进行验证？美国学者索尼菲尔德（Sonnefeld，1982）和加拿大学者克拉克森（Clarkson，1995）曾分别提出过一套企业社会绩效的测量方法。前者强调测量时应该更多地让外部利益相关者参与，他通过与六家林业企业的 103 位经理人员反复面谈，从而确定了调查内容，并让这六家企业的外部利益相关者从 7 个维度上来评价企业的社会绩效（陈维政等，2002）；后者将利益相关者分为主要利益相关者（Primary Stakeholders）和次要利益相关者（Secondary Stakeholders），并借用沃提克和寇克兰（Wartick & Cochran，1985）提出的 RDAP 模式来测评企业的社会绩效。通过对曼维尔（Manville）公司和强生公司（Johnson & Johnson）的实例研究，克拉克森发现在企业社会绩效的四种类型中，"预见型"企业的社会绩效最好，"适应型"企业的社会绩效次之，"防御型"企业的社会绩效较差，"对抗型"企业的社会绩效最差。另外，由罗伯特·卡普兰和戴维·诺顿（Kaplan & Norton，1996）提出的平衡计分卡（BSC）模型在许多企业的社会绩效测评中也获得了广泛的应用。虽然该模型并不是基于利益相关者理论而开发出来的，但在其所考虑的四个维度（财务、客户、内部经营过程、学习与成长）中还是考虑了企业的三个利益相关者（股东、客户和员工）的问题。针对平衡计分卡所存在的一些缺陷，英国克兰菲尔德管理学院（Cranfield School of Management）的安迪·尼利和埃森哲咨询公司的克里斯·亚当斯提出了"业绩三棱镜模型"（Performance Prism Model）。该模型以利益相关者为核心，从五个方面（利益相关者的满意、利益相关者的贡献、战略、流程和能力）来全面测量企业的社会绩效，被认为是超越了平衡计分卡的新一代绩效测评方法。显然，这些企业社会绩效的测量方法都还不尽完善，需要在实践中不断改进。

（三）西方学者关于企业社会责任的研究趋势

随着企业社会责任实践的不断发展，越来越多的学者开始关注并研究企业社会责任问题。经过多年的发展，西方学者对企业社会责任的研究已较为成熟，并呈现出了一些明显的特点。2016年发表在《美国管理学会学报》（Academy of Management Journal）上的一篇文章综述了企业社会责任领域研究的发展特点。

第一，从关注企业社会责任的前因和结果到关注过程。根据研究内容的不同，企业社会责任领域的现有研究可以被分为三类：前因、结果、过程。有关企业社会责任前因的研究，聚焦于企业社会责任的驱动因素。关注企业社会责任结果的研究，聚焦于企业社会责任产生的影响结果。有关过程的研究，聚焦于企业社会责任决策制定和实施的过程以及利益相关者如何解释企业社会责任活动并做出何种反应。可以看到，越来越多的研究开始探讨企业社会责任的过程。有关企业社会责任过程的研究大多采用质性研究的方法来深入分析有关企业社会责任决策的制定和实施。例如，MacLean 和 Behnam（2010）通过案例研究的方法，研究了企业社会责任脱钩的现象，深入分析了企业社会责任脱钩的成因以及可能产生的影响。

第二，从关注企业财务绩效到关注非财务绩效。20世纪70年代到90年代，企业社会责任研究领域的学者针对企业社会责任对企业经济绩效的影响开展了大量研究。在此之后的20多年内，关于这一主题的研究仍然维持了一个较高的数量。近年来，除了财务绩效以外，越来越多的学者开始关注企业社会责任对企业其他非财务绩效方面的影响。企业的非财务因素包括企业对潜在求职者的吸引力（Jones 等，2014）、顾客满意度（Conlon 和 Murray，1996）、CEO 连任（Gomulya 和 Boeker，2014）、企业高管薪酬等（Berrone 和 Gomez-Mejia，2009）。

第三，关注企业社会责任的细分维度。现有研究中有一个非常明显的趋势，就是从原先关注企业社会责任这个综合的概念逐渐转移到关注具体的企业社会责任的某一要素或维度，包括员工关系、产品质量、环境保护等。例如，Kang（2008）聚焦于企业财务舞弊这一企业社会责任的具体方面，研究了那些受处罚企业的声誉溢出效应。在众多企业社会责任的具体要素方面，环境绩效是被研究得最多的一个领域。有两个原因能够解释这一研究趋势。首先，综合性的企业社会责任绩效得分并不能完全代表企业的社会责任表现，用这类数据来比较不同企业承担社会责任的水平是不合适的。例如，重视环境保护但轻视慈善捐赠的 A 企业可能与重视慈善捐赠但轻视环境保护的 B 企业获得同样的企业社会责任得分，但是这样的得分并不能清楚地描绘两家企业承担社会责任的水平。聚焦于具体的企业社会责任维度能够帮助企业更好地分配资源以用于企业社会责任。其次，企业社会责任的每一维度都有其独特的属性，值得被单独拿出来进行详细的研究。而且，聚焦于企业社会责任具体维度的研究还有利于深入理解企业社会责任决策的动机与过程。

第四，关注非美国样本的企业社会责任研究。20 世纪 90 年代之前发表在 AMJ 等学术期刊上的企业社会责任研究成果基本上都是基于美国的样本和数据。90 年代以后，在国际顶级管理学学术期刊上可以看到越来越多的基于非美国情景或数据的研究。学者们聚焦于企业社会责任这一研究话题，使用加拿大、英国、俄罗斯、澳大利亚等国家的数据开展了大量研究。在研究情景和样本数据国别上的多样性反映了全球化的进程发展。同时，不同国家特殊的制度土壤也为企业社会责任研究提供了天然的珍贵素材。特别是随着中国经济的迅速发展和中国在国际舞台上的影响力不断增强，使用中国企业样本、基于中国情境而开展企业社会责任研究成为国际学术界的一个突出现象。

二 中国学者的探索

（一）中国学者企业社会责任研究概述

在中国，"企业社会责任"这一话题的由来可以追溯到孔孟诸学关于劝诫商人不可"为富不仁"的论述。中国学术界人士科学地研究企业社会责任问题起始于20世纪80年代。直到90年代初期，绝大部分国内的文献都将研究的对象集中于国有企业，并将"企业社会责任"的话题转化为"国有企业的社会功能"。此后涌现出了许多相关文献，但是大部分的研究尚仍停留在澄清概念、寻找理论依据、争论"企业为何需要承担社会责任"的理论层面分析上，而极少涉及"如何开展行动"和"实际效果如何"的实证研究层面。即使是在理论层面的分析上，国内大多数学者的论述也都缺乏一个整体性的分析框架，研究基本上是仁者见仁、智者见智。这就与国际学术界基本上都在利益相关者理论的框架中来就此问题展开对话的状况有天壤之别了。虽然说西方学者关于企业社会绩效问题的研究也还没有取得完全的共识，特别是关于企业社会责任与企业绩效之间关系的实证研究还处于结论互相矛盾和没有可接受的实证检验证据的状况，但是其基于实证调研数据、在统一的理论框架内讨论问题的模式却给中国学者以诸多启迪。

中国学者对企业社会责任的关注主要是从20世纪90年代开始的，但是相关的实证研究成果主要是从2000年之后才逐渐涌现出来的。其原因大致有两点：（1）在过去的20年中，中国企业社会责任的实践不断发展，尤其是2008年"汶川地震"后企业界喷发的一系列社会责任行动，使得国内学者们有了更好的研究企业社会责任的素材和更浓厚的兴趣；（2）这20年也是中国管理学界开始认真学习和大量使用实证研究方法的黄金时期，受其影响、熏陶和训练的国内学者逐渐开始用实证研究的方法来探索诸多企业社会责任现象背后的深层次关系。从时间的维度来看，在这20年间无论是发表在国内高水平学术杂志上，还是发表在国外学术杂志上，中国学者的论文数量都呈快速增长的趋势，也逐渐形成了一定的影响力。我们对中国学者 2000 年 1 月至 2015 年 6 月期间在企业社会责任领域发表的高水平的实证研究型论文进行了梳理与分析。分析结果表明，中国学者关于企业社会责任的实证研究探索呈现出以下特点。

第一，关于企业社会责任的研究尚处于起步阶段。2000—2005 年，中国学者在企业社会责任领域的实证研究成果的发表还没有起步。但从 2006 年之后，中文、英文论文的数量开始逐年看涨，近年来更是呈现出一种爆发式增加的趋势。这些实证研究型论文的研究设计逐步与国际主流学术界的成果相接轨。具体而言，除了单一地采用传统的数据收集方式，有一些研究已经开始尝试同时运用多种方法来收集数据、开展研究，这与国际一流杂志所倡导的多情境研究是一致的。在研究主题的选择上，中国学者开展的企业社会责任问题的实证研究呈现出明显的多元化特点，这与国际主流杂志和学者们的研究话题选择趋势也是吻合的。不过，国外学者讨论得非常热烈的两个话题〔即社会创业（Social Entrepreneurship）、金字塔底层（Bottom of Pyramid）〕尚没有引起中国学者开展实证研究工作的重视，这也许与中国社会发展所处的阶段、企业实践关注的重点有关。

第二，理论基础问题受到学者们的普遍重视。绝大多数论文都阐述了其实证研究所依据的理论基础，其中利益相关者理论、委托—代理理论、制度理论、合法性理论、资源依赖理论、社会学习理论、社会交换理论、高阶理论等理论框架被中国学者应用到企业社会责任研究之中。略有遗憾的是，微观层面的理论，如消费者选择理论等还有待于进一步为企业社会责任领域的学者所熟悉和运用。

第三，交叉研究是企业社会责任实证研究设计的最明显特征。由于企业社会责任知识体系的构成越来越具有多学科交融的特性，因此中国学者已经开始主动地或下意识地在多学科领域中寻找研究变量和研究灵感对企业社会责任进行了多方位的研究。把企业社会责任领域与其他学科领域进行交叉研究，以期在两个甚至多个知识界面之间的交汇地带做出知识贡献,这一现象已经成为企业社会责任领域的基本研究范式,也应该会在未来相当长的时间内引领研究潮流。

第四,研究框架的完备性日益受到重视。实证研究型论文都试图基于一定的研究框架而展开,有些研究是考察企业社会责任的前因变量,有些研究是探讨企业社会责任的结果变量,还有些研究则探讨了相关变量之间的中介效应和调节效应问题。参考 Aguinis 等(2012)的研究思路,我们把中国学者在企业社会责任领域实证研究中所采用的这些前因变量、中介变量、调节变量和结果变量汇集成一个相对完备的研究框架,如图 2-1 所示。值得注意的是,与国际顶尖杂志所发表论文的研究框架相比,中国学者在变量的选择与测量、变量之间关系的逻辑推理、研究框架与理论基础之间的吻合性等方面还存在很大的差距。

(二)现有研究的不足与未来研究展望

可以肯定地说,中国学者对企业社会责任问题的实证研究已经进入了"快车道",并正处于迅速与国际主流学术研究接轨的状态之中。然而,通过梳理分析现有研究,我们发现有以下几点缺憾。

第一,缺乏本土文化的视角。中国实际上是一块研究企业社会责任的沃土。古人关于商业伦理与企业社会责任的相关论述,如"君子爱财,取之有道"的营商底线、"以天下为己任"的士人精神、"修己济世、兼善天下"的君子人格,以及历代优秀从商人士在承担社会责任、恪守商业伦理方面的躬身践行,无不为中国学者开展企业社会责任问题的研究工作提供了丰厚的沃土和天然的条件。如果中国学者的企业社会责任研究工作只是在形式上与国际学术界接轨,却抛弃了中华民族深厚的文化基因,离开了当今中国社会发展的情景条件的话,很难说这种研究会具有真正意义上的学术价值。

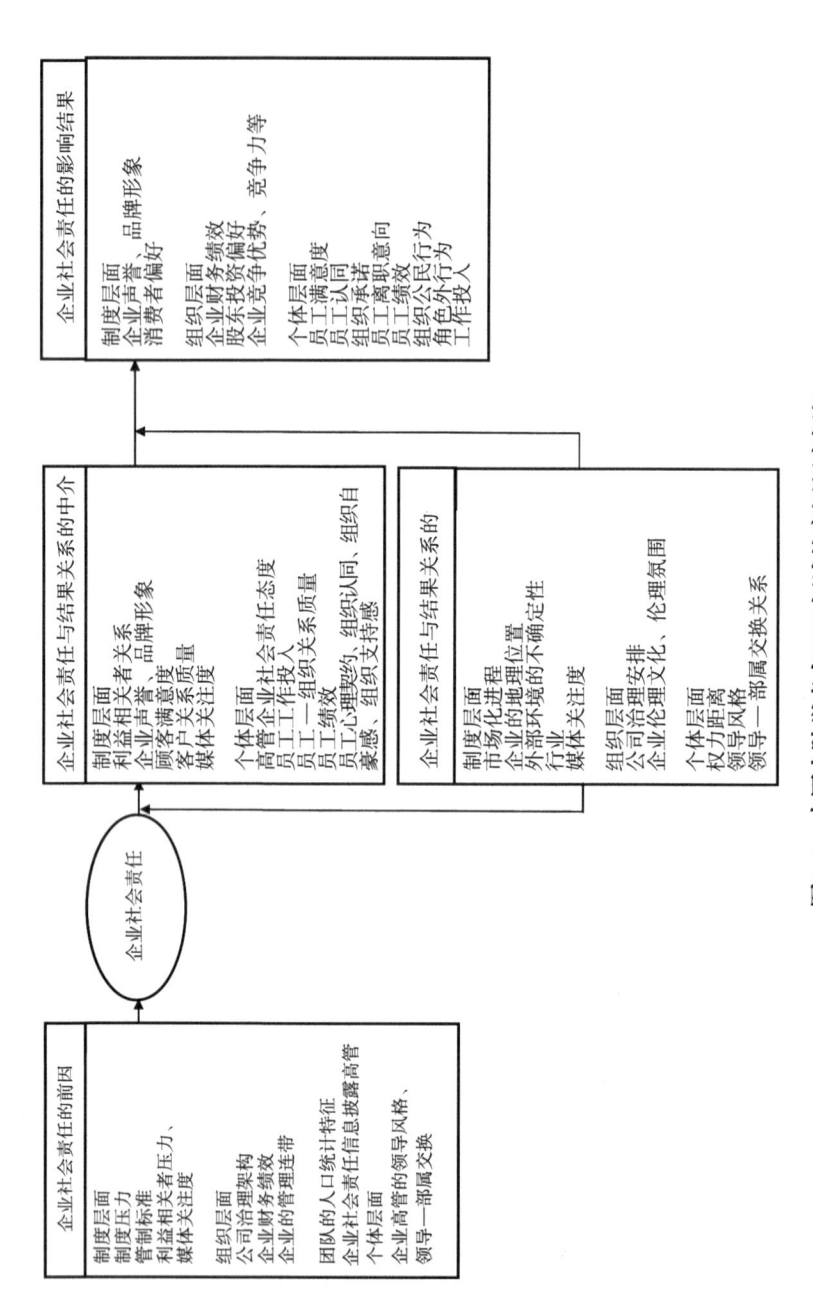

图2-1 中国大陆学者在CSR领域的实证研究框架

企业社会责任的前因

企业层面
- 制度层面
  - 制度压力
  - 管制标准
  - 利益相关者压力、媒体关注度
- 组织层面
  - 公司治理结构
  - 企业财务绩效
  - 企业的管理层特性
- 个体层面
  - 团队的人口统计特征
  - 企业社会责任信息披露高管
  - 企业高管的领导风格、领导—部属交换

↓

企业社会责任

↓

企业社会责任与结果关系的中介

- 制度层面
  - 利益相关者关系
  - 企业声誉、品牌形象
  - 顾客满意度
  - 客户关系质量
  - 媒体关注度
- 个体层面
  - 高管企业社会责任态度
  - 员工工作投入
  - 员工绩效
  - 员工心理契约、组织关系质量
  - 自豪感、组织支持感

企业社会责任与结果关系的调节

- 制度层面
  - 市场化进程
  - 企业的地理位置
  - 外部环境的不确定性
  - 行业
  - 媒体关注度
- 组织层面
  - 公司治理安排
  - 企业伦理文化、伦理氛围
- 个体层面
  - 权力距离
  - 领导风格
  - 领导—部属交换关系

↓

企业社会责任的影响结果

- 制度层面
  - 企业声誉、品牌形象
  - 消费者偏好
- 组织层面
  - 企业财务绩效
  - 股东投资偏好
  - 企业竞争优势、竞争力等
- 个体层面
  - 员工满意度
  - 员工认同
  - 员工离职意向
  - 员工绩效
  - 组织公民行为
  - 角色外行为
  - 工作投入

第二，缺乏本土化的构念及测量方法。一个好的构念对于实证研究工作具有重要的影响，甚至会直接影响研究成果的水平。中国学者在开展企业社会责任实证研究工作时一般都采用稳妥的办法，即借用国际高水平杂志上呈现出来的构念（有些进行了一定的本土化修改），以避免出现自设变量的信度、效度通不过检验的麻烦，鲜有学者在企业社会责任领域内探讨中国本土化的构念及其测量方法的论文成果。与其他学科、领域内"中国声音"的逐渐唱响相比，企业社会责任领域的研究工作者还需要更加努力，应该把一部分注意力放到本土化构念的开发上来。

第三，研究层次的多样性不足，跨层次研究相对较少。中国学者从制度层面和个体层面来研究企业社会责任问题的论文相对较少，大多数论文都是从组织层面来开展研究工作的；与此同时，只有少数论文涉及了两个层面研究，而涉及3个层面研究的论文数量就更少了，形成了明显的缺憾。由于企业社会责任问题既与社会、文化、制度、法律等宏观环境有关，又与组织文化、公司治理安排、领导风格等组织要素有关，还与企业内部的管理安排、员工行为等微观变量有关，因此开展适当的跨层研究将会成为未来企业社会责任领域实证研究的一个趋势。

第四，很少采取实验研究的方法。我们发现只有少数论文采用了实验法来收集数据，这些论文基本上都是研究企业社会责任领域内的个体心理动机、态度特征与行为结果之间的关系问题。甚为遗憾的是，这一类论文的数量尚显薄弱，还没有形成足够的影响力。不过，这些研究成果提醒我们，企业社会责任问题的研究其实具有很强的包容性，普遍应用于心理学、社会学、组织行为学、消费者行为学等领域的实验研究方法已经开始被引入企业社会责任领域之中，这必将又会进一步加强企业社会责任研究的跨学科特性。

总体而言，中国学者在企业社会责任领域的实证研究已经起步，在最近10年更是取得了快速的发展。必须承认的是，与国外学者的高水平研究成果相比，中国学者还有很漫长很艰辛的道路要走。展望未来，一方面，希望中国学者在企业社会责任领域内展现出更多的、高水平的、与国际接轨的实证研究成果，在研究层次、研究方法上真正契合国际学术研究的前沿潮流；另一方面，也呼唤更多的具有本土文化、中国情境的研究成果，真正体现出中国学者的现实关注和家国情怀。

第 三 章

全球化浪潮与企业社会责任

第一节　以全球化的视野来看待企业社会责任

企业社会责任已经是一个全球性的话题，而不是局限于某一个国家、某一个地区的问题。从国际视野来看，企业社会责任是伴随着经济全球化和跨国公司的不断壮大而逐渐发展的。从企业生产守则运动到经济合作与发展组织（OECD）制定的《跨国公司行为准则》，再到国际社会责任组织（Social Accountability International，SAI）制定的SA8000标准，企业社会责任在全球范围内得到了重视。

20世纪80年代以来，随着经济全球化发展和跨国公司的不断壮大，各国劳资关系力量处于一种极端不平衡的状态，经济全球化的同时伴随着贫穷的全球化，劳工权益保障日益成为世界性的社会问题。在这一背景下，企业社会责任运动逐渐演变成一股世界性潮流。

企业社会责任运动最主要的一种形式是"企业生产守则运动"。该运动要求公司（特别是跨国公司）必须以国际劳工标准为依据来制定和实施工资、劳动时间、安全卫生等劳工标准。企业的生产守则最初是在劳工组织和消费者的压力下，跨国公司为保持企业形象而设立的有关企业内部劳工标准方面的自律性规则，其目的着眼于改善劳工状况。但是跨国公司自身制定的生产守则，一定程度上服从于其商业利益，实施状况很难得到社会监督。因此，在多重力量的推动下，生产守则运动开始由跨国公司自我约束的内部生产守则向社会监督的外部生产守则转变。

1976年经济合作与发展组织制定了《跨国公司行为准则》,这是迄今为止唯一由政府签署并承诺执行的多边、综合性跨国公司行为准则。这些准则虽然对任何国家或公司都没有强制约束力,但它要求企业在经营过程中更加保护利害相关人士和股东的权利,提高透明度,并加强问责制。据经济合作与发展组织统计,到2000年为止,全球共有246个生产守则,其中118个由跨国公司制定,92个由行业协会和贸易协会制定,32个由非政府组织制定,4个由国际组织制定。如今,全球各种类型的生产守则已经超过400多个。由商贸协会、多边组织或国际机构制定的生产守则主要在美国、英国、澳大利亚、加拿大、德国等地,其中最有影响的是由国际社会责任组织于1997年制定的SA8000标准。该标准包含九个要素:公司不应支持使用和使用童工;公司不得使用或支持使用强迫性劳动;公司应该提供安全、健康的工作环境;公司应该支持结社自由和集体谈判权;公司不得从事或支持歧视;公司不得支持或采取惩戒性措施;公司应该遵守工作时间的规定;公司应该达到最低工资标准;公司应该制定社会责任和劳动条件的政策。支持SA8000的企业将把它作为选择供应商和合作伙伴的重要考量。

一些跨国公司为了树立品牌形象,纷纷响应SA8000标准,而且也要求其产品配套企业和合作企业都要遵守这些守则,从而将"企业社会责任运动"扩展到了包括广大发展中国家。另外,助推跨国公司企业社会责任发展的另外一个强大力量是欧美的非政府机构组织。作为民间监管机构,非政府组织用不同的方式向跨国公司施加压力,例如公开抗议、联合抵制、分析和监测企业活动等。非政府组织的这些行动,使得跨国公司不得不积极采用自律和全球行为守则的政策,进而使得跨国公司也因此成了企业社会责任全球化的主要助力。如今,企业社会责任在欧美发达国家的发展,已从当初以处理劳工冲突和环保问题为主要功能,上升到实施企业社会责任战略、提升企业国际竞争力的阶段。

总体而言,企业社会责任兴起于西方,随着跨国公司的全球化经营而实现了企业社会责任实践活动的全球化扩展。与此同时,越来越多的新兴发展中国家认识到了企业社会责任的重要性，并且不少国家开始将披露企业社会责任报告列入法律规定，逐渐融入接受、倡议和实施企业社会责任的潮流之中。

第二节　不同国别的企业社会责任实践

虽然随着跨国公司的全球化经营，企业社会责任实践活动也在全球不断扩展，但在不同国家，企业社会责任实践的发展历程与特点还存在明显的差异。本节将详细介绍企业社会责任在美国、欧洲与日本的发展历程与特点。总体来看，美国企业承担社会责任的范围比较宽泛，美国注重从立法的角度来引导企业承担社会责任。与美国相比，欧洲对企业社会责任的关注较晚，但以欧盟国家为代表的欧洲企业社会责任运动发展迅速，其中尤以欧洲责任消费运动和责任投资运动为典范，逐渐成为世界企业社会责任运动的领先者。在经历了四个阶段的发展历程之后，日本企业承担社会责任现在已经进入了发展成熟阶段。在推进企业社会责任行动时，日本既具有全球化视野，也注重本地化实践。日本企业普遍秉承"内外有别，于己有利"的责任观，遵纪守法重新成为日本企业承担社会责任的核心内容。

一　美国企业社会责任的实践

（一）美国企业社会责任的发展历程

美国被认为是现代企业社会责任概念的发源地，美国企业社会责任的实践发展历程可以归纳为三个阶段。

第一阶段从20世纪初至20世纪60年代。20世纪初，随着工业革命的完成及其对美国经济的迅速推进，企业经营中的垄断现象不断出现，经济权力日益集中到少数人手里，从而引发种种严重问题。企业为了牟取高额垄断利润，在对待工人时残酷无情，引发了轰轰烈烈的社会进步运动，涉及劳工、控制铁路运价、市政改革和新闻领域的"揭发黑幕"等。

一些美国大公司的恶劣行径引起了美国社会的不满和政府对企业态度的变化。一些组织和个人开始呼吁企业承担社会责任，强调企业作为社会的一分子在承担社会责任方面的合理性和必要性。20世纪早期的美国企业逐渐不再对其社会责任抱冷漠的态度，它们开始主动捐款，资助社区活动和红十字会事业，帮助当地政府完善义务教育和公共健康制度。

20世纪50—60年代，更多的公司意识到"权利带来责任"。这一时期，美国的企业界逐渐形成一种观点，认为企业在为股东创造利润的同时，也应当通过捐助或承担社会项目来回报社会和公众。企业的慈善捐赠，从长远而言，有利于公司的运营、改善公司的环境、完善公司的形象。企业的捐助行为也得到了法律的认可。到1960年，美国已有46个州通过了公司法，允许企业从事慈善活动。

第二阶段从20世纪60年代至90年代。20世纪60年代，美国企业在实践中履行社会责任的步伐越来越快，范围也越来越广，涉及消费者权益保护、环境保护等内容。在此期间，随着美国消费者自身维权意识的提高，消费者开始采取实质性的行动维护自身的权益，消费者运动的规模进一步扩大。美国政府支持消费者的维权运动，1962年3月15日，美国总统肯尼迪在《关于保护消费者利益的总统特别国情咨文》中，率先提出消费者享有的四项基本权利，即安全的权利、了解的权利、选择的权利和意见被听取的权利。1969年，尼克松总统又提出消费者的第五项权利：索赔的权利。消费者权利的提出，使消费者运动进入了新的阶段，美国联邦政府和州政府都设立了消费者保护机构。在政府、消费者和市场等外部环境的压力下，美国公司的经营理念发生了很大改变，更加关注顾客需求，在为顾客提供高质量产品的同时，也提供更加优良的服务，在获取利润的同时也主张履行更多的社会责任。1989年，美国成立了第一个全国性的消费者组织——美国消费者同盟。

在这一阶段，美国企业开始逐步重视企业环境保护的责任。20世纪60—70年代发生于美国的环境保护运动，无论就其规模、大众参与程度还是政府干预的力度等诸多方面都是空前的，它对美国环境保护事业的影响非常大。这场运动首先由生态科学家和知识界人士发起，继而美国公众和政府广泛参与并将这一运动推向高潮。在民间环保运动的强大压力下，美国政府开始把环境保护作为政府工作的重心之一，并加大了环境立法和执法的力度。除了继续保护森林、土地和荒野等自然资源外，美国政府环境保护工作的重心开始转向治理工业污染，特别是空气污染、水污染和化学污染。环保工作主要以议会立法的形式表现出来，1969年，美国国会批准了《国家环境政策法案》，随后20年间有数百项环境法规出台。1970年，美国国家环保局重新整编，成为美国最重要的政府管理实体之一，它不仅是国家重大环境保护工程的制定者和实施者，而且负有国家环境法规的执行和监督责任。

第三阶段从20世纪90年代至今。20世纪90年代初期，美国劳工部及人权组织针对成衣业和制鞋业发动了"反血汗工厂运动"。利用"血汗工厂"生产产品的美国服装制造商Levi Strauss被新闻媒体曝光后，为挽救其公众形象，制定了第一份公司生产守则。在劳工人权组织及消费者的压力下，许多知名公司也都相继制定了自己的生产守则，逐步演变为"企业生产守则运动"。在劳工组织、人权组织等的推动下，生产守则运动由跨国公司"自我约束"的"内部生产守则"逐步转变为"社会约束"的"外部生产守则"。20世纪90年代以来，这种"外部约束"进一步演变为第三方的社会监督和组织认证，即按照以国际劳工标准制定的准则，对企业的劳动状况进行监督并予以认证。在美国，比较有影响力的生产守则制定和监督认证的组织有公平劳工协会（Fair Labor Association，FLA）、国际社会责任组织等。

21世纪初，接连不断发生的企业丑闻引起了公众对企业社会责任的反思，这次企业社会责任运动的核心主要集中在诚信方面。作为对安然、世通等公司财务欺诈事件的反应，2002年美国国会参议院银行委员会主席萨班斯（Sarbanes）和众议院金融服务委员会主席奥克斯利（Oxley）联合提出的会计改革法案——《2002年上市公司会计改革与投资者保护法案》，经美国总统布什2002年7月30日签署后成为正式法律，即《萨班斯—奥克斯利法案》（Sarbanes-Oxley Act）。该法案体现了美国立法对商业活动中要秉持信任、独立、责任和正直精神的要求。近年来，美国社会监督机构加大了企业社会责任的审计力度，旨在全面、广泛地了解和掌握企业履行社会责任的情况，督促企业开展有关工作，保护各利益相关方的利益。越来越多的美国公司开始发布企业社会责任报告或可持续发展报告，接受全社会的监督。据毕马威公司（KPMG）调查，2002年，美国前100强企业中有38家企业发表了独立的企业社会责任报告或可持续发展报告，报告的形式从原来纯粹的环境报告变成包括经济、环境和社会责任等内容翔实的综合报告。

（二）美国企业社会责任实践的特点

随着美国经济、社会的发展，美国在企业社会责任实践领域已经取得了很大的发展。总体来讲，美国企业社会责任的发展具有以下两个明显特点。

第一，企业承担社会责任的范围比较宽泛。从20世纪30年代美国经济大萧条开始，经过60年代消费者运动、环保运动和责任投资运动的兴起，直到90年代以后对企业诚信问题的高度关注，美国企业社会责任的涵盖范围涉及企业的多个利益相关者，如股东、管理者、员工、供应商、分销商、金融机构、竞争对手、新闻媒体、自然环境、社区等，这表明美国企业已经深刻地认识到企业必须通过回应利益相关者的利益要求、承担相应的社会责任来获得持续成长。与此同时，美国企业关注的社会责任话题也很丰富，既有守法经营、公平就业、反对歧视、安全生产等企业内部责任问题，也有消费者保护、环境保护、动物保护、责任投资、慈善捐赠等企业外部责任问题，体系比较健全。

第二，美国注重从立法的角度来引导企业承担社会责任。多年以来，美国不断推进立法来促进企业承担社会责任，特别是在税法、公司法、环保法、劳动法、消费者保护法等领域成效显著。1921年美国《税法》规定，实施慈善捐赠的个人纳税者可享受扣减所得税的待遇，但对作为纳税者的公司还未有类似的优惠规定。1936年，美国国会又修改了《国内税收法典》，明确规定公司慈善、科学、教育等方面的捐赠可予扣减所得税，扣减数额最高可达公司应税收入的5%。这就进一步为企业社会责任的落实提供了利益上的法律激励机制。

在环保立法方面,早在1899年,美国联邦政府就出台了《垃圾管理法》,防止企业向航运河道倾倒垃圾。关于水污染控制法,1945年美国颁布了《联邦水污染控制法》;1955年的《大气污染控制援助法》是美国国会制定的第一部联邦空气污染控制法,该法经多次修改,1970年改称为《清洁空气法》。在二战后美国联邦政府的环境法律体系中,《国家环境政策法》是环境保护的一部综合性立法,它对后来的美国环境立法具有一般性的指导意义。在劳动保护方面,1935年7月美国国会通过了《全国劳工关系法》(又称《瓦格纳法》),该法规定设立国家劳工关系局,专门负责判断和阻止不公平对待劳工的做法,保护劳工组织的权利;同年还通过了《社会保障法》,它由老年社会保险、失业社会保险、盲人补偿、老年补助和未成年补助五大项目组成,形成了保障劳动者生活的"社会安全网络"。1938年美国国会通过《公平劳动标准法》,建立了最低工资制和最高工时制,并禁止16岁以下的童工。1962年通过的《人力开发培训法》、1970年通过的《职业安全与卫生法》、1975年通过的《综合就业与培训法》,为美国企业保护员工的利益提供了基本的法律保障。

在消费者保护方面,美国更是陆续出台了多项法律,大力促进企业承担产品质量责任。美国于1930年成立了食品和药品管理局(Food and Drug Administration,FDA),这是美国管制食品、药品和化妆品的专门机构,保障美国消费者的健康和安全。1946年美国颁布了《商标法修正案》,加强对商标的管理;1960年,联邦贸易委员会制定了更为详细的《商业管理规则》,要求卖主向买主提供合同副本;1972年国会还通过了《消费品安全法》,并设立了消费品安全委员会,管理有潜在危险的消费品的生产和销售,避免消费者遭到伤害。此外,美国国会还颁布了一系列保护消费者权益的法令,如《交通汽车安全法》《毒品包装法》《食品和药品法案》《联邦食品、药品和化妆品法案》《联邦反海外腐败法案》等。

总而言之,美国注重发挥政府在推进企业社会责任中的规制作用,通过立法不断加强企业社会责任。近几十年来，美国政府不断地通过完善各种法令，从产品安全、消费者保护、环境保护、公平竞争等方面约束以及规范企业的行为，有力地推动了企业社会责任的实践。

二 欧洲企业社会责任的实践

（一）欧洲企业社会责任的发展历程

与美国相比，欧洲对企业社会责任的关注较晚。但自20世纪90年代以来，以欧盟国家为代表的欧洲企业社会责任运动发展迅速，其中尤以欧洲责任消费运动和责任投资运动为典范，逐渐成为世界企业社会责任运动的领先者。

总体来讲，欧洲企业社会责任实践的发展经历了以下两个阶段。

第一阶段从20世纪70年代至20世纪90年代末。在20世纪70年代之前，"企业社会责任"的概念在欧洲鲜有所闻。究其原因，英国学者爱普斯坦（Epstein）认为，以英国为例，一方面英国公众持股公司的主要任务是获取经济利益，另一方面英国政府长期介入经济和社会生活，这就使得公司在履行社会责任方面缺乏用武之地。自20世纪70年代以后，受美国的影响，英国等国家逐渐开始关注企业社会责任问题。1973年，英国政府发表的公司白皮书涉及企业社会责任内容，要求公司经营者首先要确保公司成为良好的法人，并要求把社会责任作为公司决策过程中的一项重要内容。此后，英国不断通过立法和政策引导，从慈善救助、创造就业、产品质量监管、改善工作环境、关怀职工健康等多个领域来促进企业承担社会责任。

在英国的带领下，欧洲其他许多国家纷纷开始关注企业社会责任问题。1995年，时任欧盟委员会主席雅克·德洛尔就呼吁，欧洲的公司应该为社会做出一种自愿性的贡献，应该不断地制定和实施有关企业社会责任的政策。1996年，雅克·德洛尔倡导成立了欧洲企业社会责任协会（CSR Europe），为推进欧洲企业承担社会责任奠定了基础。2000年召开的欧盟里斯本峰会（Lisbon Summit）高度关注企业社会责任问题，强烈呼吁欧盟各企业能够关注可持续发展，进一步创造更好的、更多的就业机会,增强社会凝聚力,争取到2010年使欧洲成为最具竞争力和最充满活力的知识经济体。由此,欧洲企业之间、企业与政府之间,以及企业与其利益相关方之间的讨论开始围绕着企业社会责任这一核心展开。同年6月,欧盟采纳社会政策议程(Social Policy Agenda),强调企业社会责任在改善工作环境以适应新经济中发挥作用的重要性。

欧洲企业社会责任发展的第二阶段从21世纪初至今。2000年3月,欧盟在企业社会责任方面明确了两个目标:一是加强企业社会责任宣传,推动各方认识企业社会责任;二是提高政府透明度,促进企业承担社会责任。2001年7月,欧盟委员会向欧洲议会提交了"欧洲企业社会责任框架绿皮书",正式引入了"企业社会责任"的概念,并提出如何倡导和促进企业社会责任,共同建立企业社会责任的欧洲政策架构。绿皮书把企业社会责任定义为"企业自愿地把自己对于社会和环境的影响整合到商业运作和与利益相关者的交互之中,以实现可持续发展"。2002年10月,欧委会举办欧洲多利益相关者的企业社会责任论坛(European Multi-stakeholder Forum on CSR),旨在就企业社会责任在欧洲范围内建立对话和信息交流机制,分享实践经验和评估指导方针。参加该论坛的19个组织代表充分表达意见,达成了广泛的一致,并于2004年6月向欧委会提交了总结报告,推动欧盟建立新的企业社会责任战略。

迄今为止,欧盟所有国家都制定了企业社会责任战略,并得到了各国国内产业界、利益相关方、非政府组织等多方面的支持。2005年,欧洲企业社会责任协会发布了"企业社会责任:欧洲发展路线图"。2006年3月,欧盟通过企业社会责任政策声明,把企业社会责任列入经济增长和就业发展战略的核心,作为营造友好的欧洲商业环境的主要组成部分。近年来,欧洲议会就规范欧洲跨国公司在发展中国家执行好的社会责任标准、实行企业环保和社会行为报告制度的可行性进行广泛磋商。

（二）欧洲企业社会责任实践的特点

经过多年的发展，尤其是近10年来，欧洲的企业社会责任实践取得了很大进展，并且形成了以下三个明显特点。

第一，欧洲政府普遍高度重视推进企业社会责任工作。欧盟自20世纪90年代中期以来就把推动企业社会责任作为一项重要工作，可持续发展和企业社会责任都被列在公共政策议事日程的前列。英国政府在1998年推出"道德贸易计划"，集合商界、劳工和非政府组织，共同讨论公司供应链中工作条件问题的标准和监控方法。2000年，英国政府任命了专门负责企业社会责任的内阁部长，还通过了《企业运作与财务审查法案》，要求企业发布社会责任报告。2001年3月，英国首次公布了《企业社会责任政府报告》，提出了政府促进企业社会责任工作计划，包括推动企业履行社会责任、扩大企业履行社会责任的范围，促进企业社会责任国际化，并通过政府来协调企业的社会责任政策。2002年，英国政府建立了公司责任指数，其涵盖的四个关键领域包括社区活动、环境保护、销售市场、工作场所。通过对不同公司在这四个方面的表现进行评价，促进企业改善其对社会和环境的影响。2004年7月，英国贸工部设立了英国企业社会责任学院，它专门培养拥有企业社会责任管理技能的职业经理人。

在德国，经济合作与发展部是负责开展企业社会责任的主要官方机构，政府提供推动社会责任活动的绝大部分经费。近年来，该机构在推动企业社会责任方面开展了一系列活动，如组织社会各利益相关方讨论企业社会责任的履行问题，推动行业协会和企业按照国际劳工标准、本国法律法规制定社会责任标准。瑞典政府把企业社会责任作为政府工作的一个部分，推进企业承担社会责任、支持和保障经济社会可持续发展，已经成为瑞典的国家战略。法国政府制定了有关政策，鼓励企业合作伙伴之间诚信经营、互惠互利，并提供财政支持，鼓励企业可持续发展。欧洲的其他一些国家，如意大利、丹麦、爱尔兰、荷兰等，也都根据各自的国情，采取多种措施，积极推动企业承担相应的社会责任。

第二，非政府组织（NGO）在欧洲推行企业社会责任的进程中扮演着十分重要的角色。这些非政府组织的一部分是对企业承担社会责任进行推广和提供咨询服务的专业化国际组织,比如欧洲企业社会责任协会、英国的社会和伦理责任协会,丹麦政府创建的哥本哈根中心等;另一部分则主要作为利益相关者而存在,如欧洲雇主联盟、欧洲工会联盟、英国的道德贸易行动;还有一部分是非常成熟的行业组织和协会,它们在各自的领域十分活跃且工作卓有成效,如荷兰的洁净成衣运动、欧洲外贸协会等。它们既作为业内从业者的利益代言人,又采取各种措施规范会员企业的自律行为;既为政府制定行业政策提供咨询,又注意保持与欧盟及欧洲其他公共组织和社会团体的关系。遍地开花、各型各色的非政府组织各司其职,有紧密联系,为推进欧洲企业加深对社会责任的理解、提供履行社会责任的技能培训、交流企业社会责任信息、规范约束企业行为起到了不可替代的作用。

第三,欧洲企业承担社会责任特别关注消费者责任和投资责任。近年来,欧洲消费者越来越关心商品的质量和生产过程,对来自食品引起的健康危机尤为关注。"疯牛病""口蹄疫""转基因食品"这些字眼使欧洲消费者神经紧张。在此背景下,企业越来越关注产品质量,注重为消费者提供健康、安全、环保的消费品,否则就可能被消费者抛弃。其中,洁净成衣运动(CCC)就是一个很好的例子。CCC 是一个欧洲自愿网络组织,1990 年在荷兰发起,在奥地利、比利时、法国、德国、意大利、荷兰、葡萄牙、西班牙、瑞典和瑞士等 11 国设有附属工作组。CCC 目前的工作重点是促进绿色消费(如在产品上张贴生态标签和有机标签等)和道德消费(如在商品上张贴公平贸易标签和道德标签等),号召责任消费者通过购买这些产品支持这些产品的生产者,或通过拒绝购买不符合行为守则的产品来表达自己支持企业承担社会责任的立场。

此外,不断高涨的社会责任运动也影响了欧洲的投资者,他们发起了社会责任投资(Socially Responsible Investment,SRI)运动,倡导投资者在考虑投资对象的经济绩效的同时,把环境、社会和公司治理因素引入投资分析和决策过程中,在金融市场遵守可持续发展原则。2001

年，欧洲社会责任投资论坛（European Social Responsible Investment Forum）成立，旨在探讨如何将社会、环境、道德、公司治理融入欧洲金融服务，以期在金融市场提倡和遵守可持续发展原则。2006年4月，联合国全球契约在纽约发布了"责任投资原则"，来自欧洲投资机构的领导者签署了该项原则，承诺在受托人职责范围内，将环境、社会等因素整合到所有政策和实践中，敦促投资机构适当披露相关信息，报告履行该原则所采取的行动和有关进展情况，从而促进该原则在投资领域的认同和应用。近年来，西班牙和奥地利的责任投资发展很快，社会责任投资正在被机构投资者所主导的欧洲投资市场接受。

三 日本企业社会责任的实践

(一) 日本企业社会责任实践的发展历程

日本企业社会责任实践的发展历程可以分为以下四个阶段。

第一阶段：自发阶段，自17世纪至20世纪40年代。对于日本来说，企业社会责任是一个"舶来品"，但是其蕴含的思想和实践在日本已经有几个世纪的历史。早在17世纪日本江户时代，近江商人就有一句"三方有利"的商训，即商业活动要对卖方有利、对买方有利和对社会有利。其中对社会有利就是企业社会责任思想的体现。明治天皇时期，日本的民族伦理中便存在企业社会责任的内涵。这些植根于日本文化中的经商之道，自发影响了近代日本企业家的社会责任观。

第二阶段：反思阶段，自20世纪50年代至70年代初。"企业社会责任"的说法在第二次世界大战之后才被正式引入日本，1960年，鲍文（1953）所著的《商人的社会责任》一书被译为日文，企业社会责任的观点开始在日本企业界传播。但那时还没有形成正式的企业社会责任观念。当时为了增强日本的国际竞争力，日本社会一直对本土企业比较宽容。这些企业的经济活动处于最优先的地位，对企业的外部规制也不严密，这间接导致发生了大量严重的环境污染事件，如甲基汞中毒事件、煤烟引起的哮喘病事件、铬污染引起的疼痛病事件等，使日本民众受到极大的伤害。这些灾难性的事件引起了日本社会对商业行为的广泛反思，日本政府也开始采取一系列的措施来监督企业的环境保护行为，推动企业承担更多的社会责任。

第三阶段：兴起阶段，自20世纪70年代至80年代。在这20年时间里，日本对美国的投资额、出口额迅速增长，国际贸易摩擦也日益加剧。由于当时美国学术界和企业界正处于"企业社会责任"大讨论的风口浪尖，加上日本企业社会责任理论的不成熟，各界对日资企业的产品质量、低价销售的策略批评声日益高涨。在这种背景下，日本成立了社团法人海外活动事业联合会，旨在帮助日本的海外投资者在当地树立良好形象，协调与当地各利益相关者关系。经过大约10年的艰苦工作，日本开始真正适应企业社会责任的浪潮，并开始系统研究和推进企业如何承担社会责任。

第四阶段：发展成熟阶段，自20世纪90年代至今。到了20世纪90年代，"泡沫经济"的破灭使许多日本企业生存困难，也改变了很多日本人的价值理念和思维方法，经营者变得更为浮躁，道德水准下滑，逐利性增强，导致企业丑闻再度频发。表3－1总结了近年来日本爆发的多起有影响力的企业社会责任事件。在网络经济时代，互联网信息技术的进步加快了这些企业丑闻的传播速度，扩大了其影响范围。丑闻给日本企业带来的打击越来越大，影响企业声誉，重挫企业股价，直接造成许多企业高管下台，甚至导致企业破产。为了防范可能的丑闻，保护企业，也为保住自己的位置，明智的企业高管开始积极主动地推行社会责任实践。

到2003年，日本企业社会责任工作开始逐渐走向成熟。在组织架构上，很多日本企业开始设立专门负责企业社会责任的机构，把原来分布于企业各个部门的一些慈善捐赠和公益活动进行整合，实行统一的规划和管理。与此同时，一些制造型企业开始定期发布企业社会责任报告，实现信息的公开透明。于是，"企业社会责任"一词开始频繁出现在日本媒体报道中。2003年，主要媒体报道企业社会责任的频数达172件。到2004年，媒体报道量达到了626件，几乎翻了两番。新闻周刊（日本版）、日本经济新闻、东洋经济周刊等著名媒体还发布了各自的"企业社会责任排行榜",引发了社会的热烈讨论,引起了企业的关注。

表 3-1　　　　　　近年来日本企业社会责任事件

年份	事件
2000	雪印乳业食品集体中毒事件 东京电力伪造核电站检查记录事件
2002	日本火腿(NIPPONHAM)子公司的牛肉制假事件 三井物产两名雇员贿赂外国政府官员事件
2004	软银(SOFTBANKBB)发生了超过450万件个人信息泄露事件 三菱汽车公司引发一系列召回骚动 西武铁道(KOKUDO)发生有价证券报告造假事件
2005	日航飞机故障频发 嘉耐宝(KANEBO)数年的巨额经营数据作假,经营者与会计师被捕 JR西日本(福知山线)列车脱轨颠覆事件
2006	活力门公司(Livedoor)的经营者涉嫌违反证券交易法被捕
2007	赤福株式会社篡改保质期 Meat Hope 生产掺假牛肉
2008	日本各大造纸企业被指虚报废纸使用率
2010	丰田"踏板门"风波
2011	福岛核电站泄漏 九州电力操纵听证
2017	神户钢铁公司造假

日本经济团体联合会在 2003 年 10 月成立了"社会责任经营分科委会",并于 2004 年 5 月修改通过了《日本经团联关于企业行动宪章》,提出了 10 条企业行动准则,使企业落实社会责任的工作进一步得到强化。在一些杰出的企业家的积极倡导和实践带领下,许多日本企业形成了自觉履行社会责任的经营理念,使日本拥有了一大批颇具国际竞争力的优秀企业。

(二)日本企业社会责任实践的特点

总体来看,日本企业社会责任的发展具有以下三个特点。

第一，在推进企业社会责任行动时，日本具有全球化视野，也注重本地化实践。日本地处亚洲，具有明显的东方文化的色彩；日本经济发达，较早融入了全球化的浪潮之中。因此，日本企业社会责任实践中较好地将国际视野与本地实践结合起来。日本企业普遍认为承担社会责任是企业走出国门、开展国际化经营中不可缺少的组件，各国在企业社会责任领域的进展是日本企业经营应关注的重大课题。因此，日本企业不断向欧美派出考察团，了解国际最新进展，收集相关信息。在亚洲，日本企业还与中国、印度、越南、印尼等国家建立了年度对话机制，密切关注各国企业社会责任工作的进展。在全球化思考的同时，日本也很重视本地化的探索。日本企业社会责任专家认为，企业社会责任并不具有跨文化适用性，各个国家和地区的区域特性会使企业社会责任的实践差异很大。因此，日本企业注重探索自己特色的企业社会责任观和实践方式，并且积极参与相关国际标准、国际指南的制定工作，"要由我们自身来绘制全球企业社会责任的航海图"，以此确保本国企业的利益。日本理光、索尼、欧姆龙等大企业参加了国际标准化组织社会责任标准（ISO26000）的历次研讨，并做了重要的发言。

第二，日本企业普遍秉承"内外有别，于己有利"的责任观。日本企业普遍认为，企业承担社会责任有"责任主体"的问题，企业主要是要承担好与自己密切相关的社会责任，不必过多考虑别的企业社会责任问题。在此背景下，很多日本大企业在承担社会责任时，可能会将具有资本联系的财团企业也纳入其责任管理的范畴，但是很少有大企业会将与自己有业务关系的上下游供应商、分销商也纳入责任管理的范畴，实施供应链责任管理。这与欧美大企业对供应链企业实施的责任审计和"飞行验厂"的管理实践有很大差别。

日本企业较少关注供应链社会责任管理的主要原因有两点。（1）许多日本企业认为，从道义角度来讲，企业承担社会责任应秉承分内原则，大企业应该勇于承担自己的责任，做好分内的事，将本来应该自己承担的责任转嫁给中小型的供应商是在推卸责任。从现实角度来看，利用自己的优势地位要求供应商企业（很多是中小企业）遵守过高的企业社会责任标准,的确有可能引发强者对弱者的"霸凌"行为,也可能会引起供应商的不安和不满。(2)日本公众普遍有一种"对自己的安全非常在意,对自己是否有利非常在意,但对其他国家发生了什么并不去考虑"的心态。由于日本企业的很多中小供应商都在发展中国家,因此,这些供应商企业即使存在社会责任缺失问题,对日本社会和环境也几乎没有直接影响。在这种"内外有别,于己有利"的责任观的影响下,日本企业对供应链社会责任管理并不积极。

第三,遵纪守法重新成为日本企业承担社会责任的核心内容。"遵纪守法"一直被日本企业家奉为经商的基本准则,也是企业社会责任的核心内容。1974年,日本修改《商业法修正案》,引入了"企业社会责任"概念。同年,日本《当代词汇百科全书》中也出现了"企业社会责任"这个词,但当时的企业社会责任内涵仅限于遵纪守法和风险管理。此后,随着经济社会的发展,日本对企业社会责任实践的理解逐渐从狭义向广义演变,环境保护、慈善捐赠、责任投资都受到企业的关注。近年来,日本发生的众多商业丑闻给企业带来了信誉危机,守法合规又重新成为责任实践的核心内容。日本许多企业将企业社会责任视为一种"类似保险"的投资,希望通过承担社会责任的行动来尽量减少企业经营对社会的负面影响,或者在产生负面影响时努力将影响降到最低程度。在当今日本,"企业社会责任等于守法合规""企业社会责任等于风险管理"的观点有相当的市场。日本经团联2005年的调查显示,在企业应该优先考虑的社会责任实践中,"遵纪守法"以97%的赞同率高居榜首。因此,日本企业社会责任又被称为"企业自身端正姿态的社会责任"。

第三节 联合国全球契约

一 联合国全球契约发展背景及起源

随着高科技的迅速发展,世界经济格局也发生了深刻的变化。全球化的进程,为世界经济的发展带来机遇,也带来了挑战。传统产业结构不断更新重组，人们的传统观念也发生了深刻的变化，各国的文化在不同程度上受到各种因素的冲击。经济全球化在加快世界经济发展，促进国与国之间的经济技术合作的同时，也带来了很多负面影响。南北差距、贫富悬殊、失业、自然资源破坏、生态环境恶化等严重社会问题，正引起各国的严重关注和不安，各种非政府组织掀起一个又一个抗议浪潮。

在这种背景下，在1995年召开的世界社会发展首脑会议上，时任联合国秘书长科菲·安南提出了"全球契约"（Global Compact）的初步设想。1999年1月在达沃斯世界经济论坛年会上，科菲·安南提出了"全球契约"计划，并于2000年7月在联合国总部正式启动。安南向全世界企业领导呼吁，遵守有共同价值的标准，实施一整套必要的社会规则，即"全球契约"。

全球契约动员工商企业界成为解决方案的组成部分，呼吁工商企业界以自主的行为遵守商业道德、尊重人权、劳工标准和环境等方面国际公认的原则，通过负责的、富有创造性的企业表率，建立一个推动经济可持续发展和社会效益共同提高的全球机制，从而给世界市场以人道的面貌。

二 联合国全球契约的十项原则内容

"全球契约"是在经济全球化的背景下提出的，其任务是构筑一个包容性的可持续发展的全球经济。它强调企业需要在经营过程中承担社会责任，在人权、劳工、环境和反腐败等四个方面的十项原则中享有全球共识。这些原则分别来源于《世界人权宣言》《国际劳工组织关于工作中的基本原则和权利宣言》《关于环境与发展的里约宣言》《联合国反腐败公约》等。全球契约的十项原则具体包括。

（一）人权方面

原则1：企业应该尊重和维护国际公认的各项人权。

原则2：企业应保证绝不参与任何漠视与践踏人权的行为。

（二）劳工标准方面

原则3：企业应维护结社自由，承认劳资集体谈判的权利。

原则4：彻底消除一切形式的强制性劳动。

原则5：切实消除童工现象。

原则6：消除就业和职业方面的歧视。

（三）环境方面

原则7：企业应支持采用预防性方法来应对环境挑战。

原则8：采取主动行动，在环境方面采取更负责任的做法。

原则9：鼓励开发和推广无害环境的技术。

（四）反腐败方面

原则10：企业应反对商业活动中的腐败行为。

全球契约使得各国企业与联合国各机构、国际劳工组织、非政府组织以及其他有关各方结成合作伙伴关系，从而建立一个更加广泛和平等的世界市场。它呼吁联合国以及各国政府携手企业，共同致力于应对全球化进程中的各种挑战，推进全球化朝积极的方向发展。

三 联合国全球契约组织及其本土化实践机制

为了落实联合国全球契约，联合国全球契约组织于2000年成立。该组织是目前世界上最大规模和最具影响力的旨在推进企业可持续发展和承担社会责任的联合国机构，是连接联合国与企业界、非政府组织和其他利益相关方的桥梁。

联合国全球契约组织实行会员制。会员主体为企业，同时契约组织也接受商业协会、非政府组织、学术机构、基金会、城市等成为会员。目前，全球契约组织已经有来自162个国家的9727家企业加入，覆盖区域包含非洲、美洲、亚洲、欧洲、大洋洲等多个区域，在中国的成员包括中国石化、华为、伊利、联想、国家电网、海尔等。迄今为止，联合国全球契约组织联合各地方组织围绕全球可持续发展主题及企业社会责任主题已累计发布62000多份公众报告。

在实际运行过程中，全球契约组织始终致力于企业社会责任的本土化实践。全球契约地方网络机构遍布于 80 多个国家,通过这些网络组织,参与成员可以采取集体行动,加深对十项原则的理解和实施,同时构建和参与有利于解决本地优先议题的合作伙伴项目。全球契约组织通过各种与本土化实践结合的机制实现全球契约十项原则的主流化发展,推动联合国发展目标的实现。这些机制包括:伙伴关系、地方网络、政策对话和学习、全球领导人峰会等。

(1) 伙伴关系。伙伴关系是公营和私营各方之间的自愿合作关系,所有参与者同意为实现某一共同目标合作,或进行某一特定工作,分担风险和责任,分享资源和成就。在过去 20 年里,联合国一直致力于发展伙伴关系,动员民间学术组织、政府部门和企业的创新技术、服务和技能,以创造财富和就业机会,并发展和供应相应的商品和服务。伙伴关系的领域涉及经济增长、粮食安全、环境保护、全球健康等联合国多方面的工作。全球契约组织鼓励其成员企业与联合国机构、政府和有关机构发展伙伴关系,以推动实现更广泛的联合国目标。据全球契约组织的调查,已有 75% 的企业参与各种各样的伙伴关系项目。参与联合国契约的伙伴关系,可以彰显企业在克服全球化所带来的负面影响方面所做的努力,从而树立和提升企业在承担社会责任领域的地位和影响。

(2) 地方网络。地方网络是由参加全球契约的企业和机构组成的国家或地区性的协调与管理结构,致力于在特定的地区或行业部门里促进全球契约及其各项原则。地方网络有助于全球契约在不同的国家、文化和语言背景中扎根,并帮助管理全球契约迅速扩大组织影响。目前,全球契约组织在亚洲、中东、非洲、欧洲和美洲已建立 100 多个地方网络。地方网络在业务上直接接受联合国全球契约的指导,并严格遵守全球契约的规定进行运作,但活动形式可以灵活多样,活动领域既涉及全球契约十项原则的方方面面,又符合各地方的实际情况和需要。如哥伦比亚地方网络开发的"跟踪十项原则进展—自我评估工具",西班牙地方网络发布的"反腐败指南",荷兰地方网络的"将人权融入商业:实用指南",韩国地方网络进行的"韩国公司支持千年发展目标研究"等都被列为全球企业地方网络最佳实践。中国网络自 2011 年 11 月成立以来,将培训和推动企业加入全球契约作为首要任务，推动了中国工商银行等40多家企业加入"全球契约"，通过各种方式向近1000家企业宣传了"全球契约"和撰写进展报告的有关知识，动员企业参加国际可持续发展论坛等活动，向世界展示了中国企业履行社会责任的良好形象。

（3）政策对话和学习。全球契约组织每年在世界各地组织各种会议和研讨会，就企业各界普遍关心的社会责任问题进行讨论并形成结论和建议。"企业与可持续发展""在工作场所消除歧视促进平等"等话题将企业界、联合国各机构、劳工组织和非政府组织汇集在一起，为当今各种问题制定解决方案出谋划策。这种活动能够促进多方利益相关者的信任和互动，并对决策者开展的宣传活动提供支持。此外，全球契约组织还鼓励企业与"全球契约"、地方网络或其他参加者举行各种会议和研讨会，以分享"全球契约"的成功范例和经验。这种国际性与区域性相结合的学习活动有助于知识分享，同时也有助于宣传"全球契约"的各项原则。

（4）全球领导人峰会。全球契约组织每三年举办一次领导人峰会，与会人员包括来自全球的成员企业的首席执行官、劳工组织、联合国机构负责人，以及政府高级官员，共同探讨所取得的进展，并为全球契约组织制定未来的战略行动方针。全球契约领导人峰会由联合国秘书长主持，鼓励与会者参与对话，与其他成员分享各自在应对挑战和困境方面的经验，并持续就未来优先事项相关材料的编写工作做出贡献。

全球契约组织的系列国际化及本土化实践在推动全球化朝积极方向发展，促进全球可持续发展问题解决的同时，也为参与全球契约组织及相关活动的公司提供了与外部组织学习交流合作的平台，推动公司将企业成长的视野扩大到社会范畴，使公司商业机会最大化的同时也更易树立正面的企业公民形象。

第四节 社会责任国际指南 ISO26000

一 社会责任国际指南 ISO26000 概述

2010年11月1日，国际标准化组织在瑞士日内瓦国际会议中心向全球发布了社会责任国际标准《社会责任指南：ISO26000（第一版）》，吸引了全世界的目光。虽然在ISO26000发布之前，国际社会已经有数量众多的自愿性社会责任倡议和标准，但ISO26000无疑是迄今为止全球范围内最为全面和权威的社会责任国际指引。

制定一套有关社会责任的国际性标准或者指南，使得全球各种类型的组织在承担社会责任方面有一个统一的框架和评判指南，这是自20世纪80年代以后就引发国际社会高度关注的话题。从那时候开始，欧美国家的社会责任运动逐渐发展成为声势浩大的缓和协调多种矛盾的全球性运动。国际社会责任运动以企业为载体，最初源于关注消费者权益的消费者运动，随后扩展到保护环境、保障人权、消除贫困、遏制腐败、创造社会公平、缩小发展中国家与发达国家间劳工待遇差距等诸多方面，成为促进全球可持续发展的重要思潮。在这样的全球背景下，国际标准化组织决定设立战略顾问组（SAG），下属的消费政策委员会具体负责对社会责任标准化的市场需求和可行性进行研究。由此，一个由ISO主持的、全球范围对社会责任标准的讨论和开发进入起步阶段。

社会责任国际指南ISO26000从研究立项至正式发布历时近10年，并经历了三个重要阶段：筹备阶段（2001年4月至2005年2月）、制定阶段（2005年3月至2010年9月）和发布阶段（2010年11月）。其中在制定阶段，ISO就召开了八次重要会议，每次会议都形成一个阶段性成果，并将各方面意见吸纳进标准，以实现不断的调整和改进。表3-2总结了ISO26000的制定历程。

表3-2　　　　　　　　　　ISO26000的制定历程

阶段	版本	时间	事件	具体内容
筹备阶段	——	2001年4月	提出社会责任议题	国际标准化组织在消费者政策委员会上提出企业的社会责任议题。
	——	2004年6月	确定标准编号	国际标准化组织决定制定一个适用于包括政府在内的所有社会组织的社会责任指导性文件（标准），赋予的标准编号为ISO26000。

续表

阶段	版本	时间	事件	具体内容
制定阶段	——	2005年3月	第一次会议	巴西萨尔瓦会议,社会责任工作组正式成立,ISO26000的起草工作开始进入实质性工作阶段。
	WD1版	2005年9月	第二次会议	泰国曼谷会议,形成WD1版工作草案。就设计规范达成一致,建立任务小组,处理评注1200条。
	WD2版	2006年5月	第三次会议	葡萄牙里斯本会议,形成WD2版工作草案。建立为增加参与人数和提高可信度的运作框架,讨论非英语国家参与者的困难。处理评注2040条。
	WD3版	2007年1月	第四次会议	澳大利亚悉尼会议,形成WD3版工作草案。讨论如何清楚地描述指南,使之适合所有组织,如何最佳识别利益相关方,如何指导使用者在供应链上的行为。处理评注5176条。
	WD4版	2007年11月	第五次会议	奥地利维也纳会议,形成WD4.1和WD4.2版工作草案。建立新的草案集成任务小组,讨论供应链关系的处理、第三方评价的作用以及国家或者当地法律与国际行为规范有冲突时问题的处理。明确组织应该报告7个社会责任的核心主题。处理评注7225条。
	CD版	2008年9月	第六次会议	智利圣地亚哥会议,形成CD版委员会草案。讨论草案是否会被视为非关税贸易壁垒,草案适应于政府机构的程度,国际规范和协定在世界各地的适用性。处理评注5231条。
	DIS版	2009年5月	第七次会议	加拿大魁北克会议,形成DIS版标准草案。讨论在环境和消费者问题中是否包括预警原则,在公平运营实践中是否包括公平处理供应链中实施社会责任的成本和利益,如何处理过去、现在或者将来其他有关社会责任的倡议和工具等。处理评注3411条。
	FDIS版	2010年5月	第八次会议	丹麦哥本哈根会议,形成FDIS版最终草案。讨论ISO26000中引用现有认证标准和自愿性倡议的程度,国际法律与文件表达的国际规范不一致问题等。处理评注2400条。2010年9月,共有来自99个国家的450多名专家对FDIS版最终草案进行投票,获93.5%的支持率。

续表

阶段	版本	时间	事件	具体内容
发布阶段	IS 版	2010年11月	正式发布	在位于瑞士日内瓦的国际标准化组织正式发布。

资料来源：李伟阳、肖红军：《ISO26000的逻辑——社会责任国际标准深层解读》，经济管理出版社2011年版，第23—24页。

ISO26000指南的制定采用了典型的多利益相关方共同参与的方法，将利益相关方确定为所有那些会受标准影响或者可以影响标准的群体，并划分为六个组：(1) 产业组：所有工业行业的生产，贸易、批发、进出口企业和代表他们的协会，也包括中小型企业协会；(2) 政府组：国家政府、国家级或世界地区级的监管机构；(3) 消费者组：国家消费者协会或国际消费者协会；(4) 劳工组；(5) 非政府组织组；(6) 科技、支持和服务组：大学、研究机构及支持、服务企业等。六组利益相关方分别参与ISO26000社会责任工作组和本国对口委员会。此外，工作组还强调了发展中国家的参与。从工作组到每一个专题任务组，必须由发展中国家和发达国家各选择一位专家共同领导。虽然这不能从根本上改变发展中国家参与不足的情况，但从一定意义上说，对发展中国家的参与起到了促进的作用。

二 ISO26000的内容与结构

ISO26000共分8章，其内容总体上可以分为三个层次：正文的第1章、第2章、第3章和第4章是指南的基础性内容；第5章、第6章和第7章是指南的核心内容；第8章为附录，提供了社会责任自愿性倡议和工具示例、缩略词和参考文献。各章的内容概要如表3-3所示。

综观ISO26000的内容和结构，它围绕组织社会责任的总体目标，即最大化组织对可持续发展（相互依存和相辅相成的社会、经济和环境目标）的贡献，系统回答了以下五个关于组织社会责任的基本问题。

表 3-3　　　　　　　　　　　ISO26000 内容概要

章节	标题	内容描述
第1章	范围	规定适用范围,给出特定限制和例外情况。
第2章	术语和定义	给出所用关键术语的定义。
第3章	理解社会责任	描述影响了社会责任发展并将继续影响其性质和实践的重要因素和条件;阐述社会责任概念——什么是社会责任及其如何用于组织。本章包含中小型组织使用本国际标准的指南。
第4章	社会责任原则	介绍和阐释社会责任原则。
第5章	认识社会责任和利益相关方参与	阐述两大社会责任基本实践:组织对其社会责任的认识;利益相关方的识别和参与。本章为组织、利益相关方和社会三者间关系,认识社会责任核心主题和议题以及组织的影响范围提供指导。
第6章	社会责任核心主题指南	阐释社会责任核心主题和议题,针对每一个核心主题,本章就其范围、与社会责任的关系、相关原则与考虑以及相关行动与期望提供指导。
第7章	社会责任融入整个组织指南	提供将社会责任在组织中付诸实践的指南。本章包括:理解组织的社会责任,将社会责任融入整个组织,有关社会责任的沟通,提升组织的社会责任可信度,审查进展、提高绩效及评估社会责任自愿性倡议。
附录A	社会责任自愿性倡议和工具示例	提供关于社会责任的自愿性倡议和工具的不完全清单,这些倡议和工具涉及一个或多个社会责任核心主题或者将社会责任融入整个组织。
附录B	缩略词	包括本国际标准所用的缩略词。
	参考文献	本国际标准正文中引用的原始资料系权威性国际文书和ISO标准。

资料来源:《社会责任指南:ISO26000(第一版)》。

第一,什么是组织的社会责任。ISO26000 认为,社会责任是指组织通过透明的、道德的行为,为其决策和活动对社会和环境所产生的影响而承担的责任。这些行为致力于可持续发展,包括健康和社会福祉;需要考虑利益相关方的期望;应当遵守适用的法律,并与国际行为规范相一致;必须融入整个组织之中,并在组织关系中得到践行。

值得指出的是，ISO26000 认为承担社会责任的主体还有组织，而不仅仅是企业。很显然，企业只是一种类型的组织而已，组织还包括很多，譬如医院、政府、非营利组织、非政府组织、行业协会、商会等。企业需要承担社会责任，其他组织也同样需要承担社会责任，都需要遵照 ISO26000 指南来承担社会责任。

第二，组织为什么要践行社会责任。ISO26000 认为，组织实践社会责任有四大动因：一是天然的道德动力，即组织自然产生的道德追求。二是回应社会期望的结果，即社会对"对社会负责任的组织行为"有着广泛和强烈的期望，组织有责任对社会期望做出回应。三是组织与社会关系演进的结果，即组织活动对社会和环境的影响日益广泛和深入，同时社会对组织活动的监督与制约也日益加强。维护和谐的组织与社会的关系对可持续发展至关重要。四是维护组织自身利益的选择。那些对社会负责任的组织行为，对组织的健康成长和发展也至关重要。

第三，组织承担社会责任要考虑哪些核心主题及其议题。ISO26000 指出，为界定组织的社会责任范围，识别相关的议题并设定优先事项，组织需要认真处理 7 个核心主题（Subject）：组织治理、人权、劳工实践、环境、公平运行实践、消费者问题、社区参与和发展。每个核心主题都包括一系列社会责任议题（Issue），共计 37 个议题。这些社会责任议题是动态变化的，目前 ISO26000 在各核心主题中阐述的社会责任议题反映的只是当前国际社会的普遍期望。未来，随着社会期望的变化，可能会出现更多的社会责任议题。

第四，组织应该如何承担社会责任。ISO26000 认为，组织承担社会责任需要满足四大要求：一是始终坚持贯彻社会责任七大基本原则，即担责原则、透明度原则、道德的行为原则、尊重利益相关方的利益原则、尊重法治原则、尊重国际行为规范原则、尊重人权原则；二是始终坚持贯彻社会责任两大基本实践，即认识社会责任、利益相关方的识别和参与；三是始终坚持立足组织实际，围绕社会责任七大核心主题及其具体议题来确认和落实组织的社会责任问题；四是始终坚持将社会责任融入整个组织之中。

第五，组织可借鉴哪些社会责任倡议和工具。虽然ISO26000明确指出"一个组织并不需要通过参加任何一项倡议，或者采用任何一项工具，使自己变得具有社会责任感"，但是，ISO26000还是在附录中列出了一份自愿性社会责任倡议和工具的不完全清单。在其附录A中，ISO26000详细梳理了76个与社会责任相关的倡议和工具，其中政府间倡议8个、多利益相关方倡议23个、单个利益相关方倡议10个、行业倡议和工具35个。组织在实践社会责任时，可以在对这些倡议和工具的有效性、可靠性、合法性和代表性等关键特征进行全面评估的基础上，参考借鉴或选择采用部分社会责任倡议和工具。对于这些社会责任倡议和工具，ISO26000明确指出，在自愿的前提下，并经过组织的严格评估，组织参加、参考或采用特定的自愿性社会责任倡议和工具对组织的发展是有用的。

三 ISO26000的性质特征

ISO26000具有以下几个明显的性质特征。

（一）ISO26000是ISO的首个社会和道德领域的行动指南

ISO以往制定的标准主要涉及工程技术领域，如产品、材料、服务和系统等方面，为全球工程技术提供统一的技术规范。社会责任领域作为ISO标准的新兴领域，使ISO将其工作范围延伸并扩大到国际社会政治经济和伦理道德领域，是国际标准化组织首次对社会和道德领域提供指南的尝试。ISO26000将社会责任定义为："组织通过透明和道德的行为，为其决策和活动对社会和环境的影响而承担的责任。"该定义从最大化组织对可持续发展的贡献的高度统一了现有的社会责任概念，是国际社会责任领域发展的新的里程碑。ISO26000所强调的透明和道德行为强调了组织的担责意愿，需要企业将其对社会负责任的组织行为融入整个组织之中。

（二）ISO26000是一个非强制性的指南

虽然ISO26000经常被称作标准，但其标题即为"社会责任指南",这表明该标准实际上是一个非强制性的指南。在ISO26000的适用范围阐释中,该标准作为指南的情况也一再被提到,如"本国际标准为所有类型组织,无论其规模大小和所处何地,提供指南"。在英文版ISO26000标准中,并未使用传统ISO标准用语中表示"要求"的词汇"应(shall)",而是使用表示"推荐"的词汇"宜(should)",这说明指南性的国际标准不是要求,而是推荐或建议。在《ISO/IEC导则》第二部分中,"推荐"被定义为"文件内容的表述,用于表达在几种可能性中推荐一种特别合适的、无须提及或排除其他可能性,或者表达行动过程是推荐的,但不是必须要求的,或者表达(用于否定形式)不被赞成,但是不被禁止的某种可能性或行动过程"。

(三)ISO26000是一个非管理体系的标准

ISO26000标准在其适用范围中明确指出:"ISO26000国际标准不是管理体系标准。"不过,它也包含了管理体系标准的部分特征,包括:(1)广泛的适用性,即该标准规定的所有要求是通用的,适用于各种类型、不同规模和提供不同产品的组织。ISO26000社会责任指南为所有类型组织,无论其规模大小和所处何地均提供指导。(2)体系的完整性,即标准强调的管理体系特别注重体系的系统与完整。ISO9000和ISO14000作为典型的管理体系标准,体系结构全面完整,涵盖质量管理和环境管理的各个方面。ISO26000对社会责任的体系建构也十分完整,核心定义通过七大主题全面阐释,通过一个统一框架说明组织社会责任的推进方法。实践中的可操作性,即该标准针对组织管理的操作层面提供指导,具有很强的现实意义。ISO26000的可操作性很强,对于初涉社会责任的组织可以帮助其巩固社会责任理念,为进一步推进社会责任打下基础;对于已有一定基础的组织可以帮助其将社会责任工作融入整个组织,有助于更好地管理和践行社会责任。

第五节 联合国可持续发展目标 SDGs

一 SDGs 的主要内容

2015 年 9 月 25 日，联合国可持续发展峰会在纽约总部召开。联合国 193 个成员国在该峰会上正式通过一项名为"2030 年可持续发展议程"的决议，其中 17 项可持续发展目标（Sustainable Development Goals，SDGs）是这项议程的核心。可持续发展目标旨在从 2015 年到 2030 年以综合方式彻底解决社会、经济和环境三个维度的发展问题，敦促所有国家（包括发达国家和发展中国家）都认识到在全球范围内改善健康与教育环境、消灭不平等、应对气候变化并努力保护我们的海洋和森林等行动的重要性，进而转向可持续发展道路。该会议所制定的这些可持续发展目标将从 2016 年一直延续到 2030 年，成为全世界所有国家未来十几年工作的基础。这 17 项目标包括：

目标一：消除贫困。SDGs 的首要目标是在世界各地消除一切形式的贫困。实施社会保护制度，帮助灾害易发国家减轻灾害影响，并在面临巨大经济风险的时候提供资助，以逐步消除贫困。

目标二：消除饥饿。消除饥饿，实现粮食安全、改善营养和促进可持续农业。如果全地球人要为今天近 10 亿饥饿人口和预计到 2050 年新增的 20 亿人口提供营养，全球粮食和农业系统必须要做出深刻的改变。农业投资对于提高农业生产力至关重要，可持续粮食生产系统对于减轻饥饿的危害是必要的。

目标三：良好健康与福祉。确保健康的生活方式、促进各年龄段人群的福祉。尽管各国在增加预期寿命和减少儿童、孕产妇死亡等方面取得了长足的进步，但是这一领域的工作还任重道远。要实现到 2030 年将非传染性疾病造成的过早死亡人数减少三分之一的目标，还需采取更为有效的技术，使用清洁的烹饪燃料，并开展吸烟危害教育活动。人类还需通过为卫生系统提供更高效的资金，改善环境卫生和个人卫生，提高医疗可及性，减少环境空气污染，这将有助于在挽救数百万人的生命方面取得重大进展。

目标四：优质教育。确保包容、公平的优质教育，促进全民享有终身学习机会。缺乏优质教育的原因在于缺乏训练有素的教师、学校条件不佳以及农村儿童所获得的机会不公平。为了给贫困家庭的儿童提供优质教育，需要在教育奖学金、师资培训、学校建设和改善学校饮用水及电力设施方面进行投资。

目标五：性别平等。实现性别平等，为所有妇女、女童赋权。让妇女和女童获得教育、保健、体面工作并参与政治经济决策，将促进经济可持续发展，造福整个社会和人类。实施关于工作场所性别平等、根除针对妇女的有害做法的新法律框架，对于消除世界上许多国家普遍存在的性别歧视至关重要。

目标六：清洁饮水和卫生设施。人人享有清洁饮水及用水是我们所希望生活的世界的一个重要组成部分。改善环境卫生和饮用水的供应，需要在撒哈拉以南的非洲地区、中亚、南亚、东亚以及东南亚部分发展中国家和地区增加投资，加强管理当地的淡水生态系统和卫生设施。

目标七：经济适用的清洁能源。确保人人获得可负担的、可靠的和可持续的现代能源。继续努力将可再生能源纳入建筑、交通和工业的终端应用中。公共和私营部门也应增加对能源的投资，关注建立监管框架和创新的商业模式，以促进世界能源体系的变革。

目标八：体面工作和经济增长。促进持久、包容、可持续的经济增长，实现充分和生产性就业，确保人人有体面工作。要实现可持续的经济发展，社会各界需创造条件为人们带来高质量的工作，并在不破坏环境的前提下刺激经济的发展。增加对贸易、银行业和农业基础设施的投入，也能帮助全球最贫困的地区提高生产力和降低失业率。

目标九：产业创新和基础设施。建设有风险抵御能力的基础设施、促进包容的可持续工业，并推动创新。投资基础设施对于实现可持续发展、促进诸多国家社区发展来说至关重要。历史经验表明，生产率与收入的增长、人类健康与教育水平的提升都离不开基础设施投资。

因此，要增加投资在制造业中占主导地位的高科技产品，以提高效率，同时要关注发展移动电话服务，增强人与人之间的联系。

目标十：减少不平等。减少国家内部和国家之间的不平等。为减少收入不均，建议各项政策在原则上具有普适性，但要兼顾贫困和边缘化群体的需求。因此，要扩大对发展中国家出口商品的免税待遇并延长优惠期限。在国际货币基金组织中增加发展中国家的表决权比例。要通过技术创新，帮助移民工人降低汇款成本。

目标十一：可持续城市和社区。建设包容、安全、有风险抵御能力和可持续的城市及人类住区。到2030年，全球的城市人口预计增加到50亿，因此要应对城市化的挑战，高效的城市规划和管理方法不可或缺。快速城市化所面临的挑战，如固体废物的安全清除和管理，可通过既能让城市不断繁荣和发展，又能提高资源的利用及减少污染和贫困的方式解决，例如增加城市废物收集服务。

目标十二：负责任的消费和生产。确保可持续消费和生产模式。可持续的消费和生产旨在实现"生产更多、更好、更节省"，在提升生活质量的同时，通过减少整个生命周期的资源消耗、退化和污染，来增加经济活动的净福利收益。可持续消费和生产也要求从生产到最终消费这个供应链中各行为体的系统参与和合作，包括通过教育让消费者接受可持续的消费和生活方式，通过标准和标签为消费者提供充分的信息等。

目标十三：气候行动。采取紧急行动应对气候变化及其影响。为了加强对气候变化威胁的全球应对，各国需要遵守和执行《巴黎协定》。在该协定中，所有的国家达成共识，致力于将全球气温升幅控制在2℃以内。截至2018年4月，已经有175个缔约方签订了该协定，10个发展中国家已经提交了国家适应计划，以应对气候变化。

目标十四：水下生物。保护和可持续利用海洋及海洋资源以促进可持续发展。海洋保护区需要进行有效管理并且配备充足资源，同时需要建立相关法律法规，切实减少过度捕捞、海洋污染和海洋酸化。

目标十五：陆地生物。保护、恢复和促进可持续利用陆地生态系统、可持续森林管理、防治荒漠化、制止和扭转土地退化现象、遏制生物多样性的丧失。由人类活动和气候变化引起的毁林和荒漠化，为可持续发展带来重大挑战，并影响到千百万人的生计和脱贫努力。全世界需要进一步努力，加强对森林的管理，抗击荒漠化。

目标十六：和平、正义与强大机构。促进有利于可持续发展的和平和包容社会、为所有人提供诉诸司法的机会，在各层级建立有效、负责和包容的机构。国际凶杀、暴力侵害儿童、人口贩卖和性暴力仍然是很大的问题，为解决这些挑战和构建一个更加和平、包容的社会，亟须制定更加有效透明的规则和全面、切实的政府预算。

目标十七：促进目标实现的合作伙伴。加强执行手段，重振可持续发展全球伙伴关系。一项成功的可持续发展议程要求政府、私营部门与民间社会建立起互相合作的伙伴关系。这些包容性伙伴关系基于共同的目标：把人民和地球放在中心位置。不论在全球层面、地区层面抑或国家层面、地方层面，这些包容性伙伴关系都不可或缺。

二 SDGs 的进展与影响

自 2015 年发布以来，联合国可持续发展目标 SDGs 已经在全球范围内产生了重要影响，尤其是对企业承担社会责任活动起到了积极的推动作用。联合国每年公布一份年度《可持续发展目标报告》，总结迄今为止在世界范围内开展的 SDGs 目标落实情况，明确取得进展的领域以及亟须采取进一步行动的领域，确保不让任何国家在承担社会责任、形成可持续发展方面掉队落伍。

2018 年《可持续发展目标报告》发现，冲突和气候变化是导致越来越多的人面临饥饿和被迫流离失所的主要因素，也限制了普遍获得基本饮用水和卫生服务目标的进展。报告指出，冲突是全球 18 个国家粮食不安全的主要驱动因素之一。2017 年世界经历了有史以来损失最严重的北大西洋飓风季节，使全球因灾难造成的经济损失超过 3000 亿美元。报告还指出，与十年前相比，更多的人过上了更好的生活。在过去二十年中，世界上每人每天生活费不到 1.90 美元的工人的比例大幅下降，从 2000 年的 26.9% 降至 2017 年的 9.2%。2000 年至 2016 年，五岁以下儿童死亡率下降近 50 个百分点，而在最不发达国家，电力覆盖的人口比例增加了一倍多。然而，2015 年仍有 23 亿人无法获得基本的卫生服务，8.92 亿人继续露天排便。2016 年仍有 2.16 亿例疟疾病例在世界范围内发生。

这份报告的其他发现包括：世界各地的童婚率继续下降。在南亚，2000 年至 2017 年，女孩童年结婚的风险下降了 40% 以上；生活在城市的每 10 个人中就有 9 个人呼吸污染的空气；2016 年，在无电状态下生活的绝对人数降至 10 亿这一象征性门槛；土地退化威胁到全球 10 多亿人的生计。

在联合国可持续发展目标的呼吁下，所有国家（不论该国是贫穷、富裕还是小康）都应积极行动起来，在促进经济繁荣发展的同时保护地球。在这一进程中，全球范围内的各类企业都负有不可推脱的责任。企业需要理解联合国可持续发展目标的重要意义，发挥各自的经营优势，在促进经济增长，遏制气候变化，保护自然环境，解决教育、卫生、社会保护和就业机会等方面发挥积极作用，为人类实现可持续发展做出应有的贡献。

第四章

改革开放与广东企业
社会责任的发展

第一节 改革开放进程中中国企业社会
责任实践的发展

中国自改革开放以来，各类企业在承担社会责任方面大体经历了以下几个阶段。

一 起步阶段

从1978年至1991年，中国国有企业开始逐步稳定发展，乡镇企业、集体企业的成长势头很猛，民营企业的活力开始逐步显现，"三资"企业逐渐布局中国市场。各类企业沐浴在改革开放的春风中，埋头苦干，普遍认为企业所需要承担的社会责任主要是创造经济价值，以好的产品、好的服务来满足市场的需要。

二 快速发展阶段

从1992年到2011年，在确立了建立社会主义市场经济的目标之后，中国进行了大刀阔斧的国有企业改革，民营经济、"三资"企业均得到大力发展。2001年，中国加入世界贸易组织（WTO），融入全球化浪潮，企业面临着前所未有的机遇和挑战。在这二十年里，中国经济实力得到迅速提升，企业在市场竞争中的活力得以显著增强。与此同时，企业社会责任问题逐渐被企业界、学术界、政府部门社会大众和媒体关注。尤其是步入21世纪之后，企业社会责任就逐渐演变成了中国社会的一个热门话题。接连发生的煤矿事故、毒奶粉事件、苏丹红事件、霉月饼事件、金华火腿事件让人目不暇接，更令人触目惊心。这些活生生的案例，让中国企业开始认识到承担社会责任的重要性，中国企业社会责任建设之路有多么的漫长。

事实上，在这一阶段，中国企业在承担社会责任的问题上呈现出一种两极分化的态势：既涌现出了一大批富有社会责任感的优秀企业，也有一些企业在社会责任方面栽了大跟头。那些名列各种各样的"企业公民排行榜""最受尊敬的企业排行榜""中国最佳雇主排行榜"之中的企业当属翘楚中的翘楚，比如海尔、华为、美的等优秀企业。这些企业深刻地认识到，在创造财富、追求利润最大化的同时，企业还要承担对员工、对消费者、对社区和环境的社会责任，包括遵守商业道德、生产安全、职业健康、保护劳动者的合法权益以及保护环境、节约资源、支持慈善事业、捐助社会公益、保护弱势群体等。然而，仍然有企业不愿意在承担企业社会责任上投入人力、物力、财力和精力，它们把企业的盈利目的与承担社会责任的要求隔绝开来，抱定"经商就是拼命赚钱、CSR就是无偿奉献"的思维模式。按照管理学大师迈克尔·波特的话来说，"在一个充满了开放的、以知识为基础的竞争的世界里，这代表着一种越来越落伍的观点，这种观点只会把自己逼入两难选择的绝境"。2005年11月发生的"吉林石化爆炸事件"，2006年5月发生的"齐二亮菌甲素注射液事件"，以及不断发生的垮桥、烂路、塌楼等豆腐渣建筑工程事件，频频撞击我们的眼球，震撼我们的心灵，同时也在一遍又一遍地拷问中国企业经营的底线和中国企业家的良心。

2008年，注定要在中华民族发展的历史长河中留下浓墨重彩的一笔。北京夏季奥运会的成功举办，让世人看到了一个崛起的中国。但是年初的南方雪灾，5月份的汶川地震，10月份的金融危机都给中国企业的发展带来了巨大的影响，但也同时激发了中国企业承担社会责任的豪迈热情。一次次的慈善捐款，一双双温暖的手臂，一个个鼓励的眼神，一颗颗滚烫的心灵，以至于有人把2008年定义为"中国企业社会责任元年"。受此影响，中国企业社会责任行动呈现出喷薄而出的态势，但也幻化出诸多光怪陆离的景象，比如"慈善作秀""诈捐现象"等。

在此期间，国家层面开始对企业承担社会责任给予更多的关注，并陆续出台鼓励企业承担社会责任、发挥社会价值的政策文件和指导意见。2008年国务院国资委发布《关于中央企业履行社会责任的指导意见》，对国有企业承担社会责任问题给出了明确的指导意见。2009年国务院国资委组织召开中央企业社会责任工作会议，明确要求所有的中央企业在2012年底之前发布企业社会责任报告。2011年9月，国务院国资委发布《中央企业"十二五"和谐发展战略实施纲要》，提出大力推进"诚信央企、绿色央企、平安央企、活力央企、责任央企"的建设目标，树立起央企承担社会责任的价值典范，为中国各类企业开展社会责任实践工作树立了标杆，起到了榜样模范的作用。

总体来看，在这二十年时间里，中国企业承担社会责任的实践工作逐渐从混沌走向规范，从摸索前进迈向体系化建设。国内学术界开始把企业社会责任理论研究的主流框架介绍给企业界人士，让企业逐渐从利益相关者理论框架来开展社会责任工作，并从本质上来思考企业何以承担社会责任（Why）、对谁承担社会责任（Who）和如何承担社会责任的问题（How）。经历了从SA8000、ISO14000迈向ISO26000的漫漫历程，中国企业在承担社会责任的道路上不断学习，不断成长。

三 完善前行阶段

从2012年至今，中国企业履行社会责任的实践进入全新的阶段，各项工作不断丰富完善。习近平总书记多次发表重要讲话，深刻阐述企业在创造社会价值中的地位与作用，鼓励企业积极履行社会责任。2016年4月，习近平总书记在网络安全和信息化工作座谈会上指出："一个企业既有经济责任、法律责任，也有社会责任、道德责任，企业做得越大,社会责任、道德责任就越大,公众对企业这个方面的要求也就越高……只有积极承担社会责任的企业才是最有竞争力和生命力的企业。"2020年7月,习近平总书记在企业家座谈会上指出:"社会是企业家施展才华的舞台。只有真诚回报社会、切实履行社会责任的企业家才能真正得到社会认可,才是符合时代要求的企业家。"并且,习近平总书记鼓励企业家发挥企业家精神,奋勇前进,在中国社会经济生活的各个方面发挥重要作用,"企业家要带领企业战胜当前的困难,走向更辉煌的未来,就要弘扬企业家精神,在爱国、创新、诚信、社会责任和国际视野等方面不断提升自己,努力成为新时代构建新发展格局、建设现代化经济体系、推动高质量发展的生力军"。习近平总书记的这些论述全面、系统地阐述了企业社会责任的现实含义,深刻地揭示了新时代企业家与经济社会发展之间的紧密关系,对中国企业如何将自身经营发展融入社会的整体发展之中,如何积极承担社会责任指明了方向。

2013年,党的十八届三中全会审议通过了《中共中央关于全面深化改革若干重大问题的决定》,指出国有企业要把承担社会责任作为深化国有企业改革的重点方向之一,这是党的文件中第一次正式提到国有企业社会责任问题。此后,党中央持续推进国有企业承担社会责任工作的步伐。在党的十八届四中全会、五中全会等多个重要会议决议及文件中,提出要加强企业社会责任立法,增强社会责任意识,树立可持续发展观念等,为企业社会责任工作指明了方向。

2015年,国资委在汇总研究各方面意见建议的基础上,提出了加强企业社会责任法律工作的建议,标志着中国企业社会责任进入法制化建设的轨道,使企业在履行社会责任方面有章可循,有法可依。2016年,中共中央、国务院印发《关于深化国有企业改革的指导意见》,对中国国有企业社会责任工作提出了两个重点要求:第一,社会主义市场经济条件下的国有企业,要成为自觉履行社会责任的表率;第二,国有企业履行社会责任中的引领与表率作用要充分发挥,要与显著提高国有企业资本配置效率、国有经济布局结构优化、主导作用有效发挥相融合。为了更好地推进国有企业承担企业社会责任工作，2016年，国务院国资委发布了《关于国有企业更好履行社会责任的指导意见》，提出了国有企业履行社会责任的总体目标："到2020年，国有企业形成更加成熟定型的社会责任管理体系，经济、社会、环境综合评价创造能力显著增强，社会沟通能力和运营透明度显著提升，品牌形象和社会认可度显著提高，形成一批引领行业履行社会责任、具有国际影响力、受人尊敬的优秀企业。"对中国国有企业更好地履行社会责任提出了明确的指导思想、基本原则、主要目标和重要方向，成为中国国有企业承担社会责任的重要指导性和约束性文件。

2017年，党的十九大确定了新时代的奋斗目标和战略安排，新时代赋予中国各类企业承担社会责任工作以新方向、新内涵。企业承担社会责任要与社会经济发展的实际情况相结合，要让责任理念、责任战略与人民日益增长的美好生活需要相结合，把企业的经营管理优势、资源配置优势运用到解决中国社会发展的不平衡、不充分的矛盾之中，为实现人民对美好生活的向往做出新贡献，创造新价值。受此鼓舞，众多企业在开展经营活动的同时，积极参与到精准扶贫、巩固脱贫成果、乡村振兴、共同富裕、抗击新冠疫情的伟大实践之中，为全面建设社会主义现代化国家贡献自己的力量。

第二节　广东企业社会责任实践的发展

广东省位于祖国的南部，毗邻港澳，是中国经济总量最大的省份。地处改革开放的前沿阵地，连接广阔的海外市场，广东企业最早沐浴改革开放的春风，涌现出大量知名企业；广东企业家脚踏实地，敢干敢闯，奋勇创新，低调前行，在带领企业不断发展的同时主动承担社会责任，为社会进步默默奉献自己的聪明才智。

一　广东国有企业的社会责任工作

国有企业在广东省社会经济发展中起到排头兵和"压舱石"的作

用。截至2019年底，广东省省属企业共有17家，省国资委委托管理企业1家、持股企业5家、上市公司29家，省属企业就业总人数276097人，资产总额达17896.42亿元，营业收入4140.24亿元，利润总额312.21亿元，实交税金246.84亿元。国有企业不仅是广东省经济发展的重要担当，在承担社会责任方面也是堪称楷模，成效显著。尤其是在交通、物流、金融、环保、民生等关键领域，广东国有企业承担着举足轻重、不可或缺的社会责任。

自改革开放以来，广东省各级政府部门都非常重视国有企业社会责任工作，并以多种方式来推进国有企业承担社会责任。尤其是近年来，广东省国资委持续加强省属国有企业社会责任管理，建立健全社会责任工作机制和管理体系。广东省国资委积极开展省属企业社会责任研究，率先建立起社会责任信息披露体制，组织省属企业编制、发布社会责任报告，提升企业管理透明度。2012年7月，广东省国资委组织开展"省属企业履行企业社会责任实践与政策导向"课题研究，在国资国企社会责任的理论研究方面走在全国前列。粤电集团、机场集团、交通集团、广晟公司、广业公司等五家省属企业先后发布了企业社会责任报告，并在职能部门设置社会责任管理专职人员，主动将社会价值建设工作融入企业发展战略中，积极与企业利益相关者进行有效沟通，构建了从启动、编制、使用、宣传到反馈的企业社会责任报告工作闭环体系，以编制报告促进企业社会责任管理水平提升。此后，广东省省属企业社会责任报告编制与发布工作开始进入全面推动阶段。

2014年，广东省人民政府印发《关于深化省属国有企业改革的实施方案》，计划于2015年底前实现省属国有企业社会责任报告制度全覆盖，树立国有企业良好形象，并在广东省国资委网站开设了广东国有企业社会的报告专栏，督促企业发布企业社会责任报告。2019年和2020年，广东省国资委发布了"2018年度广东省属企业社会责任报告"和"2019年度广东省属企业社会责任报告"，集中展示了省属企业的责任担当与价值创造。

2020年,广东省国资委将承担社会责任的情况纳入省属企业负责人经营业绩考核的指标之中,加大省属企业在履行社会责任工作方面的力度。在广东省国资委的指导和推动下,广东省各地市国资委也在持续加强国资国企的社会责任建设工作。广州、深圳、珠海、汕头、东莞、湛江、佛山、中山、惠州、韶关、肇庆、江门等地方国资委及时响应,鼓励当地企业以多种多样的形式来承担社会责任,推动地市国有企业发布社会责任报告,促进地方社会经济的持续发展。

广东省属国有企业在贯彻落实国家和省重大战略部署方面听令而动,主动承担社会责任,切实发挥好省属企业在全省经济发展中的支撑引领作用,推动国有企业走深走实、行稳致远,并涌现出一批在承担社会责任方面成效显著的优秀企业。

在交通运输领域,广东省机场集团旗下的白云国际机场全年旅客吞吐量和货邮吞吐量分别达7338.6万人次和192万吨,其安全为先的经营理念和优质高效的运营管理为广东省乃至全国的社会经济发展做出了突出贡献。铁投集团2019年在全省新增高铁运营里程122公里,全年在建国铁项目总里程达1349.6公里,在建城际项目总里程368.17公里,在建设粤港澳大湾区和构建"一核一带一区"新格局中贡献了自己的力量。广东省交通集团充分发挥加快广东交通基础设施建设的主力军作用,累计通车营运高速公路总里程7104公里,占广东省高速公路通车里程的75%。广东省航运集团经营40多条粤港集装箱航线和18条散货航线,为构建粤港澳水上运输网络和内河港口网络打下坚实基础。

在金融投资领域,广新集团、恒建控股公司、南粤集团、粤科金融等省属国有企业利用平台优势,为新能源新材料、生物医药等高新技术领域的创新型企业发展注入金融"活水"。

在环保领域,广业集团2019年全年累计处理污水7.48亿吨;粤海控股集团水处理规模突破3056万吨/日,在广东、江苏等14个省市区运营超过60个水务项目,服务约6500万人口。建工集团推进汕头市练江流域整治环保设施项目和普宁市环保基础设施建设项目,为坚决打赢练江流域整治攻坚战贡献力量。广晟公司危险废物、固体废物处理综合实力位居国内第一，东江环保总危废处置能力约占广东省危废总处理能力的20%。

在民生领域，广东省属企业顺应人民群众新期待，持续提升公共服务供给质量和水平，以高质量发展的成果切实保障和改善民生。广盐集团严格把控食盐产品质量，建立食盐电子追溯平台，中央、省、各地市市场监管局监督抽检食盐合格率达99.71%。

中国社会科学院教授、中国社会责任百人论坛秘书长钟宏武认为，中国国有企业在承担社会责任方面具有四大社会价值。总体来看，广东国有企业励精图治，经营有方，以很高的政治站位来认识社会责任工作，很好地展现了这四种价值。

第一，国有企业服务国家战略大局，创造社会价值。国有企业是党和国家的企业，政治属性是国有企业最鲜明的标签。广东国有企业的首要社会价值就是坚决贯彻党中央、国务院各项决策部署，在贯彻落实国家和广东省的重大发展战略、服务国家和地方发展大局时听令而行，冲锋在前，发挥基础性支撑作用。

第二，国有企业服务产业健康发展，创造社会价值。国有企业是国民经济的脊梁，是中国特色社会主义市场经济的重要建设者和参与者。广东国有企业始终坚持做强、做优、做大相关产业，充分发挥行业龙头企业和供应链链主的带动作用，为产业发展培育动力探索模式。当前，广东国有企业正在加快构建良好的产业生态体系，做大做强一批产业关联度大、创新能力强的国有企业，以骨干企业带动中小微企业发展，构建完善大、中、小、微企业专业化分工协作、共同发展的产业生态，推动上下游产供销有效衔接，协调运转，形成产业发展合力。

第三，国有企业服务社区健康发展，创造社会价值。广东国有企业大多处于关系国民经济命脉的关键行业和重点领域，它们在经营过程中会产生废气、废水、废渣的排放以及噪声污染、光污染和辐射污染问题，涉及企业所在社区的健康、稳定和持续发展。事实上，社区是企业生存和发展的土壤,社区为企业提供了源源不断的资源供给、丰富多彩的文化气息和广阔庞大的市场机会,企业赖之以生,赖之以强。因此,广东国有企业在承担社会责任时不忘"本",注重听取社区的利益诉求,在循环经济、低碳环保、绿色生产方面舍得投资,以实际行动积极回应社区的关切,让企业的经营活动扎根社区,共同创造企业与社区共赢的良好局面。

第四,国有企业服务人民美好生活,创造社会价值。国家"十四五"规划和2035年远景目标纲要将民生作为高质量发展重要的价值刻度。习近平总书记强调:"保障和改善民生没有终点,只有连续不断的新起点。"广东国有企业的业务范围与普通老百姓的生活息息相关,关乎人民群众的衣食住行。广东国有企业以务实的态度开展经营活动,全心全意为老百姓提供货真价实、创新多元的产品和服务,让人民群众切身感受到国有企业是负责任的,购买国有企业的产品是完全可以放心的。广东国有企业在城乡道路建设、电力输送、网络联通、应急救援、安全保障等民生领域一直发挥着重要作用,以国有企业的使命担当为老百姓追求美好生活保驾护航。

二 广东民营企业的社会责任工作

自改革开放以来,广东省民营企业得到了长足的发展,涌现出许多知名的民营企业。这些民营企业普遍具有敏锐的市场嗅觉,善于发现和抓住市场上稍纵即逝的机会,不故步自封,不墨守成规,成为广东省社会经济生活中亮丽的风景线。这些民营企业家普遍都勤劳朴实,懂得感恩,深知企业的发展离不开改革开放的好政策,离不开新时代的哺育滋养,离不开社会各界的大力支持。因而,这些民营企业在自身得以发展的同时也积极承担社会责任,并取得了令人瞩目的成绩。

例如,腾讯公司作为互联网行业的头部企业,在自身业务快速发展的同时不忘承担社会责任,全面拓展并深化与用户、员工、股东、上下游合作伙伴、政府部门、公益组织、弱势群体、自然环境等多个利益相关方的有效沟通。公司已经发布了6份"企业社会责任报告"

(2013—2014年，2015—2016年，2017年，2018年，2019年，2020年），发布了6份"环境、社会及管治（ESG）报告"（2016—2021年每年一份），发布了1份"碳中和目标及行动路线报告"（2021年），1份"腾讯可持续社会价值报告"（2021年），有计划、分步骤、与时俱进地推进公司的社会责任管理工作，始终将履行企业社会责任融入企业经营管理活动之中，努力践行"用户为本、科技向善"的愿景使命。

玖龙纸业（控股）有限公司的生产总部位于广东省东莞市，成立于1995年，2006年3月3日于香港联交所主板成功上市。公司主要生产卡纸（包括牛卡纸、环保牛卡纸及白面牛卡纸）、高强瓦楞芯纸，以及涂布灰底白板纸。在全国有5个造纸基地，业务覆盖珠江三角洲、长江流域、中国中西部及北部。2020年9月10日，玖龙纸业入选"2020中国民营企业500强"榜单，排名第111位。公司创始人、董事长张茵从回收废旧物品起家，艰苦创业，对于承担社会责任有自己独到的认识。作为造纸业的龙头企业，玖龙纸业不仅使用可以回收循环利用的废纸做原料，还使玖龙纸业各项环保和能耗指标都做到优于国家标准，是资源节能型和环境友好型企业的典范。与此同时，玖龙纸业在2010—2015年期间每年捐助1000万元，2016年将捐款提高到2000万元，助力脱贫，造福一方百姓。

美的公司创立于1968年，总部位于广东省佛山市顺德区北滘镇。经过50多年的打拼，美的现已成长为一家集智能家居、楼宇科技、工业技术、机器人与自动化和数字化创新业务五大业务板块为一体的全球化科技集团。美的公司业务覆盖200多个国家和地区，每年为全球超过4亿用户、各领域的重要客户与战略合作伙伴提供满意的产品和服务，助力各国人民过更美的生活。2013年9月18日，美的集团在深交所上市；2016年开始进入《财富》世界500强，名次逐年稳步上升。公司创始人何享健具有很高的商业智慧和家国情怀，主动承担社会责任。一方面，美的坚守"为客户创造价值"的原则，专注于持续的技术革新，提升产品及服务质量。美的公司拥有10000多名科研人员，庞大的科研群体给美的产品的品质提供了强大的支撑力量。另一方面，美的是社会公益事业的积极践行者。不管是对北滘镇、顺德区和佛山市，还是对广东省以及全国各地，美的公司在承担社会责任方面都尽心尽力，以真金白银来回馈社会各界对公司成长发展的厚爱。据统计，近20年来，美的公司在扶贫、救灾、养老、教育等慈善领域总投入超过70亿元。

腾讯公司、玖龙纸业、美的公司仅是数量众多的广东民营企业中的代表，它们用自己的实际行动来承担着社会责任。总体来看，广东民营企业承担社会责任呈现出如下特点。

第一，注重实际效果，不图虚名。正如广东民营企业家在经营企业时普遍秉持的"务实、低调"作风一样，广东民营企业在承担社会责任时不唱高调，不赶时髦，不追热点，不追求轰动效应，踏踏实实、本本分分地做好自己应该做的事情。在谈及如何承担社会责任时，广东民营企业家说得最多的就是生产好的产品、提供好的服务、遵纪守法、诚信经营、扶危济困，崇尚那些勤劳肯干、用自己的力量来改变自己的命运、促进社会进步的优秀人才。对那些在承担社会责任方面玩花架子、高谈阔论、浪得虚名的企业普遍都很瞧不起，鄙夷之情溢于言表。

第二，注重把将企业社会责任战略融入企业的管理体系和经营管理的具体活动之中。承担社会责任不是在公司的发展战略之中进行宣示，不是在公司显眼的墙面上涂刷各种口号，不是参评各种各样令人眼花缭乱的奖项，而是要在企业经营活动的价值链环节之中来实实在在地体现社会责任。广东民营企业注重在人力资源管理、技术研发、物流运输、生产制造、营销宣传、售后服务等一系列环节中来落实关爱员工、用户为先、环境保护、遵纪守法、诚信经营、慈善捐赠等社会责任。

第三，注重与时俱进，与国家和社会的发展同频共振。广东地处改革开放的前沿阵地，连接国内国外两个市场，企业界对于新鲜事物普遍有很强的接受能力。因此，广东民营企业的创新能力很强，善于在复杂多变的环境中识别机会，抓住机遇。在承担社会责任方面，广东民营企业同样敢试敢干，与时俱进，不断创新，为国家和社会的发展贡献力量。例如，广东民营企业普遍认识到生态文明的重要性，在节能减排、发展循环经济、做大绿色产业方面进行大量投资，走在全国的前列；在扶危济困、兴农重教、精准扶贫、乡村振兴、共同富裕等领域，广东民营企业把自己融入中华民族发展的大格局中，用实际行动助力建设美好社会，与国家和社会的发展同频共振。

第三节 广东企业承担社会责任的典型事件

在改革开放以后，广东企业得以迅速成长，助力广东经济社会的全面发展。在这一发展过程中，许多广东企业在承担社会责任方面进行了有益的探索，并涌现出一些承担社会责任的典型企业。在本书的第5章至第11章，将详细介绍广药集团、广汽集团、腾讯公司、碧桂园集团、万科集团、唯品会、美的集团等7家企业承担社会责任的实践。这些企业的社会责任工作很有特点，值得认真研究，但是7家企业在千千万万广东企业之中只是沧海一粟，众多广东企业在发展过程中都结合自身的特点承担着社会责任。囿于篇幅，在此挑选一些广东企业在承担社会责任方面的典型事件，呈现如下。

广州医药集团有限公司（简称"广药集团"）是广州市重点扶持发展的集科、工、贸于一体的大型企业集团，业务包括大南药板块、大健康板块、大商业板块和大医疗板块，其历史可追溯至1600年成立的陈李济。2021年，广药集团首次上榜《财富》世界500强，企业连续多年荣登"中国制药工业百强榜"第1名。利用科研品牌等资源优势，广药集团帮助贵州刺梨产业升级发展，建立全国首个乡村振兴基金——广药集团"刺柠吉10亿乡村振兴基金"。广药集团与贵州相关部门全面合作，不仅提供完善的技术、设备和充足的资金，更是以良好的企业形象和王老吉品牌号召力，为刺梨产业发展带来一笔无形财富。2020年9月16日，广药集团《老品牌赋能新饮料粤黔产业合作驶入快车道》案例，以创新的全产业链模式脱颖而出，入围"2020年全国消费扶贫典型案例"。2020年11月13日，广药集团帮扶贵州发展刺梨产业项目成功入选"中国企业精准扶贫50佳专项案例"。

东莞实业投资控股集团有限公司（简称"东实集团"）是东莞市属国有独资企业，成立于2012年。东实集团总资产规模约267亿元，主要涉及的三大主营业务包括城市综合运营、产业投资运营、环保产业。近年来，东实集团积极投身援疆工作，分三期建成新疆草湖广东纺织服装产业园100万锭项目，以产业发展促进当地经济社会发展及民族团结融合。东实集团注重将产业援疆与党建援疆、文化援疆相结合，多次被《人民日报》、央视新闻报道，是广东省唯一"全国民族团结进步模范集体"企业单位。

广东省粤科金融集团有限公司（简称"粤科金融集团"）是广东省人民政府授权经营的国有企业，是国内首家省级科技金融集团、广东省唯一的省级综合性科技金融平台。粤科金融集团已经累计为2000多家科技企业提供投融资服务，推动80多家企业实现IPO上市。粤科金融集团通过牵头组建粤港澳大湾区绿色技术银行、运营管理广东省创新创业基金和"四大基金"、组建省级小额再贷款公司等一系列重大举措，助力战略性产业集群建设和科技企业培育，为广东省科技企业的发展做出自己的贡献。

珠海格力电器股份有限公司（简称"格力电器"）成立于1991年。现已发展成为多元化、科技型的全球工业制造集团，产业覆盖家用消费品和工业装备两大领域，产品远销160多个国家和地区。1996年11月，格力电器在深交所挂牌上市。2021年，格力电器实现营业总收入1896.54亿元。为了推动广东省及珠海市的产业结构转型，格力电器聚焦珠海市五大千亿元级产业集群和高端制造等重点行业、关键领域，通过"自有资本直接投资＋基金结合资本投资"相结合的投资方式，累计投资产业项目超过210个，总投资金额近190亿元，助力广东省产业结构优化和转型升级。

华侨城集团有限公司（简称"华侨城集团"）创立于1985年，是国务院国有资产监督管理委员会直接管理的大型中央企业，总部设在深圳。目前，华侨城集团在境内外拥有华侨城 A、深康佳 A、华侨城（亚洲）、云南旅游等 4 家上市公司，是国家首批文化产业示范基地、全国文化企业 30 强、中国旅游集团 20 强。2021 年，华侨城集团营业收入达 1668 亿元。华侨城集团坚持科技兴国、产业报国，以实际行动推动科技创业的发展。旗下的康佳集团重点布局半导体领域，自主设计并量产具有明显市场竞争力的存储类芯片，搭建以"设计 + 封测 + 渠道"为模式的存储产业链条，加速半导体产业的"国产替代"进程。华侨城集团还全方位整合优质的历史文化资源，发挥文化与旅游市场的主体活力，加速精品文旅基础设施落地实践，为建设"人文广东"奉献自己的力量。

珠海华发集团有限公司（简称"珠海华发集团"）成立于 1980 年，是珠海市最大的综合型国有企业集团，于 2016 年起连续六年跻身"中国企业 500 强"。经过多年的努力，珠海华发集团已从单一的区域型房地产企业转型为"科技 +"赋能的集团型企业，三大产业集群（城市、金融、实业）齐头并进。2021 年，珠海华发集团实现营业收入超 1400 亿元。近年来，珠海华发集团注重以科技创新驱动企业发展，成立"科技 +"委员会，成功落地"1 + 4"研究院，通过加入广东省物联网协会，推动产学研合作，推动 6 个政府项目申请，实现科技类政府项目零的突破。公司持续增加研发投入，发挥创新主体作用，打造协同创新平台，增添产业发展动力，助力粤澳大湾区建设具有全球影响力的国际科技创新中心。

中国南方电网公司（简称"南方电网"）是中央管理的国有重要骨干企业，由国务院国资委履行出资人职责。南方电网负责投资、建设和经营管理南方区域电网，参与投资、建设和经营相关的跨区域输变电和联网工程，为广东、广西、云南、贵州、海南五省区和港澳地区提供电力供应服务保障。南方电网覆盖的供电人口 2.54 亿人，供电客户 1.07 亿户。2021 年，完成售电量 12363 亿千瓦时，全网统调最高负荷 2.16 亿千瓦，营业收入 6716 亿元，位列《财富》世界 500 强第

91位。作为驻粤央企，南方电网在服务大湾区发展方面积极承担社会责任。南方电网积极提升供电服务质量，构建"简快好省"的数字服务生态管理体系，创新"三好办""五优服务"等特色模式举措，保障城市的电力水平。2018年以来，南方电网累计降低用户用电成本超过2400亿元，有力支持实体经济的发展。与此同时，南方电网坚持绿色低碳的可持续发展之路，以清洁能源照亮绿色健康人居，推动区域能源结构转型，每年减排二氧化碳约2亿吨，可再生能源发电利用率增至99.96%。

中国广核集团（简称"中广核"）总部位于广东省深圳市，是由国务院国有资产监督管理委员会控股的中央企业。中广核成立于1994年，以"发展清洁能源，造福人类社会"为使命，业务覆盖核能、核燃料、新能源、非动力核技术、数字化、科技型环保、产业金融等领域，拥有2个内地上市平台及3个香港上市平台。经过近40年的发展，中广核成为中国最大、全球第三大核电企业，位列中国企业500强第200位。中广核集团运营的大亚湾核电基地累计上网电量8005.06亿度，与同等规模的燃煤电站相比，少消耗标煤2.44亿吨，减少二氧化碳排放约6.71亿吨，减排效应相当于种植约180万公顷森林。中广核集团大亚湾核电每年投入资金约500万元，支持周边基础设施、文化教育、医疗卫生和环境整治等公益事业发展，使得企业的成长与当地社区发展互促共赢。

深圳能源集团股份有限公司（简称"深圳能源集团"）成立于1991年6月，1993年9月在深圳证券交易所上市，是深圳市第一家上市的公用事业股份公司。2007年12月，深圳能源集团实现整体上市，开创了国内电力公司整体上市的先河。截至2020年底，深圳能源集团总资产1140.62亿元。在"30·60—碳达峰、碳中和"的重大能源革命的时代背景下，深圳能源集团聚焦低碳清洁能源和生态环境治理来发展自己的业务。深圳能源集团在深圳的垃圾日处理能力达到16200吨，基本实现垃圾趋零填排，助力深圳成为全国首个生活垃圾全量焚烧的特大型城市，为建设天蓝地绿水清的美丽中国贡献"深能力量"。

另外，深圳能源集团还创造了全球最严的地方标准——"深圳标准"，在业内率先提出"四位一体"理念，实现"建一座工厂，还一座公园"的发展模式。

广东省广晟控股集团有限公司（简称"广晟集团"）成立于1999年，是广东省属国有独资重点企业。经过20多年的改革发展，广晟集团已成长为以矿产资源、电子信息为主业，环保、工程地产、金融协同发展的大型跨国企业集团。截至2021年底，广晟集团资产总额超过1551亿元，全年实现营业总收入1059.5亿元。佛山市国星光电股份有限公司是广晟集团控股的上市公司，专业从事研发、生产、销售LED及LED应用产品，是国内第一家以LED为主业首发上市的企业，也是最早生产LED的企业之一。作为国内LED封装龙头企业，国星光电公司大力实施创新驱动发展战略，狠抓关键核心技术攻坚，着力破解半导体领域"卡脖子"难题，在LED超高清显示、新型光电子及应用、第三代功率半导体等领域占据技术主导地位。该公司参与的"高光效长寿命半导体照明关键技术与产业化"项目获2019年国家科技进步一等奖，实现全球最大规模LED芯片产业化推广，推动芯片国产化率超过80%，支撑中国照明产业的转型升级和照明产品的更新换代。

广州无线电集团创立于1995年，现已发展成为一家以"高端高科技制造业、高端现代服务业"为战略定位的多元化产业集团，打造了行业人工智能、通信、导航、计量检测服务、现代城市服务等优势产业板块。海格通信集团股份有限公司是广州无线电集团控股的上市公司，该公司是全频段覆盖的无线通信与全产业链布局的北斗导航装备研制专家、电子信息系统解决方案提供商，是行业内用户覆盖最广、频段覆盖最宽、产品系列最全、最具竞争力的重点电子信息企业之一。海格通信公司坚持"高端高科技制造业、高端现代服务业"的战略定位，走"科技+文化"发展之路，推动北斗跨界融合应用，与国家北斗导航系统的发展同频共振，取得一系列创新成果，突破了"北斗+惯导+激光+视觉"的多源融合精准定位技术、"北斗位置信息+人工智能"的时空数据融合分析技术,成功运用于广州市南沙开发区北斗城市应用示范项目、国家发改委北斗产业园区创新发展重大专项等大型系统。

在抗击新冠疫情期间,广东移动公司主动担当起大数据抗疫主力军的任务,争分夺秒推出漫游地查询、疫情决策数据报告、省际边界实时提醒短信等数字抗疫典型应用,为广大人民群众的健康生活提供通信方面的保障。珠海农控集团在疫情期间全力保障港珠澳的"米袋子""菜篮子"充足供应,累计供应澳门冰鲜鸡约557吨、活猪1401头、蔬菜约2553吨,为抗疫筑起一道绿色的生命线。广东盐业集团深入学校、医院、居民小区,广泛开展"粤盐公益行"系列实验科普活动,既提高了广大群众健康用盐、安全用盐的意识,又很好地宣传了粤盐品牌。

以上只是列举了广东企业在承担社会责任方面的一些典型事件,难免挂一漏万。事实上,企业承担社会责任的方式、方法、途径可以各不相同,不同行业、不同规模、不同产权性质、不同成长阶段的企业需要根据自身的特点来承担相应的社会责任。遵纪守法、照章纳税、诚信经营是企业的社会责任,关爱员工、为股东创造价值、为顾客提供好的产品和服务是企业的社会责任,注重环境保护、聚焦科技创新、助力社区建设也是企业的社会责任,开展慈善公益、实施精准扶贫、投身乡村振兴更是企业的社会责任。广东企业在改革开放后得到了迅猛发展,他们在承担社会责任方面的慈行善举彰显了大爱仁心,是社会主义建设中的重要组成部分。

第五章

广药集团企业社会责任实践

第一节 广州医药集团简介

一 基本情况

广州医药集团有限公司是广州市政府授权经营管理国有资产的国有独资公司,主要从事中成药及植物药、化学原料药及制剂、生物药、大健康产品等的研发及制造、商贸物流配送以及医疗健康服务等业务,是广州市重点扶持发展的集科、工、贸于一体的大型企业集团,奉行"广药白云山,爱心满人间"的企业使命。

广药集团拥有1家上市公司"广州白云山医药集团股份有限公司"(香港H股、上海A股上市)及成员企业近30家。经过多年的精心打造和加速发展,逐步形成了"大南药""大健康""大商业""大医疗"四大独具广药特色的业务板块,以及"电子商务""资本财务""医疗器械"三大新业态。

二 广药集团的三大基因

(一)红色基因

诞生于广州这片中国近代与现代革命策源地的广药集团,始终与"红色血脉"紧紧相连,培育了中国共产党早期领导人、广州起义的组织发动者、中央政治局常委杨殷,孙中山卫队长李朗如,中国"双百"人物向秀丽等革命先辈,王老吉凉茶更曾因为为林则徐、毛泽东除病祛疾，留下佳话。红色血脉代代相传，如今广药集团每年均开展纪念革命烈士、纪念向秀丽、纪念神农诞辰等传承红色基因主题活动，并创新性地建立了"123大党建工作模式""非公企业党建1+4模式"等党建创新模式。

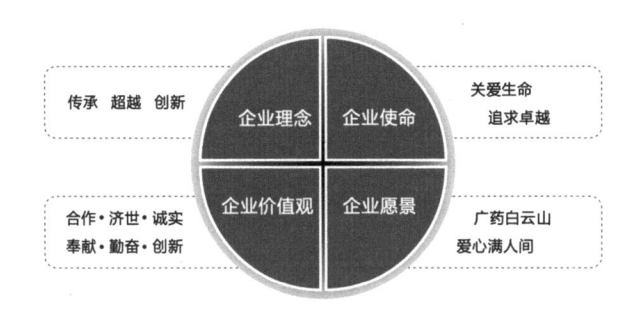

图 5-1　广药集团的理念与责任

资料来源：广药集团社会责任报告（2020）。

（二）长寿基因

广药集团源自公元1600年创办的陈李济，至今已有400多年历史。集团旗下超过百年历史的企业有10家，除了"陈李济"外，还包括"中一""敬修堂""采芝林""王老吉""星群""奇星""潘高寿""明兴""光华"；获得中华老字号认证的企业有12家，除上述10家百年企业外，还有"何济公"和"健民连锁"；拥有国家级非物质文化遗产6件，分别为星群夏桑菊、白云山大神口炎清、王老吉凉茶、陈李济传统中药文化、潘高寿传统中药文化、中一保滋堂保婴丹制作技艺；拥有中国驰名商标10件，分别是"广药集团""白云山""王老吉""陈李济""中一""抗之霸""潘高寿""天心""何济公""奇星"。

（三）创新基因

在国内外高端人才的引领下，广药集团人才聚集能力和自主创新能力不断提升，集团已形成诺贝尔奖得主3人、国内院士和国医大师20人、享受国家特殊津贴2人、博士及博士后近100人的强大高层次人才队伍；拥有国家级研发机构 8 家、国家级企业技术中心 1 家、省级企业技术中心 14 家、省级工程技术中心 16 家、省级重点实验室 6 家、市级企业技术中心 14 家、市级工程技术中心 14 家、市级重点实验室 5 家、广东省高新技术企业 16 家、博士后工作站 2 家，获得国家科技进步二等奖两项，国家技术发明二等奖 1 项，省部级科技奖励近 30 项。

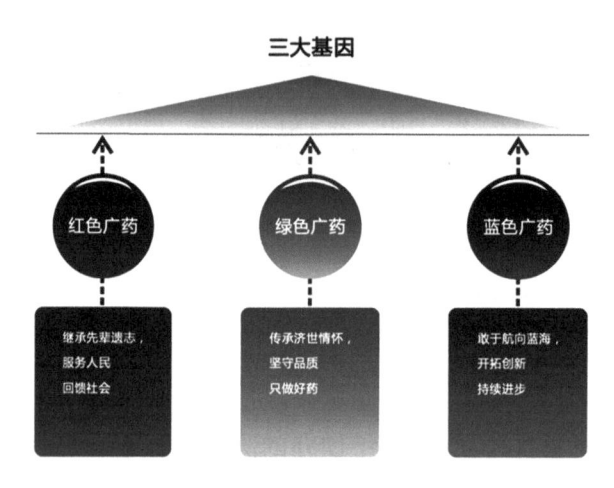

三大基因

红色广药	绿色广药	蓝色广药
继承先辈遗志，服务人民，回馈社会	传承济世情怀，坚守品质，只做好药	敢于航向蓝海，开拓创新，持续进步

图 5-2　广药集团的三大基因

资料来源：广药集团社会责任报告（2020）。

第二节　广州医药集团成长历程与发展现状

一　广药集团的成长历程

广药集团的成长历程大体可分为老字号经营、公司化经营两个阶段。

老字号经营阶段（1600—1987 年）：广药集团历史可追溯至 1600 年成立的陈李济，1600 年广东南海商人陈体全与经营中草药店的李升佐在广州共同创立陈李济，广药集团的历史由此开始。此后，王老吉、潘高寿、敬修堂、采芝林、何济公等老字号相继创立，并发展成为知名的民族品牌。1973年,广州市园林局属下的中草药制药车间停产歇业,白云山农场为解决下乡青年的工作,成立了白云山制药车间,是"广药白云山"的前身。

公司化经营阶段(1988年至今):1988年白云山制药总厂成立了白云山企业集团,开启了广药集团的公司化经营阶段。此后集团充分进行市场化运作,"白云山A股"于1993年在深圳证券交易所挂牌上市,成为第一批上市的医药企业之一。1996年原广州医药总公司将行政职能与企业经营管理职能分开,改制成立了广州医药集团有限公司。1997年广药集团整合属下的中一、陈李济、星群、奇星、敬修堂、潘高寿、羊城(现为王老吉药业)、医药公司、药材公司(现为采芝林药业)、医药进出口公司、盈邦公司、环叶(后与汉方公司合并)等12家企业组建为广州药业股份有限公司,于同年10月21日在香港上市。2001年2月6日,广州药业又在沪市A股上市,成为国内第一家"A股+H股"上市的公司。2000年11月,广药集团托管重组白云山集团,除了白云山制药总厂、白云山中药厂、白云山化学制药厂等原有的制药企业外,又注入侨光、明兴、天心、光华、何济公和卫生材料厂等6家企业,形成了广药集团以西药制造业为主的优质资源。至此,广药集团成为中国华南地区最大的药品生产基地。2017年,广药集团工商销售收入突破1000亿元,进入"千亿俱乐部"。

二 发展现状

截至2021年6月,广药集团总资产625.71亿元,2021年上半年实现营业收入362.67亿元,净利润26.35亿元,主营业务收入增长率达18.56%,主营业务利润率达8.92%。2021年,广药集团首次上榜《财富》世界500强,排第468位,在2021年度全球最具价值医药品牌榜单中,广药集团首次进入全球20强,名列第19位。2021年,广药集团在中国企业500强排名为第129位,企业连续多年荣登"中国制药工业百强榜"第1名。

广药集团所处行业为医药制造业。公司自成立以来,一直专注于医药健康产业,经过多年的发展,规模与效益持续扩大。目前,公司的主要业务包括:第一,中西成药、化学原料药、天然药物、生物医药、化学原料药中间体的研究开发、制造与销售;第二,西药、中药和医疗器械的批发、零售和进出口业务;第三,大健康产品的研发、生产与销售;第四,医疗服务、健康管理、养生养老等健康产业投资等。

(一)大南药板块(医药制造业务)

公司下属共有28家医药制造企业与机构(包括3家分公司,22家控股子公司和3家合营企业),从事中西成药、化学原料药、化学原料药中间体、生物医药和天然药物等的研发、制造与销售。

公司是南派中药的集大成者。公司拥有12家中华老字号药企,其中10家为百年企业。公司及合营企业共有325个品种纳入《国家医保目录》,331个品种纳入《省级医保目录》,143个品种纳入《基药目录》;主要中药产品包括消渴丸、复方丹参片系列、板蓝根颗粒系列、清开灵系列、滋肾育胎丸、小柴胡颗粒、华佗再造丸、夏桑菊颗粒、小儿七星茶颗粒、壮腰健肾丸、安宫牛黄丸、舒筋健腰丸、蜜炼川贝枇杷膏、克感利咽口服液等,在华南地区乃至全国都拥有明显的中成药品牌、品种优势。

公司拥有从原料药到制剂的抗生素完整产业链,产品群涵盖抗菌消炎类常用品种及男科用药。公司以驰名商标"抗之霸"整合抗生素药品品牌,以其打造国内口服抗菌消炎药第一品牌的市场形象。公司的化学药产品包括头孢克肟系列、枸橼酸西地那非、头孢硫脒、头孢丙烯系列、阿咖酚散系列、阿莫西林、注射用头孢呋辛钠等。

(二)大健康板块

公司的大健康板块主要为饮料、食品、保健品等产品的生产、研发与销售,主要从事的企业包括本公司下属子公司王老吉大健康公司及王老吉药业等;主要产品包括王老吉凉茶、刺柠吉系列、灵芝孢子油胶囊、润喉糖、龟苓膏等。

(三) 大商业板块 (医药流通业务)

公司大商业板块主要经营医药流通业务,包括医药产品、医疗器械、保健品等的批发、零售与进出口业务。公司下属子公司医药公司作为大商业板块的核心企业,是华南地区医药流通龙头企业。负责公司医药流通批发及零售业务,其中零售业务主要通过健民药业连锁店、广州医药大药房连锁与采芝林药业连锁店等终端开展;采芝林药业利用中药领域优势,开展中药材及中药饮片生产及销售业务。

(四) 大医疗板块

大医疗板块处于布局与投资扩张阶段。公司分别以白云山医疗健康产业公司及医疗器械投资公司为主体,通过新建、合资、合作等多种方式,重点发展医疗服务、中医养生、现代养老三大领域以及医疗器械产业。目前,已投资/参股的项目包括广州白云山医院、润康月子公司、西藏林芝藏式养生古堡、广州众成医疗器械产业发展有限公司、白云山壹护公司及白云山健护公司等。

第三节　广药集团的企业社会责任管理

一　企业社会责任活动发展历程

广药集团的企业社会责任工作可以分为以下三个阶段。

第一阶段 (1600—1997年):诚信经营阶段。在陈李济建立之初,陈体全和李升佐曾立约:"本钱各出,利益均沾,同心济世,长发其祥。"并将药店取名"陈李济",寓意"存心济世"。可见,陈李济守住了"诚信经营"这一基本的企业伦理生命线,为其能够发展壮大、经久不衰奠定了强大的基础。

第二阶段 (1951—2008年):摸索阶段。广州医药有限公司成立于1951年,而后经历多次重组调整,旗下超过百年历史的企业10家,除了"陈李济"外,还包括"中一""敬修堂""采芝林""王老吉""星群""奇星""潘高寿""明兴""光华"等。公司在社会责任的实践上也处于摸索阶段。

第三阶段（2008年至今）：社会责任管理体系建设阶段。集团从2008年开始编制第一份年度社会责任报告，并在此后每年基于利益相关者理论，总结和反映集团对股东、职工、消费者、社会和环境等利益相关方的合法权益，并对社会、环境等方面所履行社会责任的实践进行评估。集团每年对企业社会责任报告的重视，标志着公司进一步探索履行社会责任着力点、建设并完善公司社会责任管理体系的决心。同时，公司将社会责任视为可持续发展的一种方式，体现了公司的长远目标。

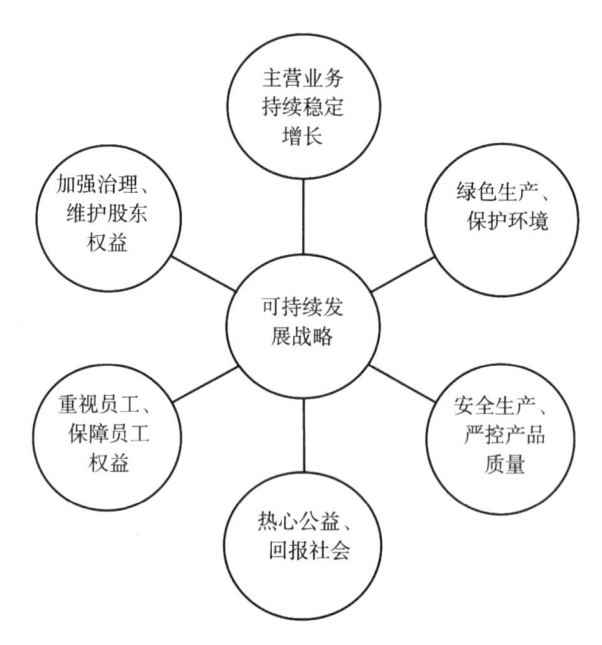

图 5-3 广药集团的可持续发展战略

资料来源：广药集团社会责任报告（2020）。

二 基于利益相关者的社会责任管理体系

（一）股东和债权人权益保护

1. 建立健全的股东及债权人保护机制

公司致力于不断提高规范运作水平，近年来按照《公司法》《证券法》《上市公司治理准则》等法律法规以及其他规范性文件的要求，建立并完善了以《公司章程》为基础的公司法人治理体系和内部控制体系，制度健全，执行有力，从根本上保障了公司股东和债权人的合法权益。另外，公司财务稳健，建立健全了资产监督管理制度、资金使用管理制度等，资金收支均实行严格的签批制度，保障了公司资产和资金安全，保障了股东和债权人的合法权益。

2. 保障广大投资者的知情权

公司按照《上市公司信息披露管理办法》、深交所《股票上市规则》《上市公司公平信息披露指引》《上市公司投资者关系管理指引》等规定，真实、准确、完整、及时、公平地履行信息披露义务，使广大股东，尤其是中小投资者能够及时、充分地了解公司的各方面情况。公司注意加强投资者关系管理工作，热情接待各类投资者来访和调研，设立专线电话接受股东问询，保障广大投资者的知情权。

3. 规范股东大会运作机制

公司股东大会的召集、召开程序符合《公司法》《股票上市规则》及《公司章程》的有关规定。股东大会按时发出通知，让尽可能多的股东参加会议；在安排股东大会审议重大事项时，提供详细的会议资料，对每个提案都给予合理的讨论时间；表决过程及监票等确保由股东及监事参与、律师见证，保证股东大会合法、有效。

4. 注重债权人权益保护

公司注重保障债权人利益，在遵守上市公司信息披露相关规定的基础上及时向债权人通报与其权益相关的重大信息，配合和支持债权人为维护自身利益了解公司有关财务、经营和管理等情况，信守合同承诺，按时履行还款义务，注重合作双赢。2001年公司自实施重大资产重组后，与银行建立了互相信任、互相支持的银企关系，资信情况良好。

以上各项规定和运行机制，公司每年进行修改和完善。如为完善和健全公司科学、持续、稳定的分红机制和监督机制，进一步提高利润分配政策的透明性，切实保护全体股东的合法权益，根据中国证券监督管理委员会（简称"中国证监会"）《关于进一步落实上市公司现金分红有关事项的通知》以及广东监管局《关于进一步落实上市公司分红相关规定的通知》（广东证监〔2012〕91号）等文件的有关要求，对《公司章程》的相关条款进行必要的修订。

（二）供应商权益保护

1. 为经销商首创产品"五包"服务

公司长期重视经销商建设，牢固树立"互惠互利，合作共赢"理念，保障经销商经营白云山产品的合理利润，通过打击"窜货"来维护经销合同的严肃性，尽力维护经销商的合法权益，在市场竞争激烈的形势下做到与经销商共同发展。公司还为经销商提供了各项售前售后服务，包括：自80年代起就首创的产品"五包"；为产品销售提供技术支持；重视品牌建设，以持续不断的品牌增值为经销商产品销售提供基础动力；协助经销商开展渠道分销和终端拉动工作；开展形式多样的促销奖励活动。

2. 开展反商业贿赂活动

商业贿赂不仅会使企业因为失衡陷入困境，还会损害到相关供应商和客户的正常经营秩序和合法权益，既不正当，也不公平。公司每年都会深入开展治理商业贿赂专项工作。公司及下属企业认真贯彻落实相关文件精神，组织召开会议，制订实施方案，对反商业贿赂进行总动员，要求全体员工，特别是中层以上管理人员和重点岗位员工，积极参与治理商业贿赂专项工作，坚决纠正和杜绝在生产经营中的不良行为，层层签订《党风廉政建设责任书》和《廉洁责任书》，并通过内部控制、效能监察等监控手段防范各种商业贿赂行为的发生。

（三）员工权益保护

1. 严格遵守劳动法律法规

公司严格遵守《中华人民共和国劳动法》《中华人民共和国劳动合同法》，按照法律法规与员工签订劳动合同，合同签订率达100%。公司依法建立规范的员工社会保险管理体系，实行全员参保，在册员工参保覆盖率达到100%。此外，公司遵循按劳分配、同工同酬的原则，按时足额发放工资、奖金，从不克扣和拖欠劳动者的工资，不断加强绩效管理,充分发挥绩效考核的激励作用。在 2008 年之后的金融危机中,公司做到不减薪、不裁员,促进了劳资关系和谐稳定。

2. 确保安全生产环境

公司从五个方面保障员工的工作环境安全。第一,集团全面落实安全生产责任制,健全完善各项规章制度,强化安全管理,落实三级安全管理网络,明确职责,使安全生产工作从上到下,层层落实,责任到人。第二,集团定期开展安全检查,采用综合安全检查、专业安全检查、季节性安全检查、节假日安全检查、日常安全检查等多种形式,从而加强现场监督检查,消除事故隐患。如 2009 年公司共组织安全检查 59 次、出动 282 人次、发出整改通知书 9 份。检查内容包括安全生产劳动保护监督、防火安全、危险作业、劳动用品的使用、压力容器的监督等,以检查促整改、保安全。第三,集团组织对员工进行职业健康教育、应急演练、派发劳动防护用品等各项安全管理措施,开展以"科学发展,安全发展"为主题的一系列安全培训、安全知识竞赛、安全征文活动,对员工进行全方位的教育和考核,从而提高员工的安全知识技能和安全责任意识。第四,在高温天气期间,按照相关制度的要求,适时发放清凉饮料,防止员工在生产活动中产生中暑现象。第五,营造企业安全生产的氛围,播放安全教育宣传片、张贴海报、派发宣传小册子等。进行安全隐患的排查整治,在人员、岗位、时间、空间上逐一排查,及时发现问题、消除隐患。2014 年全年组织安全检查共 1683 次,出动检查人员 6612 人次,共发现一般安全隐患 923 宗,发出隐患整改通知书 368 份,未发现重大安全隐患,发现的隐患都已全部整改完毕,整改率达 100%。

3. 长期实施"人才强企"战略

公司长期实施"人才强企"战略,积极开展职工培训,每年根据公司整体运作及人员情况,建立并落实各种培训计划,组织不同层次的员工进行各种技能和素质培训,提高员工的工作水平。公司提供的个性化培训体系如下。

2008 年,公司举办各级各类培训班共培训员工 16911 人次,包括

GMP知识、业务技能、管理等各种培训,为员工岗位成才搭建了广阔平台。2009年,公司举办各级各类培训班共培训员工10421人次,包括GMP知识、岗位技能、特殊技能等各种培训,为员工职业发展搭建平台。[注:新版GMP是指2010年修订的《药品生产质量管理规范》。药品生产企业血液制品、疫苗、注射剂等无菌药品的生产,应在2013年12月31日前达到新版药品GMP要求;其他类别药品的生产均应在2015年12月31日前达到新版药品GMP要求。未达到新版药品GMP要求的企业(车间),在上述规定期限后不得继续生产药品]

此外,广州王老吉药业股份有限公司("王老吉药业")开展了2013年重点项目"鹰"才计划之"育鹰项目",对职能部门的后备干部队伍开展规范专业培训,在"有才,有为,有位,有威"的氛围下,涌现了一批优秀员工。

4. 建立信访和民主管理制度,依法维护职工合法权益

公司成立了信访机构,使职工的意见和建议得以迅速处理或答复。公司及司属企业工会认真按照职工代表大会制度依法行使审议权、建议权,特别是涉及员工切身利益的重大问题均由职工代表审议通过。除此之外,公司注重做好重大节日及特困、伤重病职工慰问及家访工作。如2008年,公司总部与各基层工会共走访约11412人次,发放慰问金约206.76万元。

(四)消费者权益保护

1. 高度重视药品的安全性

对于制药企业来说,产品质量与人民的生命健康息息相关。公司把产品质量视作企业的生命线。2005年,白云山制药总厂就在全国率先推行"五级质量监控体系"——企业决策层、原材料供应、质量方针执行部门、生产操作一线、药品售后服务。该体系向前推移到原材料供应,向后延伸到药品售后服务,把GMP要求的全员参与落到实处,从企业的决策层到每一个岗位工人,从产品链上游的原辅料包装品供应商到下游每一个销售网络终端,人人承担质量责任。

2011年3月公司实施新版《药品GMP认证检查评定标准》，相比于1998年版本，新版GMP要求更高，规定更细。为此，集团采取了一系列相应措施，包括：组建实施新版GMP核心团队，制定目标、落实责任；培训核心骨干、深刻理解新版GMP的理念、内涵；通过产品、硬件、软件对标，识别企业质量风险、盲点和薄弱环节，找差距，定对策；解决历史遗留问题，扫除实施GMP的障碍；务实工作，重点突破、持续改进，达到工艺优化、管理先进、成本降低，为消费者利益保驾护航。

统一采购平台保障原材料安全。从2014年起，公司开始深入开展集中统一采购工作，制定中药材原料、辅料、包装材料采购方法、采购价格确定补充细则、采购人员考核方法等制度，从人、财、物三方面对采购进行全方位管理和提升。其中，采芝林药业中药材采购平台和医药进出口公司原辅包材统一采购平台两大平台的规范化运转进一步提升了采购效率和质量。

2. 积极为消费者科普疾病知识

积极倡导"治未病"。2008年5月16日，白云山和记黄埔中药有限公司承办了首届"治未病"健康（广东）论坛。同年8月，拉开全国首届"健康服务节"序幕。通过系列的"治未病"个人健康服务工程，把"治未病"的理念推向全国。

首倡合理用药。在抗生素滥用现象日益严重的情况下，作为抗生素龙头企业的白云山制药总厂毅然将指导合理使用抗生素的责任担了下来。2008年共花费40多万元，印制了30万册合理用药手册，发放到消费者及药店店员手中，向他们宣传合理用药相关知识。2009年，白云山制药总厂在全国开展消费者教育活动约20000场，倡导合理安全用药，并免费发放抗生素合理用药手册和胃健康手册约70万册。白云山制药总厂还与中华医学会合作，在全国开展抗生素专家巡讲会57场，让近万名基层医生免费获得继续教育机会，提高抗生素合理用药水平。

2016年公司创新使用公益基金拍摄微电影《快乐奔跑》，通过钟南山院士快乐健康的形象，让更多的人了解、认识健康跑步的重要性，传递健康生活正能量。

3. 设立消费者免费服务热线和信箱

公司逐渐壮大，也在不断完善消费者投诉和不良反映管理系统，积极主动改进产品质量和服务。当接到客户的投诉或质量反馈、临床用户药品不良反应时，立即对事件组织调查、处理、分析，监督整改效果，必要时实验室对投诉产品进行质量检验，及时将确认函发往销售部门，与客户进行沟通协调，确保患者与客户的利益。

4. 推动医药的互联网化

公司顺应移动互联时代潮流便利消费者，积极探索新商业模式，重点培育医药电子商务、医疗健康、资本财务三大新业态，致力于打造集制药、医疗、健康产品、健康服务和商贸物流为一体的世界级医药健康产业综合体，推动医药行业在移动互联时代快速发展。公司旗下多种产品从2014年开始在天猫、京东等电商平台开设旗舰店，直接响应全网消费者的需求。同时，与联通合作建设移动互联网产业基地，在社区医疗管理、药品流通体系建设等方面开展"智慧大健康"项目，为市民提供更便捷的医药健康服务。

2015年，公司与阿里健康签订战略合作协议，在医药电商、医院处方流转、医疗健康服务等领域展开深度业务合作。公司将自有的健民和采芝林连锁门店入驻阿里健康的App，共同发展O2O业务，同时发挥零售批发功能，探索供应链的深度合作。双方将在医药分家的大背景下，共同探索处方外流的合作，并以广药健民网拥有的医保药品在线支付为基础，共同探索更广泛的线上医保支付新路径，广药健民网成为全国首家实现网上脱卡支付的医药互联网定点药店。以提高用药和医疗服务的效率和精准度，更好帮助政府开展公共卫生管理。

(五) 环境保护

公司以保护环境、爱护环境为己任，积极推进环境保护和节能减排工作。坚持走"节能、降耗、减污、增效"的可持续发展之路。公司工业产值能耗逐年下降，处于国内同行业先进水平。

1. 严格执行环境影响评价制度和环境保护"三同时"制度

新建、扩建、改建工程做到"三同时"，建设项目的环境保护设施与主体工程同时设计、同时施工、同时投产使用，避免产生新污染，并以新带老积极解决历史遗留的环境保护问题。

2. 大力推行节能减排技术改造

通过2003年、2004年的大规模GMP改造，2005年、2006年的完善与调整，能源利用已达到了行业内的领先水平。2008年，面对严峻形势，公司强化管理，从细微处入手，以经济适用工艺和技术为依托，通过技术改造提高能源利用效率。同时，公司环境保护意识和水平不断提高，增加投入致力于"三废"治理，加快推进清洁生产，做到了循环利用、安全处置和达标排放。白云山和黄中药的"药液提取浓缩工序清洁生产技术"已通过审核批准正式推行。图5-4展示了公司对生产过程中的废水、废气以及固体废物处理处置流程。

3. 打造中国医药绿色产业链

公司一直都积极响应国家倡导，履行对国际社会的"碳责任"，为达到2020年控制温室气体排放的行动目标而努力。2009年12月8日，广州白云山制药总厂与DSM签署了"酶催化法头孢氨苄、头孢羟氨苄战略合作协议"，拉开了中国药企联合打造中国医药绿色产业链行动的序幕，白云山制药成为DSM纯安TM头孢氨苄在国内的首家合作企业之一，DSM纯安TM头孢氨苄是"绿色工艺"——世界首创的酶催化法生产的抗生素原料药，该工艺克服了传统化学法生产对环境的危害，具有纯度高，残留溶剂低，废水、废气排放少等优点。公司希望以这次合作为契机，推进全行业共同打造中国绿色制药产业链，为广大消费者带来更加纯净更加安全的药品，提高整个中国医药产业的可持续发展水平，为中国环境的改善尽责。

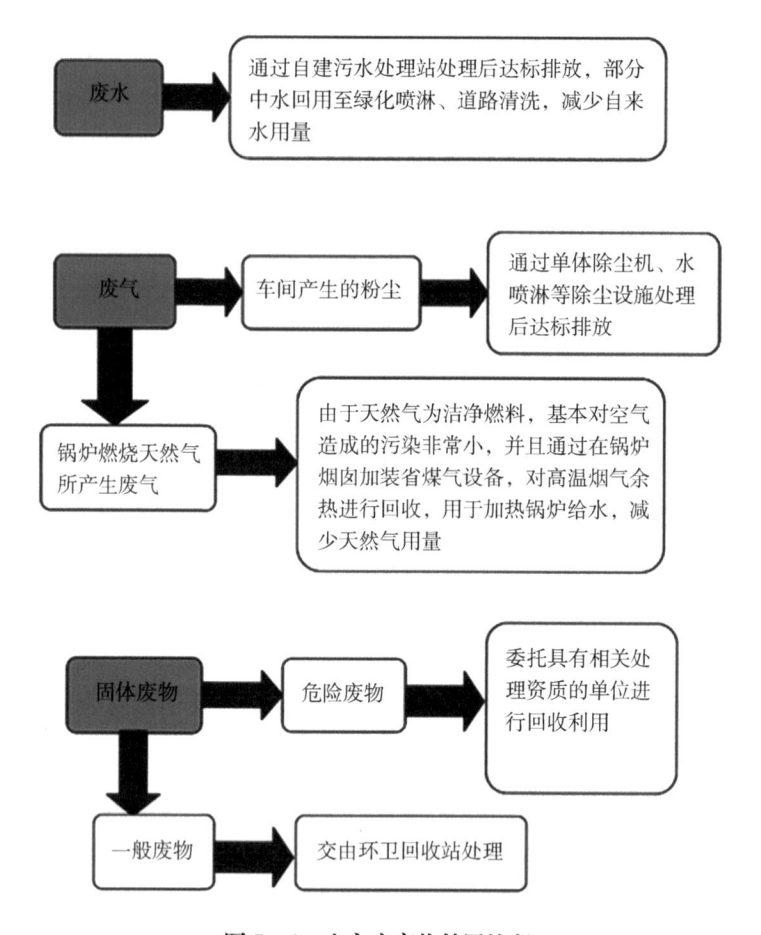

```
废水 → 通过自建污水处理站处理后达标排放,部分中水回用至绿化喷淋、道路清洗,减少自来水用量

废气 → 车间产生的粉尘 → 通过单体除尘机、水喷淋等除尘设施处理后达标排放
     ↓
锅炉燃烧天然气所产生废气 → 由于天然气为洁净燃料,基本对空气造成的污染非常小,并且通过在锅炉烟囱加装省煤气设备,对高温烟气余热进行回收,用于加热锅炉给水,减少天然气用量

固体废物 → 危险废物 → 委托具有相关处理资质的单位进行回收利用
       ↓
       一般废物 → 交由环卫回收站处理
```

图5-4 生产废弃物处置流程

资料来源:广药集团社会责任报告(2020)。

同时,公司将绿色低碳理念融入采购、生产、营销全过程,发挥平台优势,带动上下游产业链遵守环保标准,积极践行节能环保(如图5-5所示)。

4. 建设中水回收系统

白云山和黄神农草堂采用中水回收系统,吸纳来自药厂的冷却水与处理过的污水,用于园区绿化养护和景观水体,形成小桥流水、亭台假山的优美景致。冷却水通过景观水体运作散热之后,与处理过的污水在氧化塘汇合，再通过水泵和过滤系统输回车间做冷却水，实现循环使用。

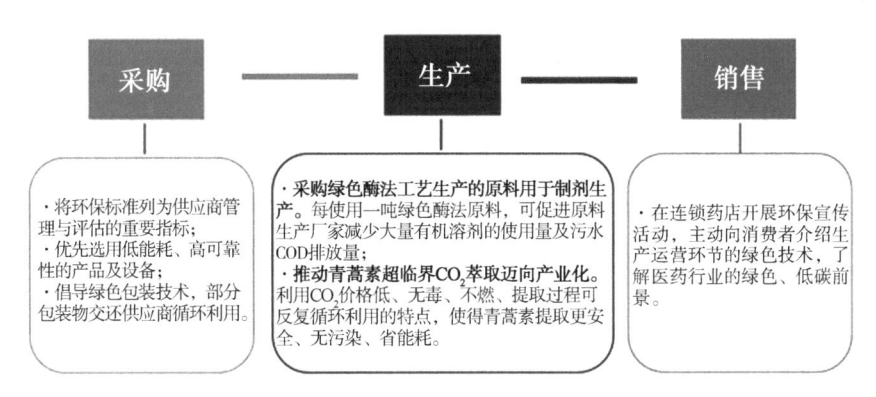

```
采购 ── 生产 ── 销售
```

- 采购
  - 将环保标准列为供应商管理与评估的重要指标；
  - 优先选用低能耗、高可靠性的产品及设备；
  - 倡导绿色包装技术，部分包装物交还供应商循环利用。

- 生产
  - **采购绿色酶法工艺生产的原料用于制剂生产**。每使用一吨绿色酶法原料，可促使原料生产厂家减少大量有机溶剂的使用量及污水 COD 排放量；
  - **推动青蒿素超临界 CO_2 萃取迈向产业化**。利用 CO_2 价格低、无毒、不燃、提取过程可反复循环利用的特点，使得青蒿素提取更安全、无污染、省能耗。

- 销售
  - 在连锁药店开展环保宣传活动，主动向消费者介绍生产运营环节的绿色技术，了解医药行业的绿色、低碳前景。

图 5-5　采购、生产、营销全过程中的绿色低碳理念

资料来源：广药集团社会责任报告（2020）。

（六）慈善公益事业

1. 坚持济难救灾，传递爱心

公司长期在国家灾难面前挺身而出，履行企业公民的社会责任。面对天灾，公司及广大员工紧急捐款捐物，并组织爱心志愿队伍，赈灾慰问，为灾区群众献上爱心。在受灾地区投资建设生产基地，以提供就业岗位等"造血"方式长期支持灾后重建工作。面对疾病，公司发挥药企的重要作用，加大研发力度，加班加点组织生产供应防治药物，赠医送药，捐款捐物，共同抗疫。同步开展疾病相关咨询和宣传会，为疾病有效防治做出积极贡献。此外，公司积极响应脱贫攻坚战，在贫困地区投资建厂，为当地居民提供就业岗位并带动地区经济高速发展，从传统的"输血"转变为同产业相结合的"造血"式扶贫。

2. 传播南药文化，推动中医药产业发展

广州既是"南药"的主要集散地，也是中医药文化走向世界的重要平台。随着海上丝绸之路的繁荣，中药作为中国重要的贸易商品远销海外、闻名遐迩，也带动中华文明在世界的传播。公司建立了陈李济博物馆、陈李济健康养生研究院、岭南中医药文化体验馆、神农草堂和"王老吉"凉茶博物馆，构建了多个"大南药"文化宣传平台，粤剧《凉茶王传奇》以最具岭南特色的粤剧艺术表现创始人王老吉当年的创业故事，展现中医药悠久的历史与灿烂的文化，重塑中医药的名优品牌。

公司利用博物馆、展览会、公众讲堂等宣传平台，为参观者提供形式多样的体验活动，同时融入广府特色与岭南元素，让观众感受到南药文化焕发的蓬勃生机，体味百年老店的创新能力，促进公众对中药非物质文化遗产的关注，为中医药发展营造良好的社会氛围。

2014年5月，全球第一个运用3D全景数字技术的线上凉茶博物馆诞生，真实呈现位于广州白云山脚下的王老吉凉茶（实体）博物馆。观众可与红罐王老吉卡通导游进行线上互动，穿越古今，足不出户畅享凉茶文化盛宴。博物馆以活泼生动的形象，扩大了王老吉的公众影响力，展现百年品牌的创新精神。

第四节 广州医药集团企业社会责任典型项目

一 首创家庭过期药品免费更换项目

《中国家庭过期药品回收白皮书》披露，中国约有78.6%的家庭都备有家庭小药箱，其中30%—40%的药品超过有效期3年以上，但80%以上的家庭都没有定期清理药箱的习惯，全国一年产生过期药品约1.5万吨。家庭过期药品已被明确列入《国家危险废物名录》，是重要环境污染源之一。此外，过期药如得不到有效管理，一旦流入不法商贩或不法医疗机构之手，将给社会带来严重后果。2003年"非典"暴发，不少消费者囤积的板蓝根颗粒面临过期问题，进一步让过期药品处理问题受到了社会各界的重视。面对这种情况，广药集团于2004年提出"家庭过期药品回收（免费更换）机制"，决定拿出产品、资金，在全国免费更换消费者手中的过期板蓝根。活动持续了近6个月，涉及全国30多个省、自治区、直辖市，共换回各品牌过期板蓝根120万包，引起了强烈反响。

(一) 项目发展历程

2004年10月，白云山和黄公司率先行动，在全国范围内正式启动家庭过期药品回收项目。具体而言，用最新批号的白云山板蓝根回收（免费兑换）消费者手中的过期板蓝根，一包换一包。值得一提的是，广药集团不仅回收广药生产的过期白云山板蓝根，也开始免费回收其他药企生产的板蓝根产品。作为此次家庭过期药品回收项目的主战场，广药集团在广州市区最早与5家医药零售连锁企业合作，在其各个社区药店中设置回收箱，并由药店店员完成药品回收和兑换工作。截至2005年3月，活动已遍及全国30多个省、自治区、直辖市，共回收多种品牌的过期板蓝根总计120万包，引起媒体关注。

2005年3月13日，白云山和黄举行新闻发布会，正式提出"家庭过期药品回收（免费更换）机制"，并承诺今后凡消费者家中有白云山和黄生产的过期药品（不限板蓝根产品，针剂类与液体类药品除外）均可以参加该回收活动，可一对一更换，免费更换"藿香正气丸""小柴胡颗粒"等家庭常备药；同时，更换回收的过期药品将在各地药监部门监督下统一销毁。2005年，"家庭过期药品回收机制"正式被确定为广药集团的一项基本战略。2007年，广药集团一方面继续扩大参与过期药品回收活动的连锁药店数量，形成"永不过期"药店体系；另一方面，在全国45个城市的2000多个社区中联合社区医疗服务机构，设立过期药品回收点，将回收形式从相对被动地等待人们把过期药品送至零售药店，切换为更加主动地走进社区开展换药活动的形式。同年，广药集团正式将每年的"3月13日"和"8月13日"两天确定为"换药节"，鼓励消费者们积极参与家庭过期药品回收活动。2011年，广药集团进一步将过期药品回收范围由大中型城市拓展至广大乡村地区。截至2013年，广药集团的过期药品回收活动已遍及全国185座城市，并开始在一些试点社区，尝试为老人们提供上门回收过期药品服务。

2014年，公司在推动过期药品回收科学化、制度化、常态化的基础上，开展广药白云山"家庭过期药品回收箱"进社区、进校园、进乡村活动，积极促进政府、同行参与开展过期药品回收理论研究。2014年3月，公司发布了《中国家庭过期药品回收白皮书》，并获得吉尼斯世界纪录（如图5-6所示）。

图5-6 "全球规模最大的家庭过期药品回收公益活动"
吉尼斯世界纪录证书及其颁发现场

资料来源：广药集团社会责任报告（2014）。

（二）项目的进展

广药集团首创的家庭过期药品回收项目已走过十多个年头，取得了丰硕的成绩，赢得了社会公众的广泛好评。在该项目的推进过程中，尽管还存在许多现实问题和挑战，比如如何让消费者换药的过程体验感更好，如何让零售药店有更多的积极性加入其中，如何回应公司内部利益相关者的疑问，但广药集团直面问题，并用不断的创新来积极推动这一极富特色的社会责任项目。

例如，2015年广药白云山发起"万人签名倡导环保活动"，号召公民和企业能够从自身出发，推动家庭过期药品回收科学化、制度化、常态化，防止过期药品随意丢弃，或落入药贩子手中继续流通，呵护健康，保护环境，为"APEC蓝"变成"中国蓝"永驻中国做出自己的努力。

又如，在与过期药品回收终端——零售药店的互动中，广药集团意识到，项目初始设计时预期帮助零售药店成功引流的效果并不明显，致使零售药店的参与热情并不高涨。此外，对于零售药店经营业主而言，比增加顾客流量更重要的是如何促使进店顾客购买更多的店内产品，而不是拥挤在店内换药、拿礼品。因此，2014年底，广药集团综合多方期望，推出新的换药政策。具体而言，有购买保健品需求的消费者，将过期药品送到零售药店后，换取具有吸引力的一定金额的代金券（不低于药品原值的20%），直接可以在该零售药店内消费购买保健品。

另外，随着医药互联网的发展，公司创新开启网上家庭过期药品回收。消费者可在壹药网、广药健民网上登记注册，将符合条件的过期药品邮寄到指定地点，填写快递单号等相关信息，审核通过后账号即可获得相应金额代金券或满减券，在合作电商网站广药白云山产品专区购买药品。在药监部门的见证下，公司对此前收的过期药品进行现场封存，交由专业机构进行销毁，且过期药品回收销毁率达100%。此外，公司为参与家庭过期药品回收的消费者建立云健康档案，提供健康服务指导。

图5-7　广药集团党委书记、董事长李楚源在2018年药品回收活动上致辞

资料来源：广药集团社会责任报告（2018）。

广药集团是一家有着国资背景的大型企业集团,实现资产保值增值、推动社会和谐发展是该公司义不容辞的社会责任。显然,广药集团开展过期药品回收项目与公司的经营宗旨和战略目标是高度吻合的。面对董事会有关"如何评估该项目效益"的提问,近几年来,李楚源先生及其团队一直努力拓展全国过期药品回收联盟网络,在促使更多利益相关方关注药品安全和药品回收的同时,帮助广药集团获得了巨大的社会声誉财富。广药集团开创的"家庭过期药品回收项目"不仅成为广州市政府向外推广医药行业改革与创新的响亮名片,公司也是全国防治过期药品污染的先行者和环保事业的排头兵。无论是医药行业的同行企业、各级政府机构、新闻媒体,还是亲身参与项目的社会大众,无不为广药集团的责任担当点赞称许。相比于每一年3000万元的项目投入,这些社会声誉资源的价值就难以估量了。政府的认可、媒体的关注、顾客的青睐,这些已经成为广药集团拥有的卓越隐形资产,并为广药集团近年来的年销售增长率一直保持在30%以上的经营业绩提供了坚强支撑。

二 王老吉雅安基地"造血"式扶贫项目

(一)产业重建创下五个"第一"

整体来说,广药集团在履行社会责任方面如其长久历史一样,值得被尊敬。凭借药业的天然公益细胞,集团开始发展"输血+造血"式公益项目。2013年4月20日,雅安遭遇7.0级强烈地震的重创,灾情牵动着全国人民的心。4月26日,地震后第6天,王老吉宣布将投资3亿元在雅安建设生产基地,4月28日,王老吉与雅安市政府签订了王老吉雅安生产基地项目框架协议,成为雅安灾后重建的第一个签约项目。7月生产基地动工,成为雅安灾后重建第一个奠基动工的项目。之后,承建方以高质量的工程为前提,为了确保项目进度,安排现场施工人员采取24小时轮班的方式,昼夜施工,确保工程施工不脱节。2014年"4·20"芦山强烈地震一周年之际,王老吉大健康产业(雅安)生产基地正式封顶,成为灾后雅安市首个封顶的核心示范项目。广药王老吉第一时间输送灾区急需的药品和物资、捐款后,并投资建设生产基地创新援建模式,创下了雅安灾后重建史的五个"第一":第一个签约、第一个奠基、第一个封顶、第一个竣工试产,以及生产具有雅安重建纪念意义的第一罐王老吉。这种"输血+造血"创新公益模式促进了灾后经济发展,据悉,王老吉雅安基地一期产值15亿元,带动1000人实现就业。

图 5-8 广药王老吉雅安生产基地

资料来源:广药集团社会责任报告(2013)。

经过预处理、灌装、杀菌、包装整条完整的流水线,一罐罐消费者熟悉的王老吉红罐,在雅安生产基地正式下线。2014年7月18日,随着新建生产线的正式启动,"4·20"芦山强烈地震后雅安首个签约的核心重大示范项目——王老吉大健康产业(雅安)生产基地,在四川雅安芦天宝飞地园区竣工试产。宏伟的厂房、整洁的车间、自动化的生产线,走进王老吉雅安基地气派的红色厂房,只见白色铁皮罐从上线开始,经过预处理、灌装、杀菌、包装、机器人装车这五个区域后,变身一罐罐消费者熟悉的红色罐体。其生产全程均由计算机操控,约有半个足球场大小的、最核心的灌装区和杀菌区,则被透明的玻璃墙隔离保护着。王老吉创造性地以"输血+造血"公益模式完成了雅安重建核心示范项目建设,并创下多个"第一"纪录。雅安基地竣工标志着王老吉迈出了西南市场产能布局的重要一步，两期规划总产能50亿元的雅安基地将成全球最大凉茶生产基地。

图5-9　雅安基地生产的第一批王老吉正在装箱
资料来源：广药集团社会责任报告（2013）。

（二）产业重建带动灾区多方面发展

事实证明王老吉这一战略决策是正确的。2013年7月国务院发布的《芦山地震灾后恢复重建总体规划》明确提出，选择适宜区域设立芦山、天全和宝兴三县飞地产业园区，支持符合产业规划的企业进入园区。王老吉正是首批入园的企业。作为辐射整个西南市场的食品加工企业，王老吉雅安生产基地不仅将完善雅安的产业格局，直接带动雅安经济发展，还将同时促进种植业、运输业等多个产业的发展，推进雅安地区基础设施的逐步改善。

生态资源是雅安的特色和优势，生态重建是雅安灾后重建的重要特点。国家之所以设立芦天宝飞地产业园，就是为了在支持芦山、天全、宝兴等重灾区生态重建的同时，兼顾三地的经济发展。因此，王老吉生产基地的建立完全符合园区的重点产业发展思路，是切合雅安重建需要的项目。这样的决策不仅源于王老吉长期的市场调研和战略推导，更是源于广药集团对企业社会责任的认识，对灾后重建的战略思考：产业发展是经济发展的命脉，产业重建是灾后重建的关键。

图 5-10　王老吉大健康产业（雅安）有限公司

资料来源：广药集团社会责任报告（2013）。

王老吉大健康产业（雅安）生产基地肩负支援灾后重建、拉动当地居民就业、促进当地经济发展等重任。王老吉的理解是，示范项目不仅要建得快，更要建得好。"我们在保证建设进度的同时，依然要严格执行王老吉统一的建设标准，保证所有生产车间皆达到 GMP 要求，确保在秉承正宗秘方的基础上，生产出品质安全、口味纯正的凉茶饮品。"李楚源董事长表示："雅安是大熊猫的故乡，山好水好生态好，相信在我们严格的标准生产监管下，在雅安基地生产出来的王老吉凉茶必定品质会更好。"

2013 年，王老吉已实现超过 150 亿元的销量，此次王老吉大健康产业（雅安）生产基地竣工试产，不仅仅代表了王老吉在大西南市场战略布局的成功，更是王老吉开创的"输血+造血"公益模式的真正落地。这一公益模式不再只是经济概念上的"输血""造血"，而是上升到安全概念上的地震科普，为救灾和重建打开了新的思路，为业界提供了可复制、可推广的宝贵经验。作为辐射整个西南市场的食品加工企业，王老吉大健康产业（雅安）生产基地不仅将完善雅安的产业格局，直接带动雅安经济发展，还将同时促进种植业、运输业等多个产业的发展，推进雅安地区基础设施的逐步改善。

除了在产业和生态方面的重要作用，王老吉大健康产业（雅安）生产基地对当地民生也将产生积极影响。项目的建成带来了大量的用工需求，让越来越多的灾区群众看到了在家门口就业的希望。家住芦山县的受灾群众杨林，就成功应聘到王老吉大健康产业（雅安）生产基地，成为一名企业车间工人，完成了从农民到工人的身份转换。"有机会到园区企业就业，不仅可以经常回家，还有一份稳定的收入补贴家用，顾家挣钱两不误。"杨林说，如果有机会，她还要介绍更多的人到王老吉就业。

雅安作为西部城市，与广大中西部地区一样存在"人才流失""留守儿童"等问题。王老吉大健康产业（雅安）生产基地将为雅安提供为数众多的岗位，预计能解决数千人的就业问题，实现雅安人在家门口就业的愿望，切实缓解"人才流失""留守儿童"等问题，促进社会和谐稳定。

回顾王老吉援助雅安走过的历程，从地震发生到签订项目框架协议仅用了7天，从项目规划到项目奠基仅用了3个月，从项目动工到项目落成仅用了9个月，历时1年，一个投资3亿元的大型生产项目就建成试产。基地的落成，向世人展示了王老吉大健康"高速、高效、务实"的行事作风。

（三）产业重建的辐射效应

王老吉大健康产业（雅安）生产基地的顺利竣工试产，意味着王老吉完成了一次重要的战略布局。2012年，广药集团首次发布"王老吉凉茶136发展方略"，"1"即围绕着把"王老吉"从民族品牌打造成世界品牌的目标，在2017年实现销量300亿元，2020年实现销量600亿元。通过产品经营、资本运营和虚拟创盈三种发展途径，从人才、科技、品牌、资源、标准和国际化六大战略对"王老吉"进行立体打造。当年，王老吉就启动了全国生产基地布局。此前，广州王老吉大健康产业有限公司已经先后在安徽阜阳、江苏泰州、浙江衢州、广州南沙、河南新乡、广东梅州等地完成了生产基地的规划投建。据悉，王老吉还将深入华中、西北、东北等多个区域，建立生产基地。

大西南是王老吉主销区域之一，当地人口众多、地理气候和饮食习惯容易引发上火，凉茶市场潜力巨大。正是看准了这一市场利好，王老吉计划将雅安生产基地打造成为辐射西南市场的重要生产基地，并将打造为全国示范基地之一。

除了达成西南地区的辐射效应，更是扩大了凉茶文化的辐射范围。凉茶文化发源于岭南，是中国文化的重要组成部分。作为凉茶始祖，王老吉深感传承和弘扬凉茶文化的责任重大。2014年6月，在前一年成功举办首届凉茶文化节基础上，王老吉在广州正式启动第二届王老吉凉茶文化节，2014年7月18日，第二届王老吉凉茶文化节四川站活动亦同时正式启动，并在全国近200个城市陆续开展。

2014年初，王老吉"品字形"发展战略发布，明确将从"时尚""文化""科技"三大板块进行战略部署，"文化"成为王老吉营销战略支点。2013年以来，王老吉先后建立了中华"吉"文化研究院、王老吉文化研究会，同时携手国内凉茶企业成立了中国凉茶产业战略联盟。目前，广州王老吉凉茶博物馆已经正式开门迎客，北京王老吉凉茶博物馆也于宣布启动建设，将依托北京世界经济文化中心的大平台，向全球传递王老吉所代表的正宗凉茶文化。

雅安式的产业扶贫可以说是中国企业在公益事业发展道路上的一次革新，从传统的"输血"改为同产业相结合的"造血"扶贫，也成为广州市对口帮扶梅州的特色项目。

2017年12月28日，广药集团旗下王老吉斥资近4亿元打造的全球产量最大的凉茶原液提取基地在梅州正式开工，这是继王老吉雅安基地之后，"基地式"造血模式的再次落地。据悉，王老吉原液提取基地不仅将直接解决约400人就业，以"输血+造血"方式还能帮助当地农民增收，其投入运营更将带动当地运输、包装材料、药材种植、生物燃料、服务业等行业的持续发展。

三 开展节能环保系列项目

气候变暖带来的负面影响日益显著,极端气候事件频发;第十三届全国人大常委会第七次会议修改通过的《环境影响评价法》规定,建设单位对其建设项目环境影响报告书的内容和结论负责,技术单位承担相应责任。国家对节能减排工作的日趋重视,促使企业转变能源消费结构,使用清洁能源,提高能源利用率,加大对节能设备的推广应用及对节能环保的宣传力度。广药白云山严格按照相关法律法规的规定,落实环保主体责任,加强对建设项目环境评价的管理;加强能源管理与节能减排主题宣传;持续完善水资源、废弃物等方面的管理。2019年广药白云山各企业环保节能专项资金总投入费用超过3000万元,开展环保节能培训共22次。

(一) 环境管理

广药集团不断完善环保管理体系,确保环保责任的落实。2019年,公司启动编制集团环保管理制度的工作,邀请环保专家到各企业进行调研摸查,通过调研梳理各企业在环保领域存在的难题及漏洞,结合各企业环保问题和收集的各类建议,已完成了制度初稿的编制工作。截至2019年底,广药白云山已有5家公司,即中一药业、天心药业、白云山和黄公司、星群药业、王老吉大健康雅安公司都获得了"国家级绿色工厂"的称号,九家企业通过"省清洁生产企业"创建,十五家企业通过"市清洁生产优秀企业"创建。2019年4月15日,全国人大常委会副委员长沈跃跃带领执法检查组到广东省开展水污染检查。白云山制药总厂作为广州市企业代表接受检查,检查组的领导专家对广药白云山在环保工作全面落实企业主体责任表示认可和赞同。2019年广药白云山对各企业开展环保检查共32次,接受上级环保部门的监督检查共216次。

(二) 废气排放管理应对气候变化

近年来,中国酷暑、干旱、洪涝等极端气候事件频发,气候变化影响日益显现。企业积极承担减排责任以应对气候变化,共同推进绿色、低碳发展已成为当今世界的主流。广药集团积极推进清洁生产工作，促进节能减排，致力于环境的可持续发展。2019年广药集团作为医药行业代表，加入粤港澳大湾区绿色发展联盟，以理事单位助力医药行业迈入绿色发展的新阶段。

国家级绿色工厂：中一药业、天心药业、白云山和黄公司、星群药业、王老吉大健康雅安公司

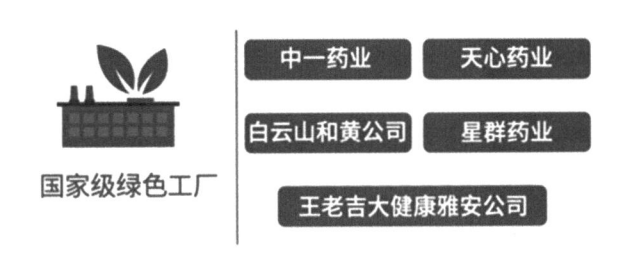

图5-11 广药集团国家级绿色工厂

资料来源：广药集团社会责任报告（2020）。

2019年，广药白云山严格按照国家颁布的《大气污染综合排放标准》的相关要求，针对各企业生产制造和办公服务环节中所产生的大气污染物进行全面梳理和盘点，并通过研究应用新技术手段，降低各类危险废物的排放，完成减排目标。对于VOCs的治理防控，各相关企业均制定"一企一方案"，增加环保设施设备的投入，确保有机废气的合规收集和环保排放。化学制药厂投入大笔资金用于环保治理工程建设，其中VOCs项目，对生产产生的挥发性有机物进行有效收集、治理，使化学制药厂在环境治理工作上又上了一个新的台阶。VOCs治理项目设备运行良好，每月经过第三方检测机构检查排放气体均为合格，在生产车间满负荷生产情况下，VOCs废气装置每天能回收250升丙酮，达到良好的减排效果。

（三）能源管理节能减排

广药集团不断完善能源管理的体系建设，加强能源的科学管理及科学利用，坚持管理与技术创新，努力提高能源利用率，努力实现"节能、降耗、减排、增效"的目标，打造节约型、环境友好型企业。践行开源节流措施，持续对排污大的设备进行改造，淘汰高耗能高排

放的设备，使用高效能的节能设备，降低能耗和空气污染，保证清洁生产，共筑绿色生态环境。

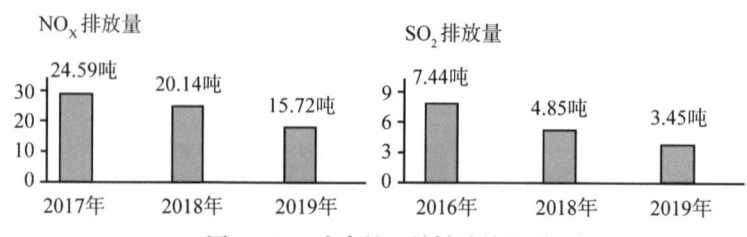

图 5-12　废弃管理关键绩效工厂

资料来源：广药集团社会责任报告（2020）。

执行层面多措并举，贯彻落实节能减排。使用清洁能源：广药集团已全面淘汰生物质锅炉，全面使用蒸汽清洁能源，并回收蒸汽冷凝水，达到减排效果。每吨蒸汽可减少天然气耗用 2.8 立方米，每吨蒸汽成本下降 15.7 元，全年可节约 92 万元；采用节能设备：公司提倡采用各种环境友好型的新产品和新技术，通过工艺优化和源头控制等清洁生产措施，积极降低能耗和资源消耗；大力投入环保项目：2019年广药集团各企业环保节能专项资金总投入费用超过 3000 万元。其中，王老吉大健康的绿色制造系统集成项目，成功申请获得国家资助 350 万元，该项目将打造王老吉凉茶全生命周期的绿色制造体系，确保低碳环保的目标得以实现。

2019 年，公司对离心式冷水机组进行改造。此次改造项目增加了一台 400RT 磁悬浮变频离心冷水机组，采用（日立 + LG）或低负荷（LG）组合运行模式方案，相比原日立机组运行模式方案，制冷综合能效大大提高。新组合制冷能效比为 5.68—6.48（千瓦/千瓦），较原日立机组制冷能效比 4.36（千瓦/千瓦）提高，实现制冷系统节能降耗的目的，预计年节约用电约 452704 千瓦时，按目前用电量每度 0.8 计算，一年可节约电费约 362163 元。

表 5-1　　　　　　　　改造前后系统制冷效率对比

	改造前系统	改造后系统
机组	CU240 冷水机组三台	RCU240 冷水机组三台 LG 磁悬浮变频离心冷水机组一台
运行模式	3 台制冷量 756 千瓦水冷螺杆机组，组合运行模式 1+1+1 模式运行。 制冷效率 COP=4.36	3 台制冷量 756kw 水冷螺杆机组（日立）+ 1 台制冷量 1407 千瓦 磁悬浮变频离心机组（LG），组合运行模式 1+1 模式运行 制冷效率（加权）COP=5.68

资料来源：广药集团社会责任报告（2020）。

（四）废弃物管理

广药集团不断加强危险废物规范化管理，并采用先进工艺减少废弃物的产生及带来的污染，其中星群药业、化学制药厂的危废储藏成为地区政府危废储存的管理示范点。公司用滤膜替代滤纸板，采用废活性炭进行离心干燥，2019 年减少废碳废纸板用量为 16.48 吨。在生产过程中优化硫脲精制母液精馏回收工艺，并严格控制精馏终点，2019 年废釜底液减少量为 52.6 吨。

四　总体评价

多年来，广药集团坚持践行企业社会责任，持续为人类健康贡献广药的智慧和力量。在企业社会责任工作方面，广药集团在以下五个方面尤其突出。

第一，坚持公平可及，推进医疗健康高质量发展。广药集团深化改革，创新研发平台，拓宽研发范围，切实推动转型升级，以创新驱动发展。重视医疗服务的公平性和可及性，在医药制造、医疗服务、流通零售等多个环节为人民群众提供高质量的医疗服务。

第二，坚持绿色发展，推动美丽中国建设。广药集团牢固树立"绿水青山就是金山银山"理念，持续完善环境管理体系，着力建设资源节约型、环境友好型企业，减少有毒和废弃物排放，推进绿色工厂建设。重视气候变化带来的影响，打造企业绿色竞争力。

第三，坚持道德透明，打造廉洁商业模式。广药集团强化公司治理，通过合规经营，为利益相关方创造共同利益。严格遵守商业道德标准，反对腐败、倾销和垄断，重视道德标准和腐败培训教育，在所有业务运营中禁止贿赂和腐败行为。

第四，坚持感恩回馈，助力建设和谐社会。广药集团将产品质量安全放在发展的核心位置，不断提升产品质量管理水平，多维度监管药品质量安全。保障员工权益，坚持人才引进，为员工搭建实现个人价值的事业平台，增强员工归属感、成就感。坚决贯彻国家脱贫攻坚部署，积极落实扶贫责任，实施多元化扶贫，真情回馈社会。

第五，坚持创新开拓，与时俱进承担社会责任。公司所开展的"家庭过期药品回收（免费更换）机制"拓展了企业价值链的逆向物流环节，为国有企业承担社会责任闯出了一条新路；王老吉通过"造血"式扶贫来带动贫困地区的产业发展和经济脱贫，为企业助力社会可持续发展提供了生动的样板；公司积极拥抱互联网，通过互联网来推进社会责任工作，传播承担社会责任的正能量。

第六章

广汽集团企业社会责任实践

第一节 广汽集团简介

广州汽车集团股份有限公司（简称"广汽集团"）成立于2005年6月28日，其前身为成立于1997年6月的广州汽车集团有限公司。其总部位于广州市天河区珠江新城，是一家A股+H股上市的大型国有控股股份制企业集团，拥有员工约9.4万人，带动上下游产业链近80万人。2020年集团第八次入围《财富》世界500强，排名第206位。

广汽集团主营业务涵盖汽车研发、整车、零部件、商贸服务、金融服务和移动出行六大板块。旗下拥有广汽研究院、广汽乘用车、广汽埃安、广汽本田、广汽丰田、广汽菲克、广汽三菱、广汽蔚来、广汽日野、广汽比亚迪、五羊—本田、广汽部件、广汽丰田发动机、上海日野发动机、广汽商贸、同方环球、大圣科技、广汽汇理、众诚保险、广汽资本、中隆投资、广汽财务、时代广汽、如祺出行等二十多家知名企业与研发机构，生产销售传祺、AION、雅阁、奥德赛、凯美瑞、汉兰达、JEEP、欧蓝德、合创、日野等数十种知名品牌汽车产品。

"十三五"时期，广汽集团坚决贯彻落实习近平新时代中国特色社会主义思想，积极践行新发展理念，基本实现"十三五"规划各项目标，企业规模、综合实力、发展质量实现全面跨越式发展。汽车销量从"十二五"期末的130万辆增至"十三五"期末的204万辆，连续四年超200万辆，年均复合增长率9.5%，市场占有率由5.3%提升至8.1%；汇总口径营业总收入连续四年突破3000亿元。面向"十四五"规划，广汽集团确立了"1615"总体发展战略，即实现1个目标（力争在"十四五"末期汽车产销量达350万辆，汇总营业收入超6000亿元，利税总额超660亿元，保持世界企业500强和中国企业100强地位，新能源汽车产品占集团整车产销规模超20%）；夯实6大板块（做强做实研发、整车、零部件、商贸、金融、出行服务等六大板块）；突出1个重点（全面提升自主创新能力，实现集团高质量发展）；实现5个提升（全面实现电气化、智联化、共享化、数字化和国际化五个方面的提升）。

广汽集团以"铸造社会信赖的公众公司"为目标，不断提升经济效益，取得了良好的财务绩效。同时，制定相对稳定、连续的利润分配方案，积极回报股东；坚持依法纳税，为国家创造的税收逐年增加；销售网络覆盖全国，产业布局以广州为中心，以华中、华东为两翼，辐射全国。在广州地区，形成北部商用车产业区、东部和南部乘用车产业区、中部汽车金融服务业的布局。

第二节 广汽集团成长历程与经营现状

一 广汽集团的成长历程

广州汽车集团有限公司成立于1997年6月，发展至今已成为中国大型国有控股股份制企业集团之一，其成长历程大致可分为以下三个阶段。

（一）初创阶段（1997—2004年）

1997年6月，广州汽车集团有限公司成立。次年通过重组广州轿车项目，成立了广州本田汽车有限公司。2004年9月1日，广汽集团与日本丰田汽车公司各出资50%组建成立了合作期限为30年的广州丰田汽车有限公司。

（二）上市准备阶段（2005—2009年）

2005年广州汽车集团有限公司改制，成立广州汽车集团股份有限公司。为进一步加强自身研发能力，广汽集团于2006年成立了广汽集团汽车工程研究院。作为广汽集团研发体系的枢纽和总部的技术管理部门，广汽研究院主要负责广汽集团新产品研发的规划并实施具体的研发工作。此后陆续成立广汽日野汽车有限公司、广州汽车集团乘用车有限公司、广汽菲亚特汽车有限公司，经营规模进一步扩大。

（三）上市阶段（2010年至今）

2010年，广汽集团将香港上市公司骏威汽车私有化，每股骏威汽车股份兑0.378610股广汽H股。5月25日骏威汽车除牌，5月30日广汽H股正式上市。2012年3月29日通过换股吸收合并广汽长丰再次进入上海证券交易所，成为首家A股+H股整体上市的大型国有控股汽车集团。

二　经营状况

（一）资产规模

华经产业研究院数据显示，2020年广汽集团总资产为14280666.29万元，相比2019年增长了539713.50万元，同比增长3.93%；净资产为8432100.74万元，相比2019年增长了418692.14万元，同比增长5.22%。2020年广汽集团总负债为5614705.89万元，相比2019年增长了119175.19万元，同比增长2.17%。资产负债率为39.32%。

（二）员工情况

2020年，广汽集团员工总数为93745人。广汽集团非常重视员工的发展，为员工量身设定专业，促进员工多通道职业发展路径，让员工的能力得到明确清晰的发展，也同时让每个员工的成长贡献能够通过相应的回报得到及时明确的体现。

广汽集团按照国家相关专项劳工法律法规和国际劳工准则及惯例，建立了完善的人力资源体系和管理制度，保障员工在招聘、薪资福利、离职等方面的基本权益,努力建立一个公平公正的招聘体系和晋升机制。

同时广汽集团还为员工搭建了完善的发展和培训平台,并针对各类别、各职级的员工特点,提供具有针对性的培训内容,持续提升员工的竞争力。2020 年,广汽集团员工培训共投入 7527.45 万元,受训员工达 1104733 人次,较 2019 年增加 4.1%,较好地提升了员工的职业素养与专业技术水平。

(三) 营收及利润状况

广汽集团 2020 财年实现营收 627.17 亿元,归母净利润 59.66 亿元。2020 年,广汽集团实现汽车销售 204.38 万辆。合资板块广汽本田、广汽丰田是 2020 年公司销量跑赢大盘的主要驱动力。2020 年广汽本田销量为 80.58 万辆,同比增加 2.65%,其车型雅阁(2020 年销量国内中高级轿车第一)、2019 年末上市的缤智、2020Q1 上市的皓影销量提振(2020 年销量 15.6 万辆)、新一代飞度(上市首月月销过万成为主力车型)、锐·混动联盟(2020 年销量 11.82 万辆,同比增加 77.3%)。

2020 年受宏观经济下行与新冠疫情的双重影响,市场竞争越发激烈,同时排放法规趋严,汽车行业仍处于低位运行状态。广汽集团采取积极有效的举措,克服外部不利因素的影响,保持了经营平稳运行。2020 年,集团全年汽车产量为 203.48 万辆,同比增长 0.54%,销量为 204.38 万辆,同比下降 0.89%。销量同比优于行业水平约 1 个百分点。其中,广汽本田、广汽丰田及广汽埃安逆势而上,销量分别增加 2.65%、12.17% 和 42.9%。相关信息如表 6-1 所示。

表 6-1　　　　　2020 年广汽集团主要产品销量　　　　　单位:辆

乘用车	广汽乘用车有限公司	293313
	广汽埃安新能源汽车有限公司	60692
	广汽本田汽车有限公司	805786
	广汽丰田汽车有限公司	765008
	广汽菲亚特克莱斯勒汽车有限公司	40513
	广汽三菱汽车有限公司	75001

续表

商用车	广汽日野汽车有限公司	3005
	广州广汽比亚迪新能源客车有限公司	438
摩托车	五羊—本田摩托（广州）有限公司	813010

资料来源：广汽集团社会责任报告（2020）。

第三节 广汽集团企业社会责任管理

一 企业社会责任报告编制及发布情况

广汽集团 2012 年在上海证券交易所上市后，从次年开始，每年定期完成企业社会责任报告/ESG 报告的编制及发布。按照上海证券交易所和香港联交所新的规定，系统性地完成集团 2019 年社会责任报告/ESG 报告的编撰（中英文版）工作，按时挂网进行公告，组织集团将 2019 年社会责任报告在相关平台上进行公开发布和评估，并协助中汽协完成中国 2019—2020 年汽车行业社会责任发展报告的编制工作。

广汽集团的企业社会责任报告编制过程遵循"重要性""量化""平衡""一致性"四大汇报原则，准确回应利益相关方对于广州汽车集团股份有限公司的关注。

（一）重要性原则

广汽集团在报告编制过程中聘请第三方专业机构充分考虑企业业务特点，同时通过利益相关方沟通来识别当前的 ESG 重要性议题，并将结果交由董事会审批，最终确定重要议题，作为编制本报告的基础并透过报告予以回应。

（二）量化原则

广汽集团建立了 ESG 数据采集与复核机制，在适用的情况下，本报告披露年度对比数据，让利益相关方了解 ESG 管理进度。

(三) 平衡原则

广汽集团在本报告内讨论了在相关议题上的改进空间和计划，避免遗漏或不恰当地影响利益相关方决策或判断的选择。

(四) 一致性原则

本报告的量化信息保持了与以往基本一致的方式进行了统计和披露，以便利益相关方可分析及评估不同时间的绩效。部分数据范围的变化和更新也已附带说明，供利益相关方参考。

二 企业伦理道德建设

(一) 廉洁文化建设

坚持挺纪在前、纪严于法，把严明政治纪律和政治规矩放在首位。2020年，广汽集团编制了《廉洁从业法律法规知识要点》等教材，依托纪检监察电子平台，对集团系统中层以上领导干部、重点领域从业人员和党员共5580人（次）进行了党纪政纪法纪教育。组织集团共计11760名在职党员参与党员随身微教育，完成率100%。除此之外，广汽集团还致力于在党风廉政建设及反腐败斗争工作中探索廉洁创新，发表多篇纪检监察经验文章。

(二) 举报及保护措施

《广州汽车集团股份有限公司纪检监察信访举报工作办法》第三十七条规定："信访举报工作人员要从维护集团切身利益和廉洁国企建设全局出发，认真履行岗位职责，努力提高工作质量，切实维护党章、党纪和国家法律法规的严肃性；维护信访举报人和被举报人的合法权利，不得刁难、歧视、压制或打击报复信访举报人及其亲属。"受理信访举报是广汽集团各级纪检监察机构联系群众，强化监督，查处违纪违法问题的主要工作措施。为增强监督的针对性和有效性，广汽集团纪委要求各投资企业纪委结合企业实际，办公区域显眼位置粘贴廉洁宣传展报，公开集团纪委及投资企业纪委举报电话、邮箱及来信来访地址，畅通信访举报渠道，加强宣传引导，鼓励提倡实名举报，健全来信、来访、来电、3161系统平台"四位一体"的信访举报渠道，各利益相关方可通过上述 4 种渠道进行举报。接到举报后，集团纪委按照"分级负责、归口受理"和"谁主管、谁负责"的原则进行分办，并按规定时限办结，如为实名举报，将按照有关规定进行查办结果反馈。

三 企业社会责任管理特色及工作体系

（一）企业社会责任管理特色

自广汽集团成立以来，其始终秉持高度的社会责任感，坚持"人为本、信为道、创为先"的企业理念，以卓越的国际化企业为目标，努力将集团建成一个具经济价值和社会价值、被利益相关方高度认可、被社会尊重的公众公司。

始终坚持以客户为中心，以卓越的产品和服务持续满足客户需求，赢得客户信赖；关爱员工，营造平等、尊重的氛围，为员工提供价值实现的平台和机会，满足员工自我实现的需求，使员工具有强烈的获得感和幸福感；积极承担社会责任，实现企业与社会、自然的和谐发展，传递正能量；不断提升全球竞争力与影响力，成为在国际资源配置中占据主导地位、在行业发展中发挥引领作用、在产业发展中掌握话语权和影响力的标杆企业；紧紧围绕人类移动生活需求不懈创新，持续创造价值，让人们的移动生活体验更加丰富和美好。

广汽集团致力于做有责任、有温度的汽车品牌，把对人与社会的责任关怀融入社会责任管理，在提供安全、环保和美好的汽车生活中践行社会责任。2015 年，广汽传祺作为集团责任标杆，荣膺第五届中国公益节"2015 年度责任品牌"大奖，社会责任工作得到了社会公众的广泛认同。

广汽集团积极开展形式多样的社会责任实践活动。旗下 23 家投资企业积极融入社区运营，结合自身优势开展社会责任实践活动。在教育、人才培养、低碳环保等问题上，践行社会责任理念。

表6-2　　　　　　　广汽集团ESG政策表（节选）

广汽研究院	《能源管理办法》
广汽乘用车	《环境手册》《污染物控制管理程序》《环境因素识别与评价管理程序》《环境目标、指标和方案管理程序》《环境监测和测量管理程序》《能源与资源管理程序》《能源管理规定》
广汽埃安	《能源资源管理程序》《水污染物控制管理程序》《大气污染控制管理程序》《噪声控制管理程序》《固体废物管理程序》
广汽本田	《污水控制规程》《噪声控制规程》《大气污染控制规程》《能源管理规程》《能源评审规程》《能源基准绩效参数目标指标管理规程》《能源采购管理规程》《土壤环境污染控制规程》《用水管理规程》《节能与新能源车用锂电池回收报废管理规程》《新能源纯电动轿车锂电池安全管理规程》《施工安全环保管理规程》《一般工业固体废物管理规程》《危险废物管理规程》《生活垃圾分类管理规程》《节能方案管理规程》《能源计量管理规程》《能源规划与设计控制规程》
广汽丰田	《突发环境事件应急预案》《污染物管理控制程序》《用水管理规定》《用电管理规定》《资源和能源管理程序》《能源目标指标控制程序》《能源评审控制程序》《建设项目能源控制程序》《能源服务、产品、设备和能源的采购控制程序》《能源监视测量设备控制程序》《环境因素识别与评价程序》《内部审核程序》《环境教育培训程序》《产品设计环境影响评审程序》《新改扩建项目管理程序》《设备设施管理程序》《组织环境与相关要求方控制程序》《EnMS风险和机遇应对措施控制程序》
广汽菲克	《能源管理体系手册》《冲压车间节能管理规程》《噪声控制》《建筑施工环境管理》《大气污染控制程序》《水污染控制程序》《危险废物管理程序》《一般工业废物管理制度》《建筑施工环境管理》《报废实施管理办法》《直接物料物流包装管理》《广汽菲亚特克莱斯勒物流及包装标准说明》
广汽三菱	《废气、粉尘及噪声废水管理程序》《能源管理程序》《废弃物管理办法》《涂装料危险废物管理制度》《危险废物管理制度》

续表

广汽研究院	《能源管理办法》
广汽日野	《生活垃圾分类管理制度》《废（污）水控制管理制度》《固体废物管理制度》《噪声控制管理制度》《废气污染控制管理制度》
广汽比亚迪	《环境保护管理规定》《固体废物管理制度》《固体废物污染环境防治责任制》
五羊一本田	《废气污染控制规程》《资源能源节约控制规程》《废水污染控制规程》《各种化学品的溅漏、泄漏预防及控制规程》
广汽丰田发动机	《7.1.3GTE-EP-81-05能源、资源管理程序》《7.3.3GTE-EP-81-04固体废物控制程序》《7.2.3GTE-EP-81-01废气控制程序》《7.2.3GTE-EP-81-02废水控制程序》
上海日野	《废弃物管理制度》《化学危险品管理办法》

资料来源：广汽集团社会责任报告（2020）。

（二）企业社会责任管理工作体系

广汽集团总部和各投资企业均成立了社会责任事务统筹小组，在集团社会责任计划的指导下展开相关工作。集团品牌公关部负责社会责任事务的具体执行，并以小组推进的方式展开社会责任时间与信息披露等工作。这些工作推动建立了层次更加清晰，职责更加明确的社会责任和ESG管理组织体系，提升了广汽集团和社会责任工作的科学性和高效性。

广汽集团注重加强利益相关方沟通交流（相关信息见表6-3）。公司不断完善客户投诉处理机制，开展服务工作进社区活动，提升客户体验；对股东的利益诉求，公司通过国际车展、工厂参观、非交易路演等形式，构建起覆盖大中小股东的沟通渠道；对社会公众，公司通过微博、微信和网站，传播社会责任实践信息；通过领导接待日等形式，增进员工的家园情怀。

表6-3　　　　　　　　　广汽集团对利益相关方回应

利益相关方	期望与需求	回应措施
政府	带动经济持续、健康发展 协助公共财政，服务政府发展目标 守法合规经营	遵守国家政策，积极响应"创新、协调、绿色、开放、共享"的发展理念 依法纳税 加强合规管理 诚信经营
股东	满意的投资回报，良好的市值水平 充分了解公司经营状况	稳健经营，提高盈利能力 加强投资者关系管理，及时披露信息
客户	丰富的汽车产品 优质的驾乘体验和服务 良好的质量	加大技术创新，创立自主品牌 提升服务品质，关注客户体验
合作伙伴	公平采购 诚信互惠	公开透明的采购机制 坚持平等互利、和谐双赢原则
员工	良好的职业生涯规划和成长机会 基本权益保护	实施人力资源提升项目，完善员工培训体系 完善薪酬激励、保险与福利体系
社区	关注社区发展 共建和谐社区	积极投身公益事业，扶助弱势群体 开展志愿者活动
环境	关注气候变化，支持低碳经济 倡导节能减排，构建节约型社会	发展新能源汽车 建设先进环保节能绿色工厂 增加节能减排投入 培育环保理念

资料来源：广汽集团社会责任报告（2019）。

(三) 企业社会责任管理成绩

近年来,广汽集团的企业社会责任管理工作体系日渐完善,以更加积极主动的方式来承担社会责任,把企业的成长与社会的发展紧密结合在一起,赢得了社会各界的称赞。表6-4列示了近年来广汽集团在企业社会责任领域所获得的一些荣誉。

表6-4　　　　　　　　　近三年广汽集团责任荣誉

年份	责任荣誉
2020	中央精神文明建设指导委员会——全国文明单位
	中华慈善总会——全国慈善会爱心企业
	中国全面小康论坛——2020年度中国全面小康特别贡献企业
	中国管理现代化研究会廉政建设与治理研究专业委员会、清华大学廉政与治理研究中心——"中国廉洁创新奖"特色创新项目
	中国企业管理研究会、社会责任与可持续发展专业委员会——可持续品牌传播卓越企业
	社会责任大会组委会——广汽集团社会公益故事片社会公益事迹传播优秀作品
	社会责任大会组委会——奥纳奖—2020年度社会责任社会贡献典范公司
	中国汽车报——中国汽车企业社会责任暨中国汽车战"疫"英雄谱优秀战"疫"担当企业
	中国汽车工程学会——中国汽车工业科学技术奖二等奖"中型SUV关键技术开发与产业化"
	中国汽车工程学会——中国汽车工业科学技术奖特等奖"智能网联汽车云控系统关键技术及应用"
	国家知识产权局、世界知识产权组织——第二十一届中国外观设计金奖汽车
	国家知识产权局——第二十一届中国专利优秀奖发明专利"一种进气歧管及汽车发动机"
	中国质量协会——"新车型项目设计开发质量评价体系的建立和应用"获中国质量协会质量技术奖二等奖
	广东省扶贫开发领导小组——2019年度广东扶贫济困红棉杯金杯
	广东省钟南山医学基金会——抗击新冠疫情公益爱心单位

续表

年份	责任荣誉
2020	广东省人民政府——广东省科学技术奖一等奖"A级纯电动乘用车关键技术自主研发与产业化" 广东省人民政府——第七届广东专利金奖汽车 广东省人民政府——第七届广东专利银奖发明专利"一种发动机设计方法" 广东省工业和信息化厅——广东省节能先进企业 广东省生态环境厅——广东省环境教育基地 广东省科技厅——2020年度广东创新综合实力百强企业 广东省机械工程学会——广东省机械工程学会科学技术奖二等奖"GPMA车身高性能平台化开发关键技术及应用" 广东省机械工程学会——广东省机械工程学会科学技术奖三等奖"新能源汽车电控系统关键技术研发及应用"
2019	广东省扶贫开发领导小组——2018年度广东扶贫济困红棉杯金奖 广州市公益慈善联合会、广州市慈善会——2019年度广州慈善榜五星广州慈善单位 广州市民政局、广州日报报业集团、广州市慈善会——2019粤港澳大湾区社会影响力标杆企业 中国企业文化建设峰会组委会——2019年度企业文化建设典范企业 新浪财经——2019金责奖最佳环境（E）责任奖 金融界——2019年度中国上市公司杰出创新效率奖 钛媒体——2019年度汽车科技指数智能驾驶杰出贡献奖 广州市民政局——2019年度社会影响力标杆企业 广州市公益慈善联合会、广州市慈善会——2019年度广州慈善榜最具影响力慈善企业 社会责任大会组委会——2019年度社会责任最具影响力品牌 广东省公安厅——广东省交通安全文明示范单位 南方日报——2019年度南方致敬"创新企业" 南方都市报——2019年度智造车企 汽车联盟——2019年度风云汽车集团品牌

续表

年份	责任荣誉
2018	2018 世界 500 强排名第 202 位 2018 中国企业 500 强排名第 45 位、中国制造企业 100 强排名第 14 位 2018 广东企业 500 强排名第 6 位、广东制造业 100 强排名第 3 位 广东省扶贫开发领导小组——2017 年度广东扶贫济困红棉杯金奖 广州市公益慈善联合会、广州市慈善会——2018 年度广州慈善榜五星慈善单位、2018 年度广州慈善榜最具影响力慈善企业 广州市人口福利基金会、幸福工程组委会——2018 年幸福工程募捐优秀贡献奖 "广汽"及其图形商标被中国国家工商行政管理总局认定为驰名商标 Interbrand——2018 中国最佳品牌榜第 47 位 《南方周末》——2017 中国汽车企业社会责任榜最佳责任企业 广州日报报业集团——2018 广东创新百强 50 强 中国上市公司协会——2017 年度最受投资者尊重的百强上市公司 天马奖第九届中国上市公司投资者关系评选——2017 中国上市公司新动能 10 强 中国大学生最佳雇主汽车行业 TOP15 国务院国资委——第五届"国企好新闻"广播电视作品三等奖 荣获"2017 年度广东省法治文化建设示范企业"称号 广州市国资委——2018 年度广州国资系统新闻工作标兵单位 广州市国资委——企业国有资产统计及财务快报工作"优秀"奖 广州市财政局——会计决算工作"优秀"表彰 中国品牌建设促进会——中国品牌价值百强榜第 74 位 清华大学经济管理学院中国企业研究中心与每日经济新闻——2018 上市公司品牌价值百强榜第 98 位

资料来源：广汽集团社会责任报告（2018—2020）。

第四节　广汽集团企业社会责任典型项目

一　抗击疫情

2020 年，突如其来的新冠疫情牵动着所有人的心。面对疫情，广汽集团快速行动，与社会各界联手抗击疫情。一方面，广汽集团通过慈善捐助、出行供车等多种形式支援一线医护人员以及多个行业一线抗疫工作人员；另一方面，集团始终将员工的生命健康放在第一位，在保障员工健康安全的基础上开展复工复产，坚实承担起国有企业的责任。

（一）助力抗疫前线

广汽集团整合各类抗疫物资支援疫情防控，助力一线工作人员抗疫工作的开展。捐赠现金和物资合计3178万元（其中现金1580万元，医疗物资、口罩生产线和汽车1598万元），捐赠资金和物资共85批，受赠单位117个。在疫情重灾区，广汽集团发挥企业优势，向医院及防控指挥中心捐赠工作车辆，为医护人员及志愿者提供出行方便（如表6-5所示）。

表6-5　　　　　　　　广汽集团捐赠抗疫工作用车情况

捐赠单位	受赠单位	捐赠物资	数量（台）
广汽传祺	湖北宜昌市各级一线抗疫单位	汽车	30
	广东省、广州市各级一线抗疫单位	汽车	20
	湖北武汉市同济医院、武汉市金银潭医院	汽车	6
广汽三菱	中国社会福利基金会 芒果V基金抗疫单位	汽车	6
广汽菲克	湖南省慈善总会	汽车	2
广汽本田	南方医科大学 南方医院	汽车	1
五羊—本田	湖北武汉市同济医院、武汉市协和医院	电动自行车	46

资料来源：广汽集团社会责任报告（2020）。

2020年2月1日，为防止疫情扩散，武汉市内的公共交通系统全部停运。为了高效解决武汉医护人员短途交通出行问题，提升医院的工作效率，广汽集团旗下五羊—本田公司向武汉协和、同济两家定点接收医院捐赠抗疫电动自行车46台，为医务人员提供交通便利。广汽集团工作人员经过16个小时、长达1050公里的长途跋涉，快速及时地将电动自行车交付给两家医院。

（二）生产救援物资

在疫情期间，社会对抗疫物资的需求在短时间内陡增，广汽集团迅速承担企业责任，积极研发和生产防疫口罩，支持社会抗击疫情。广汽集团响应政府号召，迅速调动资源，生产防疫物资口罩机和口罩。工作团队于一个月内完成41台口罩机的生产和交付，累计生产口罩超1亿只。广汽集团旗下各板块企业针对疫情防控下的市场新需求，持续升级旗下产品，满足市场对健康用车的需求，保障车主的健康。集团第一时间启动研发"过滤杀毒一体式"健康座舱科技，并提供湖北地区车主免费升级服务，并且在短时间内开发出N95级高效空调滤芯、"紫外杀菌消毒灯"、中药香氛系统等抗疫用品。

抗疫不只是在疫情期间，更在于防患于未然。2020年，广汽集团与钟南山院士团队广州呼吸健康研究院建立长期合作关系，双方以打造健康产品为目标，共同推进病毒防护和消杀装置在医疗及汽车领域的应用。

（三）保障企业正常运做

面对疫情，广汽集团始终坚定信心、精准施策，维持企业稳定运做。通过推行线上办公、保障环境清洁及开展员工关怀，集团全面保障复工复产期间的员工健康，并结合实际情况，制定因地制宜的年度生产经营方案，并协助合作伙伴全力复产增产，取得优秀业绩。

在疫情期间，尽全力保障员工的健康，是广汽集团作为雇主最基本的责任，也是维持业务延续性的基本要求。在疫情发生后，广汽集团迅速建立防疫应急响应机制，制订各项疫情防控工作方案，并开展多项措施保障顺利复工复产。广汽集团在疫情发生初期推行线上办公，有效减少办公室的人员聚集造成的传播风险，并通过搭建和推行有效的智能化远程办公系统，保证远程协作工作的效率。除此之外，集团在公共区域进行全面消杀，并配备充足的消毒用品，保障在办公室每一位员工的工作环境是卫生安全的。

广汽集团主动协助产业链供应链共渡难关，优化零部件供应体系。通过"一企一策""一件一策"，集团积极为零部件供应商协调解决生产问题，协调14个省市共521家零部件供应商复工复产，并及时启动海外零部件应急管理机制，采取调配全球库存、国产件替代等举措提早应对断供风险。

广汽集团加强与经销商的紧密沟通，督促各品牌经销商严格按照当地政府部门要求落实防控主体责任，为顾客营造安心的购车环境。广汽集团各有关企业根据市场变化调整销售节奏和供需计划，从实际出发，"一店一策"帮助经销商调整经营策略，为经销商减负增效，增强经营信心。

二 智能绿色低碳出行

（一）以新能源助力低碳出行

广汽集团顺应汽车产业"新四化"发展趋势，积极响应政府关于"碳达峰、碳中和"的规划工作，通过大力发展新能源汽车，将新能源产品转型视作集团最重要的战略机遇之一，推动社会绿色出行。集团推出了一系列深受市场青睐的新能源车型，发布了多项业界领先的新能源汽车核心技术，并积极布局新能源汽车产业生态圈。"十四五"时期，广汽集团将全面实施"1615战略"与"双子星"计划，2025年全集团新能源汽车销量占比将超过20%，其中自主品牌新能源车占比将超过36%。广汽集团秉承自主创新的体系优势，致力于提供世界级的移动智能新能源产品和服务，从生产环节落实绿色生产、提升能源使用效率，从业务端大力发展新能源汽车，为社会提供绿色出行模式。

（二）开发新能源产品

广汽集团牢牢把握新能源汽车发展趋势，不断开发新能源产品，致力于为消费者带来世界级的新能源产品与服务。2020年，广汽集团将旗下新能源品牌独立运营，把"广汽埃安"打造成广汽集团的高端智能电动车品牌，向外界展示了广汽集团在新能源汽车时代的雄心壮志与坚定决心。截至2020年，广汽集团已发布AION S、AION LX等4款技术领先、安全可靠的埃安品牌车型，以车型导入、技术合作等方式携手合作伙伴推出广汽丰田 iA5、广汽本田 VE-1+等多款合资品牌新能源产品，极大地丰富了消费者的消费选择，赢得广大用户的口碑。在优秀的新能源产品与技术的加持下，2020年广汽集团新能源车型销量再创新高，推动汽车消费市场绿色低碳转型。

（三）研发新能源技术

好的体验靠科技创造，好的产品靠科技支撑。作为新能源汽车行业的领军者，广汽集团深知新能源核心技术的价值，坚持正向自主研发，积累了多项业界领先的"三电"系统核心科技，持续为消费者带来性能优越、安全可靠的新能源技术。

广汽集团持续投入大量资源研发新能源技术，推出了纯电专属平台、"三合一"电驱、广汽第四代电池管理系统、ADiGO3.0自动驾驶、5G智能健康座舱等全球领先技术，彰显了广汽集团在新能源领域的前瞻技术与领先实力。集团自主建成可适用于多种新能源动力方案的四驱混合动力总成架构。

广汽集团建立起体系化的电驱与电控系统研发体系，不断推出多项市场领先电驱、电控技术，实现国内领先的驾驶、经济以及安全性能技术水平。发布全球首创高性能两挡双电机四合一集成电驱，实现了双电机、控制器和升级版减速器深度集成，带来更加强劲动力的同时，体积、重量进一步降低，综合驱动效率、功率提升超10%。

不断提升电池能量密度、安全性以及电池寿命，降低生命周期成本，进一步提高电池热失控后的安全表现，使电池综合性能由当前的国内先进向国内领先迈进。电控系统由多核MCU向微处理器升级进化，在算力、存储能力、结构可拓展性等方面不断提高竞争力，并实现至少降低成本10%的目标。基于纯电驱动总成产品开发计划和方案，加快超级升级版电驱的整车搭载与量产工作，同时在温控集成和余热回收、无动力中断换挡、变频变压技术等方面不断升级。

广汽研究院根据油耗法规、双积分政策以及市场趋势分析，提前规划节能总体目标、分领域目标和技术路线以及行动计划，确保节能领域的前瞻性和合规性，有效降低产品的碳排放水平。规划主要从发动机节能、传动系统节能、整车节能和电动化节能四方面进行目标分解和技术路线确定，大力推动"高效燃烧""湿式双离合变速器"和"机电耦合变速器"等总项目的立项和研发工作，并取得优异成绩。

（四）布局新能源产业园

为了顺应智联新能源汽车"窗口期"和"爆发期"的到来，推动广汽集团制造服务化战略转型，成为"中国制造"走向"中国创造"的排头兵，广汽集团努力把握粤港澳大湾区历史性建设机遇，在广州市番禺区与合作伙伴共同投资建设广汽智能网联新能源汽车产业园（以下简称"产业园"）。作为广汽集团的"1号工程"，广汽集团希望将产业园打造为实现智能网联产业协同的重要载体，推动广汽在智能网联新能源汽车"智能化、网联化、电动化、共享化"四个领域实现突破。广汽集团坚持"规划先行，突出重点、合理布局，扎实推进"的原则，结合广汽智能网联汽车的发展战略，经过科学论证，制定了产业园的整体规划：产业园总体规划面积约7500亩（5平方公里），广汽集团携各合作伙伴总投资额预计超450亿元，围绕"智能制造＋创新研发＋汽车小镇"三大领域，重点布局汽车整车制造、核心零部件制造、汽车研发、智能网联示范、5G体验等几大业态。建成后的产业园将与毗邻的广汽番禺化龙基地形成南北呼应之势，实现汽车产业链的横向配套和纵向延伸，形成国内具有特色的超大型综合汽车生产基地。

三 清洁生产

作为国内领先的大型汽车工业集团，广汽集团主动肩负企业节能环保的责任，坚持节能环保与生产效益同步推进，积极推动清洁生产，落实国家在环保上的战略规划。广汽集团遵守《大气污染防治法》《固体废物污染环境防治法》《地表水环境质量标准》《环境空气质量标准》等法律和政策，秉承绿色环保理念，围绕节能、降耗、减污、增效的目标，开发节能环保车型，推行智能集约型环保工厂建设，参与节能减排行业标准制定，改善环境绩效，打造"环境友好型"的环保先驱企业。

(一) 建设环境管理体系

在集团推动下,广汽乘用车公司在能源管理中通过DMAIC(定义、测量、分析、改进、控制)全过程方法,消除导致能源浪费的根源并减少能耗波动,2016年单位产品碳排放量较2015年降低22.6%。广汽丰田加强ISO14001环境管理体系建设,以"坚持开展中国No.1环境可持续发展产业链"活动为环境方针,遵守环境法规,全年共开展114项环保改善措施。2016年,新能源出租车"雷凌"双擎混合动力的能耗为3.75GJ/台,全年累计节能量2300吨标准煤。对比2015年,单台能耗下降2.4%。

(二) 建设智能环保工厂

广汽传祺把"绿色工厂,美丽传祺"的理念融入企业每个角落,把节能、环保、减排、降耗以及循环利用列为最重要的前置条件,打造环保节能工厂,追求人车和谐发展的至善境界。采用风光互补节能灯,具有无污染、无噪声、无辐射的特点,把风能和太阳能转化为电能,取之不尽、用之不竭。100%使用水溶性环保涂料,降低大气污染,改善作业环境。公司建设冲压全封闭降噪防尘生产线,把产生噪声的机器设备封闭在一个小的空间,使它与周围环境隔开,减少噪声对环境的影响及对人体的危害。采用国内领先的随动式尾气排烟装置,去除工业生产排放废气中的有毒有害物质及烟尘,使其处理后达标排放,减少大气污染。采用国际先进水平的壁挂式机器人焊接系统,在提高焊接质量的同时大幅度提高工作效率,减少人工操作,降低消耗。排污净化处理系统减少污水排放,实现厂区内外环境和谐共存。

表6-6 广汽集团绿色关键指标绩效

指标名称	单位	2019年	2020年
环境			
颗粒物排放总量	吨	68.70	105.5
苯排放总量	吨	2.50	7.1

续表

指标名称	单位	2019 年	2020 年
甲苯排放总量	吨	5.09	26.2
二甲苯排放总量	吨	24.05	26.2
非甲烷总烃排放总量	吨		696.3
氮氧化物排放总量	吨	93.21	202.8
二氧化硫排放总量	吨	6.01	449.4
废水排放总量	吨		2640618.6
COD（化学需氧量）	吨	94.12	321.5
BOD（生化需氧量）	吨	19.15	67.2
氨氮排放总量	吨	11.30	41.8
石油类排放总量	吨	1.91	19.9
镍排放总量	吨	0.06	13.1
VOCs 排放总量	吨	1552.99	1952.4
温室气体排放总量（范畴一和范畴二）	吨	752196.04	1528513.2
温室气体排放密度	吨/万辆	3716.75	7478.8
直接温室气体排放量（范畴一）	吨	95882.39	353775.5
间接温室气体排放量（范畴二）	吨	656313.65	1174737.7
减排温室气体总量	吨		68017.2
有害废弃物总量	吨	15886.70	19185.7
有害废弃物密度	吨/万辆	78.50	93.9
无害废弃物总量	吨	224603.89	182169.7
无害废弃物密度	吨/万辆	1109.81	891.3
电消耗量	万千瓦时	100876.83	140401.3

资料来源：广汽集团社会责任报告（2020）。

四 建设绿色文化

广汽集团倡导绿色文化，开展环保交流，打造绿色供应链，推动绿色办公，推动环保公益项目，走可持续发展之路。

（一）培育环保意识，开展绿色办公

广汽集团将绿色办公理念贯穿日常办公运营中，从一点一滴做起，降低办公运营的能源与资源消耗水平。在制度上，制定《公司能源管

理规定》《用水管理规程》《能源基准绩效参数目标指标管理规程》等多项规章制度，规范水、电、办公耗材的合理使用。在手段上，开展节能巡检工作，采取多种手段监控水电设施，定期维护设备设施，推动 LED 灯等节能设备的更新替代，提高资源与能源的使用效率。在宣传上，开展绿色办公宣传活动，张贴节水节电宣传标语，使绿色办公理念深入人心。

广汽日野汽车有限公司宣传节约能源，减少垃圾产生，创造绿色环保的工作环境。优化生产编排计划，减少生产过程中特别是辅助设施设备的电、水、气能耗，降低部分设备在非生产时间的能耗，加强一般固废物与危险废物管理，推广无纸化办公，实行限额打印，增强员工的环保意识，把绿色办公落到实处。

（二）开展环保交流

为倡导更多人关注和参与环境保护，2020 年 10 月 30 日，广汽本田流溪河水源地"广东省环境教育基地"揭牌仪式在广州从化乐明村举办。流溪河是唯一一条全流域位于广州境内的战略备用水源地，拥有多个广州市饮用水水源保护区。为改善流溪河上游水域环境，2016 年，"广汽本田·点滴关爱"流溪河水源地保护行动正式开启。经过近五年的耕耘，2020 年，"广汽本田—绿芽·流溪河生态环境教育基地"已成为广州市首个广东省级乡村生态环境教育基地，其生态治理模式与经验为推进更广阔的可持续环保事业起到示范作用。

（三）打造绿色供应链

广汽集团重视供应商的环境和社会风险管理，加强绿色采购，管理社会风险。确保供应商不发生对环境保护、人权及劳工措施造成重大实际及潜在的负面影响。广汽本田推进供应链节能减排活动，通过采购大会发布年度环境方针以及节能减排目标（温室气体排放降低 1%），通过 SLIMOFFICE 系统调查供应商减排实绩，对供应商进行环境现地检证，指导供应商在环境体制建设、法规遵守、可视化管理以及二级供应商管理等方面优化改善。每年在采购大会对环境优秀的供应商进行表彰，联同供应商共筑绿色环保的供应环境。

五 勇担责任，助力扶贫

2020年，中国全面建成小康社会取得伟大历史性成就，决战脱贫攻坚取得决定性胜利。广汽集团贯彻落实国家脱贫攻坚战略，为全面建成小康社会、为开启全面建设社会主义现代化国家新征程贡献国有企业的力量。

广汽集团坚持扶贫与扶志扶智相结合，大力推进产业扶贫、教育扶贫、消费扶贫、就业扶贫，补齐贫困地区民生短板，发展惠民工程，激发贫困户内生动力，构建起广汽特色"扶贫"格局。先后对口帮扶20个贫困村，派出30位驻村干部，共帮助1259户贫困户5676名贫困人口实现脱贫。广汽集团的扶贫工作得到国务院扶贫办和广东省委省政府、广州市委市政府的高度肯定，并获评"2020年度中国全面小康特别贡献企业"。

（一）定点村帮扶成效明显

2016—2018年，广汽集团定点精准帮扶清远连州市九陂镇联一村、白石村和四联村。广汽集团制订了《新时期精准扶贫精准脱贫三年攻坚及城乡结对共建文明工作实施方案》，集团及责任企业、支持企业共同筹集资金三年预计4200万元。集团党委秉持"真扶贫、扶真贫，让群众满意"的帮扶理念，创新帮扶模式，推进精准扶贫精准脱贫攻坚工作，确保到2018年，实现"两不愁三保障一相当"目标，即稳定实现农村贫困人口不愁吃、不愁穿，义务教育、基本医疗和住房安全有保障，基本公共服务主要领域指标相当于全省平均水平。至2000年，广汽集团在这三个定点村累计投入帮扶资金超6000万元。经过5年帮扶，3个贫困村229户贫困户581人贫困人口全部脱贫，人均可支配收入超过2万元，村集体收入均超过30万元。乡村基础设施建设不断完善，村民生产生活环境持续改善，贫困村发展基础不断夯实。

（二）深度参与东西部扶贫协作

广汽集团结对帮扶毕节市纳雍县库东关乡5个深度贫困村（李子

村、白泥村、黑纱垮村、下厂村、箐脚村），2020年投入帮扶资金955万元，累计帮助1030户贫困户5095个贫困人口全部脱贫。坚持教育扶贫，与贵州省毕节市职业技术学院共建"广汽班"，已连续招收两届共80名学生，其中33名为建档立卡贫困户学生。今后将扩大办学规模，继续招收两届学生。此外，集团也将与黔东南州台江县中等职业学校合办"广汽班"，定向培养汽车行业专业技术人员。

此外，广汽集团聚焦产业扶贫，打造李子村木梳苗寨乡村振兴示范点；推进消费扶贫，2020年组织集团22家投资企业积极踊跃认购毕节农产品，认购金额超1600万余元；投入6300余万元，在毕节市完成3家、黔南州完成4家等共7家广汽品牌4S店建设。2020年，在该地区销售汽车2778辆，实现营业收入4.46亿元。为支持当地扶贫工作开展及疫情防控工作，广汽集团向毕节市当地捐赠广汽传祺工作用车7辆及口罩等防疫物资。

（三）助力粤东、西北地区振兴发展

2020年，广汽集团继续推进梅州广汽零部件产业园的建设，积极落实和深化广州—梅州产业对口帮扶工作。整个项目的整体规划投资达16亿元，预计入园项目共计15个。截至2020年底，已有10个项目建成投产，5个项目在推进建设，已累计完成投资超7亿元，实现营业收入约3亿元，实现税收超300万元，带动当地就业约900人。广汽集团派出公司的青年骨干，并通过产业园的建设为当地引入智能制造和工业化生产的理念，真正做到给帮扶对象赋能，将可持续发展的理念贯穿对口帮扶工作。

广汽集团一直积极推进产业援疆。积极响应"一带一路"倡议和产业援疆政策精神号召，促进广汽乘用车有限公司新疆分公司的高质量发展，推进喀什华汇汽车销售服务有限公司广汽品牌产品销售，支持当地经济的发展。2020年，广乘新疆分公司累计产量5014辆，实现产值5.47亿元，税收2701万元；1—12月喀什华汇店实现广汽品牌销量1672辆，营收2.56亿元，税收143万元。

六 社区奉献，公益爱心传递

爱心逐梦，公益前行。广汽集团以"做一个优秀的企业公民"为目标，支持文体事业，开展公益慈善，扶贫济困，救灾应急，推动安全驾驶，持续为社会公益事业做出新的更大的贡献。

（一）支持文体事业

广汽集团支持中国文体事业发展，并将其纳入企业社会责任体系，多次赞助国际高端体育赛事、国际灯光节和迎春花市等广府特色活动，为科教文卫体事业提供全方位支持，保障了G20峰会、广州国际投资年会、全国"两会"期间用车等大型活动的国宾接待用车服务等。广汽集团多次参与支持广州国际灯光节、西湖迎春花市、岭南论坛等多个特色活动的开展，传递温情、回馈社会，分享企业成长的喜悦。广汽传祺向巴西奥运会粤籍冠军运动员奖励自主创新的高品质汽车产品，以鼓励南粤健儿不断拼搏的进取精神，希望将奥运精神传承和弘扬下去。广汽传祺GA8作为G20峰会官方指定用车，为参加G20杭州峰会的各国政要提供了卓越安全的尊享服务；2020年12月27日，作为黄埔马拉松的官方合作伙伴，广汽本田携旗下贴近自然、倡导绿色环保理念的锐·混动联盟，为官方赛事用车全程贴心陪跑，给选手加油打气。作为扎根黄埔区的企业，广汽本田秉承"年轻于心"的企业基因，连续四年助力黄埔区打造"全民健康""幸福黄埔"的亮丽名片。

（二）推动公益慈善

广汽集团完善公益品牌理念，修订《对外公益捐赠管理办法》，打造可持续发展的公益体系，在广州市2016年广东扶贫济困日暨"羊城慈善为民"行动系列启动仪式上，对接了14个慈善项目，捐赠总金额达1845万元，成为2016年捐款最多的国有企业，并荣获"2016年度广州慈善榜五星广州慈善单位"称号及"广东扶贫济困红棉杯"金奖。

广汽集团2020年在精准扶贫、疫情防控及各类慈善公益事业中累计投入资金达1.46亿元。这些资金主要用于精准扶贫、抗疫资源、见义勇为、济困、助残、助学、开展产学研、绿色环境水资源生态保护、交通安全、支持各地马拉松全民文体运动等多个公益文化帮扶项目，具体信息如表6-7所示。

表6-7　　　　　广汽集团2000年参与的社会公益项目

公益领域	公益项目	公益影响
环保	广汽传祺·三江源国家公园创新与保护项目	创新生态保护管理体制，联合开展多元化的系列公益保护活动
	广汽本田·内蒙古兴和县联合造林工程	种植约12万棵树，完成绿化面积1200亩，每年可以吸收2210吨二氧化碳排放
	广汽本田·绿芽流溪河水源地公益环保行动	建设三个生态农业基地保护水源，乐明村水源地保护基地地表水水质从超三类水提升到三类水以上
教育	广汽集团·化龙镇复苏小学捐资助学项目	帮助学校建设和扩容，发展社区教育事业，改善教学环境和条件
	广汽集团·广州市"羊城慈善为民"行动	相携成长——广州市结对帮扶助学行动，帮助山区里那些急需帮助的孩子们解决上学问题
	广汽乘用车·青海省贫困县高原流动教学车项目	依托"羚羊车"的流动教学方式，帮助偏远山区的孩子体验现代化教学方式
帮扶弱势群体	广汽集团·广州市职工济难基金会帮扶项目	帮扶广州市困难职工群体和外来农民工解决生活上急需解决的问题
	广汽乘用车·幸福工程——救助贫困母亲行动	帮助贫困地区实行计划生育的贫困母亲及家庭改变生活现状，过上幸福生活
	广汽本田·广东省残培教育发展基金会奥德赛福祉车捐赠项目	支持残障青年大使等项目，助力每一个有梦想的人去实现梦想
	广汽本田·清远市阳山县江英镇大桥村扶贫项目	帮助当地特殊困难家庭

续表

公益领域	公益项目	公益影响
助残扶老	广汽集团·广州市老龄事业基金会捐赠项目	救助失能高龄老人及资助贫困地区的老年人公益事业
	广汽集团·追梦天使之"天籁之音"自媒体广播项目	帮助追梦天使艺术团的残疾孩子们实现艺术的梦想,为社会呈现"天籁之音"
	广汽集团·广州市天河启慧学校助残项目	为启慧学校全校的残疾学生提供免费的午餐
社会建设	广汽乘用车·广州番禺化龙医院捐赠项目	改善当地居民医疗卫生设备和条件

资料来源：广汽集团社会责任报告（2020）。

（三）开展救灾应急

广汽集团落实安全生产责任制，强化安全生产责任目标管理，落实安全生产标准化工作，完善生产安全事故应急救援体系，开展安全生产宣传教育培训和事故隐患治理活动，全年集团及各签约投资企业共开展应急逃生演练470次，共有71810人次参加（含综合演练、专项演练、处置演练），针对应急逃生相关内容开展培训607次，共60650人次，全年无死亡事故发生。

（四）推广安全驾驶

广汽集团承担安全驾驶知识宣介责任，开展多项安全驾驶公益活动，普及社会安全驾驶理念，致力于"创造零事故的交通社会"。

开展安全公益行动。广汽本田等企业已在广州建成喜悦安驾中心、青少年汽车安全科普展厅及儿童公园安全体验区三个基地，广汽丰田在成都、青岛、郑州捐建了"儿童安全体验教室"，面向儿童、青少年、成人提供交通安全知识科普和安全驾驶培训服务。

广汽丰田推出的"公益·安全"行动从"童心"出发，创造性地开发出更丰富的活动形式：打造以"幸福小镇"为主题的交通安全互动体验游戏；发行《幸福小镇系列绘本》第二本——《汽车的奇妙旅行》；开发"座驾精灵CSO"系列课程，用童心和想象力为汽车赋予生命，激发汽车安全知识的学习兴趣与热情。迄今已有十万余儿童及其家庭成员在广汽丰田公益·安全行动中受益。

大圣科技关注乘客中的独特群体——儿童的乘车安全，针对3—6岁儿童，开展儿童安全讲座活动，通过寓教于乐的互动方式，普及乘车安全知识。邀请以家庭为群体参加亲子活动，促进家长对儿童乘车安全意识的认识，守护儿童乘客安全，为打造一个"不让孩子受伤害的安全城"贡献力量。

（五）关注特殊需求

2020年，广汽集团首次参加腾讯公益"99公益日"活动，联合广州市慈善会和广州市残疾人福利基金会在腾讯公益平台为实现残障青少年艺术梦、爱蕾童行、助力微心愿圆梦等三个慈善项目发起爱心捐款活动，呼吁大家一块做好事，用全新的公益"玩法"吸引集团在职员工及家人、朋友、上下游等人员积极参与。这三个公益项目，大家每捐1元，广汽就配捐5元，让大家的爱心"放大"5倍。9月7—9日三天时间，广汽集团共发动了3909人次为慈善项目捐款，公众筹款总额达87431.85元，公司配捐金额近44万元，相当于用40多万元的配捐资金撬动了近4000人次的爱心奉献。广汽集团希望与腾讯99公益平台及其他慈善机构的合作，唤起更多人的公益心以及对弱势群体的关注，用企业的力量在公益传播、捐赠文化倡导上起到积极的促进作用。

广汽丰田联合中国红十字基金会、中华慈善总会以及京东公益，启动"指尖复制爱——衣旧换心，护航健康跨界"轻公益行动，守护孩子们的健康与安全。广汽丰田把安心开学礼（防护口罩、免洗洗手液、文具套装）捐赠给广汽丰田在全国捐建的博爱小学的13000多名师生。为期15天的跨界轻公益行动，通过无接触的线上形式、简单便捷的参与方式和线上公益平台大流量的优势，吸引了更多的参与者，参与者超过1500人次，募集的闲置衣物超过15000件。

第五节　总结与展望

多年来，广汽集团在培育自主民族汽车品牌的同时，也以履行社会责任、助力经济发展、推动社会进步为己任，砥砺前行，在抗击疫情、绿色低碳、助力脱贫、社区贡献等方面交出了让社会大众满意的答卷。广汽集团始终牢记国有企业的历史使命，坚决贯彻党中央的工作要求，坚定信心、奋力前行，取得了疫情防控和经营生产双胜利。多年来，广汽集团经营业绩平稳增长，品牌价值持续提升，积极致力于脱贫攻坚、低碳减排等工作，展现了国有企业的责任与担当，实现了高质量发展。广汽集团的社会责任工作既与新时代的发展同频共振，贯彻新发展理念，走生态优先、绿色低碳的高质量发展道路，也在具体的经营管理中落实社会责任理念，在危机中育先机，于变局中开新局，积极回应利益相关者的利益诉求，致力于成为客户信赖、员工幸福、社会期待的世界一流企业，为人类美好生活持续创造价值。

第七章

腾讯公司企业社会责任实践

第一节 腾讯公司简介

腾讯公司成立于1998年11月,是目前中国最大的互联网综合服务提供商之一,也是中国服务用户最多的互联网企业之一,是亚洲市值最高的企业。成立二十余年来,腾讯一直秉承"一切以用户价值为依归"的经营理念,始终处于稳健、高速发展的状态。总部位于中国广东深圳,于2004年6月16日在香港交易所上市。

腾讯将"连接一切"作为公司的战略目标,通过即时通信工具QQ、移动社交微信、门户网站腾讯网、腾讯游戏、腾讯视频等中国领先的网络平台,满足互联网用户在沟通、资讯、娱乐和金融等方面的需求。

截至2018年第四季度,受惠于支付相关服务、网络广告、数字内容销售以及云服务的增长,腾讯公司营业总收入同比增长28%,达到848.96亿元;经营盈利172.88亿元,经营利润率20%。网络游戏业务收入241.99亿元,社交网络业务收入194.52亿元,网络广告业务170.33亿元,其他业务收入242.12亿元。2018年全年收入同比增长32%,经营盈利同比增长8%。

截至2018年底,QQ整体月活用户达8.07亿,微信和WeChat的合并月活跃账户数达10.98亿。微信的快速发展,进一步提高了低线城市的渗透率,覆盖更广泛的用户年龄层,每天平均有超过7.5亿微信用户阅读朋友圈的发帖。腾讯公司的不断发展与壮大，为中国互联网行业开创了更加广阔的应用前景。

自 2018 年第三次组织架构调整后，腾讯公司共分为六大事业群，核心业务覆盖社交、娱乐、广告、金融等方面。此外，职能线、财经线、HR 与管理线为公司所有业务提供支持。其中，公司的企业社会责任部隶属于 S1 职能系统。

第二节 腾讯公司的成长历程与经营现状

一 腾讯公司的成长历程

腾讯公司 20 余年的成长，可以分为以下几个阶段。

（一）初创期（1998—2004 年）

腾讯诞生于世界互联网风潮迅速变化的时代。1998 年，腾讯公司正式成立，定位于开发运营"无线网络寻呼系统"。但是，这一产品随着移动手机的日渐普及，而逐渐被时代淘汰。国外 ICQ 快速交流软件的出现激发以马化腾为核心的腾讯创始团队开始开发属于中国市场的 OICQ 即时通信软件，即 QQ 软件的前身。技术的微创新，对手的麻痹与羸弱使得 OICQ 适应了中国市场的环境，为中国用户打造了适宜的用户体验，用户基数的成倍增长为腾讯的下一步出击奠定了非常重要的基础。

2000 年，腾讯公司经历了互联网泡沫的洗礼，一度经营困难。IDG 的风险投资与 MIH 的资本注入挽救了腾讯公司。公司决心引入通信业务的无线增值业务，通过运营商用户引流实现双向分成，打造了中国的"移动梦网"项目。这一项目因契合中国人的通信特点，在各大城市迅速铺展开来，迅速提升了腾讯的盈利能力。随后 Q 币制度的引入，为腾讯搭建了完整的虚拟货币支付制度，迅速转化成了腾讯利用虚拟货币获取现金流的重要方式。QQ 秀搭建的虚拟社区赋予腾讯的产品以人格化的特质，为中国网民创建了一个表达情感的虚拟方式，契合了中国人的情感寄托，这一用户体验为 QQ 秀赢得用户基数创造优势，为腾讯开辟了全新的盈利模式。至此，腾讯形成了一个完整的以 QQ 为核心的产品服务体系，与之配套的是"三个战略级"的演变，一是与工程师文化相交融的产品经理制，二是以 Q 币为流通主体的支付体系，三是以特权和等级制为特色的会员服务体系。

2004 年 6 月 16 日，腾讯正式在香港挂牌上市，以全新的姿态进入即时通信工具行业的激烈竞争之中，并不断寻求新的发展路径。手机 QQ 的研发为腾讯日后赢得智能手机时代的战略性先机打造了优势，随后腾讯形成了一个以 QQ 为核心，包括手机 QQ 游戏、手机腾讯网、手机 QQ 浏览器以及手机安全管家在内的完整的移动门户业务矩阵。

（二）成长期（2005—2009 年）

腾讯随即提出在线生活 ICEC 的理念，融合信息、通信、娱乐以及商务，多元化提供以社区为支撑的在线生活。腾讯旨在通过以即时通信工具 QQ 为基础形成的社区和平台全方位满足人们在线生活的不同层次的需求，并希望自己的产品和服务像水和电一样融入百姓生活当中。在线生活的战略理念使得腾讯开始活跃在互联网的各个领域。

在与微软 MSN 的竞争中，腾讯不断更新迭代 QQ 版本。在推出 QQ2005 的新版发布会上，腾讯公司表示以 QQ 为代表的很多即时通信产品已经不再是一个简单的沟通工具，而是一个信息资讯、交流互动、休闲娱乐的平台，并以前所未有的速度改变着人们的生活方式。即时通信将由"技术驱动"模式向"应用驱动"再向"服务和用户驱动"的模式目标转变。即时通信产业将呈现"应用娱乐化""社区互动化""个人信息处理""无线互联网资源整合""安全性""本地化应用"六大趋势。

2005 年，腾讯开发 QQ 空间产品，打造展示自我与他人互动的平台，基于中国网民的用户特点搭建了有别于 Facebook 的全新社交平台。通过会员成长体系构建 QQ 空间、QQ 音乐等一系列产品与 QQ 之间的联系，在沉淀优质用户的同时，实现了产品的盈利。随后在与来自美国与本土的互联网公司竞争时，腾讯在社交领域与游戏领域不断拓展自己的疆土。

2008年，随着大型竞技游戏的引入，腾讯利用游戏代理与游戏开发实现了游戏互娱行业的指数增长。这标志着腾讯公司又成功地扩展了自身的企业蓝图，进军了一个全新的充满潜力的竞争领域。

2005年，腾讯网再次改版其新闻门户，从"青年的新闻门户"转型为"立志做最好的综合门户"。此前的腾讯新闻门户因缺乏自身的媒体态度与鲜明的门户定位而淹没在新闻门户的红海竞争之中，几乎无声无息。改版后的腾讯网基于QQ软件与QQ空间，实现了即时互动的新闻报道。

随后，腾讯进军广告媒体业务，推出了MIND腾讯智慧广告投放逻辑与评判标准。腾讯所打造的数字媒体触点解决方案使得腾讯进一步推行精准投放广告的差异化理念，这与腾讯打造的社交生态更为契合。广告媒体业务成为腾讯公司极具生态活力与影响力的业务板块，并使腾讯网络媒体成为全球最大的最具影响力的网络媒体平台之一。

（三）巨头时代（2010年至今）

"小步快跑，试错迭代"一直是腾讯遵循的渐进性创新思维，从客户的角度思考问题是腾讯不断创新迭代产品的根源动力，也是腾讯不断创造出用户体验感极佳且具有发展潜力的产品的根源所在。对用户的深度挖掘成为腾讯在各个行业领域取得极高市场认可度与市场占有率的关键因素所在。在经历过"3Q大战"后的腾讯，越来越注重开放能力的构建。资本与流量成为腾讯在重塑战略进行框架调整时最关注的两个能力。腾讯致力于将原先封闭的公司内部资源转而向外部的第三方合作者无偿开放，这标志着腾讯已经开创了属于自己的全新成长模式。

2010年微信1.0上线，引领了中国移动社交的变革。2012年，微信用户数量突破1亿。微信中推出的公众号功能，以媒体与电商的双重属性，革命性地改变了中国互联网以及媒体产业的既有格局。公众号的沉浸式写作培养了一批优质自媒体用户，也打造了全新的舆论制作平台。植根于用户与社交的公众号同时也具备了商业的可能性，连接腾讯支付平台的微信让腾讯公司成功地将电商业务连接起来，基于微信平台打造出了属于自己的电商生态。

随后的几年，腾讯公司基于微信这一重要平台的价值，开展横向、纵向产业布局与生态并购，抢占流量入口，颠覆了中国互联网产业的发展格局，重塑了中国互联网生态。至此，腾讯公司的战略布局定位在"连接与内容"，打造了一个以通信和社交为核心，以微信和QQ为平台和连接器的咨询服务生态体系，形成了一个融合腾讯游戏、腾讯动漫、腾讯文学和腾讯影业在内的完整泛娱乐生态布局。

二 腾讯公司的组织架构

在发展之初，随着QQ的诞生与移动梦网项目的引入，腾讯公司进行了第一次组织架构调整，将公司划分为三大部门，分别是市场部门（M线）、研发部门（R线）以及职能部门。

随着腾讯移动业务体系的成熟以及多元化在线生活理念的打造，腾讯进行了第二次组织架构调整。此次业务架构调整对于提升腾讯公司整体的落地执行力有重要的战略性意义，各事业部围绕核心业务开展工作，共同搭建属于腾讯的产品服务生态体系。

移动互联网时代的到来，微信的井喷式发展以及腾讯"互联网+"生态布局战略的确立，使得腾讯公司进行了第三次组织架构调整，采取以事业群来区分公司内部组织单元。腾讯公司的事业群包括以下几个。

（1）企业发展事业群（CDG）：作为公司新业务孵化和专业支撑平台，负责包括金融、支付、广告等重要领域的拓展，同时为公司各大业务提供战略、投资与公关市场等专业支持。

（2）互动娱乐事业群（IEG）：负责公司互动娱乐业务的运营与发展，打造包括游戏、文学、动漫、影视等在内的多元化、高品质的互动娱乐内容产品，助力公司在全球互动娱乐领域取得领先地位。

（3）移动互联网事业群（MIG）：负责公司移动互联网、安全及工具类平台业务的运营与发展，打造多款移动端平台产品，如应用宝、QQ浏览器、腾讯手机管家、腾讯电脑管家等，助力公司在移动互联网领域取得领先地位。

（4）网络媒体事业群（OMG）：负责公司网络媒体业务的运营和发展，依托腾讯网、腾讯视频、腾讯新闻客户端等核心产品，助力公司营造更优质的内容生产新生态。

（5）社交网络事业群（SNG）：负责以QQ与QQ空间为基础打造大社交平台，为用户提供即时通信与社交网络的综合性服务，拓展创新增值业务，推动云平台业务，为用户和合作伙伴创造更多价值。

（6）技术工程事业群（TEG）：负责为公司内部及各事业群提供技术及运营平台支撑，为用户提供全线产品的客户服务，并负责研发管理和数据中心的建设与运营。

（7）微信事业群（WXG）：负责微信基础平台、微信开放平台，以及微信支付拓展、O2O等微信延伸业务的发展，并包括邮箱、企业微信等产品开发和运营。

第三节 腾讯公司的企业社会责任管理

一 腾讯公司企业社会责任实践的基础

腾讯公司将企业社会责任设为公司的核心战略之一，主张将社会责任融入每一款产品中，追求公司业务发展与承担社会责任的平衡。腾讯公司在其成长过程中，一直面临"做什么样的产品，做什么样的服务，有怎样的社会价值"的命题，这里面涉及无数的抉择，而腾讯进行所有产品与战略决策的来源便是用户。腾讯从创立之初搭建的OICQ即时通信工具，到后期以QQ为核心的QQ产品群，及至开辟移动社交时代的微信，无一不是站在用户需求与用户体验的角度进行设计和推广，腾讯始终坚持为用户创造价值，继而实现自身企业的价值。"为用户创造价值"的立意是腾讯履行企业社会责任的出发点和落脚点。

腾讯公司创始人、董事会主席兼首席执行官马化腾先生在历年公司企业社会责任报告中都反复强调企业社会责任的战略地位，努力使腾讯成为"更好承担社会责任的、可持续经营的商业企业",这就清晰地表达了腾讯公司对待企业社会责任问题的积极态度。

作为一家用户数量庞大且快速发展的互联网平台型生态公司,腾讯对其业务模式、组织形态、企业社会责任等各方面都有了更新、更高的要求。腾讯公司的行业及社会影响力越大,社会公众对其承担社会责任的预期就越高,公司对企业社会责任工作也就越发重视。

二 腾讯公司企业社会责任的四个维度

作为在全球极具影响力的互联网公司,腾讯公司企业的社会责任工作具有显著的互联网基因。在具体实践中,腾讯公司的企业社会责任可划分为以下四个维度。

（一）企业经营维度

腾讯自1998年成立至今已走过了20多个年头,从在科技园萌生的创业企业到如今影响全球、市值排名全亚洲第一的国际型互联网公司,腾讯公司始终恪守着合法诚信经营基本准则。2004年在香港上市后,腾讯的业绩表现与发展速度也让所有股东与利益相关者都从腾讯的健康快速发展中获益。以马化腾等创始人为核心的腾讯高层领导团队不仅具有高度的市场敏锐力和洞察力,更具备高度的企业家精神。在发展过程中,腾讯公司始终坚持创新与快速高效的企业文化,促使腾讯不断领跑互联网时代,引领中国互联网格局的创新性、颠覆性变革。腾讯公司始终秉持着对用户、对员工、对股东、对社会负责的态度,在快速发展浪潮中坚持站在正义与道德一侧,开辟可持续发展的互联网战略生态。

（二）用户维度

"用户"始终是腾讯公司进行一切产品与服务的核心所在。"用户体验"是腾讯的产品线所创造的概念,腾讯产品与服务的迭代创新乃至战略框架的变革都是站在中国以及世界产品用户的角度进行思考后所进行的决策。在20余年的发展历程中,腾讯淘汰了诸多产品服务,剥离了部分非核心业务,同时采用开放的方式与心态与其他行业的企业进行合作。这样做的目的,一方面是为了腾讯有更为健康持续的发展生态,另一方面是为了给用户打造优质核心且体验感极佳的"腾讯式"产品及服务。作为互联网公司,用自身的产品造福用户,从用户的角度出发思考问题已经是腾讯公司作为国内巨头互联网公司社会责任的体现,对用户负责是其企业社会责任最核心的体现。在互联网行业,脱离了用户的企业是不负责的,更是不能持久生存的。腾讯从用户的角度来思考问题,完美地将企业自身的发展与社会责任的实践结合,树立了中国企业实行社会责任的标杆。

(三) 社会维度

腾讯公司的初期创始人陈一丹现已成为腾讯公益基金的执行董事,负责腾讯公司公益事业的推进与公益基金的管理运维。作为一家在改革开放的春风中成长起来的互联网企业,腾讯公司的社会责任随着自身的发展变得更具有宽度与深度。作为走在科技尖端的互联网企业,腾讯公司始终坚持将社会公益与自身的信息及技术优势结合起来,通过多种形式助力中国慈善事业与公益事业的发展,这是一个伴随着中国改革开放而成长起来的企业对于自身企业社会责任的认知和行动。互联网的发展为世界带来了颠覆性改变,腾讯致力于用高科技与创新精神来改变人们的思维方式和生活方式。与此同时,腾讯也始终坚守正义,坚决捍卫用户的权益,坚持互联网创新与技术领域的知识产权保护。作为国内互联网头部企业,腾讯公司始终在以正面积极的行为为建设美好生活做出贡献。

(四) 环境维度

当今时代,信息化浪潮扑面而来,如何发挥自身企业的影响力,坚定不移地维护时代的信息安全与信息质量成为每个中国互联网企业应该思考的问题。毫无疑问,腾讯公司在其成长进步的过程中交出了一份满意的答卷。对于互联网企业来说,信息环境是一个重要的环境维度。经历过"3Q大战"后的腾讯,以更开放包容的心态面对互联网行业的竞争。同时也能恪守原则与精神,始终捍卫腾讯用户的体验与利益,为中国互联网信息环境的安全和正向发展做出努力。在反造谣、维护知识产权方面，腾讯始终坚定不移地拥护专利保护制度。腾讯公司意识到专利已经成为中国互联网企业进入国际市场的一个巨大挑战，因而需要以更主动的姿态拥抱知识产权，提升自身长期的防护能力。此外，作为一家高科技企业，腾讯公司也始终在利用自身的条件促进生态环境的建设，利用自身的影响力为中国环保事业贡献力量。在腾讯公司的发展版图中，"互联网＋"的发展概念本身也是一种可持续发展的概念。腾讯公司致力于将社会责任理念与自身的发展目标结合，通过互联网基因的引入为中国的可持续发展贡献力量。

三 腾讯公司企业社会责任的管理架构

为保障全平台的社会责任充分落实，腾讯于 2010 年专门成立了企业社会责任部，负责腾讯公司企业社会责任战略的制定和实施，并在各部门及区域明确企业社会责任联络员，全方位推动腾讯的企业社会责任工作。

2013—2014 年，腾讯公司基于集团组织架构搭建内外协同的合作体系，形成了腾讯的社会责任管理架构。

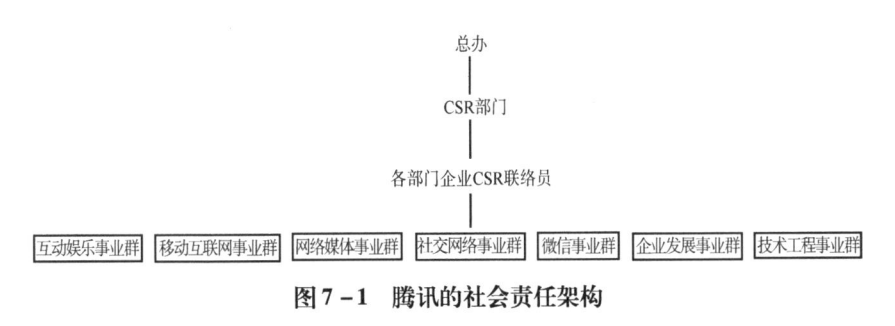

```
                   总办
                    |
                  CSR部门
                    |
            各部门企业CSR联络员
    ┌────┬────┬────┬────┬────┬────┬────┐
 互动娱乐  移动互联网  网络媒体  社交网络  微信  企业发展  技术工程
 事业群   事业群    事业群   事业群   事业群  事业群   事业群
```

图 7-1 腾讯的社会责任架构

资料来源：腾讯公司社会责任报告（2015）。

腾讯公司致力于用"互联网＋"的方式去"连接一切"，这也就意味着腾讯的企业社会责任必将与数以亿计网民的沟通方式和生活习惯紧密相连，并可能由此给用户带来诸多负面的深刻影响和改变。腾讯不仅在谋求自身的发展，也同时希望让整个社会获得更具品质的发展机会。互联网改变人们的生活方式，同时也在无形之中体现着企业社会责任的意识。用产品与服务去体现企业社会责任，这便是身处互联网时代的腾讯公司社会责任工作的核心。

在移动互联网飞速发展的新时代，腾讯希望像亚马孙河一样，去构建一个万物生长、生机勃勃的生态圈，并基于这一情境来开展其企业社会责任工作。长期以来，腾讯一直以负责任的方式对待用户、合作伙伴和社会，这让腾讯得以稳步前行。在数智时代，腾讯的开放与共享无疑会给社会、给诸多中小企业带来利益，这也是腾讯作为国内领先的互联网公司责任与担当的体现。

腾讯公司的企业社会责任部目前已有60余人，为推行腾讯公司履行企业社会责任做出了艰苦努力。他们一方面通过和企业公民委员会等专业机构建立战略合作，推动中国企业界的公民实践和责任意识建立；另一方面发挥腾讯公司在互联网技术领域的核心能力，充分运用腾讯的技术优势、传播优势，积极搭建公益平台，向以8亿腾讯活跃用户为代表的民众传递以公益、爱心、责任为核心的公民理念。

腾讯企业社会责任在"连接一切"的大战略背景下，更聚焦企业与利益相关方连接发展的相关议题中：更加靠近，倾听用户的声音；更加开放，携手合作伙伴坦然应对挑战；更加关注，与员工共同成长；更加尽责，对社会全力回馈。

第四节 腾讯公司企业社会责任实践的典型项目

一 用产品和服务提升人类的生活品质

一家企业要想真正地承担社会责任，是不可能脱离其产品和服务的。那些高喊"企业社会责任"的口号，却无法把企业社会责任的实践融入其产品和服务之中的公司，是不可能把社会责任工作做到位的。腾讯公司秉承着"一切以用户价值为依归"的初心，致力于为数亿互联网用户打造"一站式"在线生活。腾讯以创造更好的互联网产品和服务为矢志追求，以更丰富的维度、更生动的形式连接人、设备和服务,并始终坚持让产品和服务的创新回归人性需求本身。通过提供优质的产品和服务,关注生活和社会的变迁,让世界变得更加美好,这是腾讯公司的信念,也是腾讯企业社会责任工作的起点。

例如,"微信"这一产品就是腾讯公司承担社会责任工作的典型代表。2013年,马化腾在腾讯WE大会上发表题为"通向互联网未来的七个路标"的主题演讲,"连接一切"开始从腾讯的业务模式中被提炼出来,并持续绽放异彩。"把用户与实体世界连接起来,希望用户可以用指尖触及生活的方方面面",腾讯踏上了一条致力于用"连接"创造用户价值、商业价值、社会价值的生态系统建设之路,通过提供规则,形成了一个汇聚海量用户的交流平台。自此,以"微信"为代表的连接器,把中国的开放和创新推到了一个新的高度并走向世界。

微信自2011年推出以来,历经多次版本更新,悄然完成了对超过7亿人的覆盖:从2.0版本语音对讲、3.0版本摇一摇、4.0版本朋友圈等功能依次上线,到5.0版本搭建游戏平台掀起全民分享潮,并推出微信支付,6.0版本短视频和钱包、卡包粉墨登场,微信一次次击中用户使用"痛点",在越来越贴合人性的同时,开始深刻影响和改变着人们的生活,并不断创造惊喜。"你如何使用微信,决定微信对你而言,它到底是什么。"微信的产品创始人张小龙如是说。这句近乎哲学的话语,让人意识到微信这一产品对于当今中国人生活的深度影响。人际关系活跃度的增强、社交方式多元化的拓展、生活服务移动化的便捷,微信在其中发挥着潜移默化的作用,它也渗透到人们生活的每一个角落。

微信正在逐个打开社会生活连接的各个接口。微信所搭建的移动互联网社交,从内到外构建内容生态社交圈,把人与人通过互联网连接起来。而且,微信还不仅连接人与人,事实上它已经开始连接人与服务、服务与服务。通过搭建公众平台,腾讯公司为人们提供各式服务,在电子政务、社区服务、金融服务、电子商务等领域发挥积极的作用。微信平台的成功搭建为广大用户带来了更为便利的生活,通过连接用户与企业,微信的平台价值也得以巨量放大。微信鼓励有价值的服务,不仅仅是商业价值,更强调因连接创造的用户价值,乃至对民生需求、社会发展具有深远意义的社会价值。微信这份朴素的坚持,让一些真正有价值的服务开始被创造出来,"企业微信""小程序""公众号""服务号"如雨后春笋般破土而出,成为企业、商家在与用户互动中持续创新的阵地,一种全新的"智慧型"生活方式真实地呈现在人们面前。

作为移动互联网时代的"连接器"之一,微信将更致力于与公共服务的进一步连接。医疗、教育、交通、环保等多部门间的"信息孤岛",都可以通过移动互联网来探索破解之道。微信向往更简洁、更人性化的人机接口、更有效的数据交换,这不仅为提高公共服务的效率,更为解决复杂社会难题提供新的可能。保持产品和规则核心结构的同时,去寻找人类的共性,正是微信这一产品所期待的移动互联网时代的真正连接方式。

二 通过技术创新构建安全的生态系统

作为一家互联网行业的高科技公司,腾讯的企业社会责任工作的另一个重点项目是利用其技术创新来参与构建并尽力维护安全的互联网生态系统。

一方面,在科技日新月异的移动潮流中,腾讯公司以"解决用户痛点"为目标,不断增加科技创新投入,引领中国互联网领域的创新工作。在人脸识别、智能滤镜、双面视频、AI 等领域不断创新,以更完美的产品为用户带来更极致的体验。其中,人脸识别技术以 99.65% 的准确率位居世界第一,并已广泛应用在警务、酒店入住、远程业务办理、考勤打卡等场景中。腾讯公司在现有的保护企业内部创新机制的工作基础上,投入更多资源支持企业外部合作伙伴及社区的创新工作,为整个产业链中的创新激励与保障措施做出积极贡献。比如,从保护知识产权的角度出发,腾讯公司与外部合作伙伴共同推进知识产权保护领域的各项理论研究与实践执行,包括组织专门的研讨会或论坛，积极开展国际化的知识产权保护体系的经验交流，并将相关成果以多样的方式分享给业界。腾讯公司设立了一个公司级奖励项目"腾讯产品企业社会责任奖"，奖励那些公司内部所推出的"负责任创新型"互联网产品，要求这些产品在规划、开发、发布、应用等各个流程环节中充分考虑"创新"和"企业社会责任"两个维度，引领更多的互联网企业开展具有社会价值的创新性研发工作。

另一方面，腾讯公司深刻意识到高速发展的互联网在给人们生活带来便捷的同时，各类挑战也层出不穷，商业生态安全的建设刻不容缓。因此，腾讯公司在自身高速发展的同时，一直参与解决社会问题的过程中，构建安全的互联网生态系统。针对当前复杂的网络安全问题，传统的终端级防护、单点防御的安全解决方案能起到的作用甚微。同时，对网络空间安全来讲，也不能孤立地依靠安全软件。腾讯率先打通网警、银行、运营商等产业链合作伙伴，发起中国首个"天下无贼"反信息诈骗联盟，向日益猖獗的网络欺诈行为发出最有力的挑战，并通过不同互联网企业之间信息交换和沟通快速地对网络欺诈行为进行处理。腾讯公司将全球最大的安全大数据库"安全云库"免费开放给联盟伙伴。通过与产业链上110余家企业、单位建立安全联盟的方式，"腾讯安全"将腾讯云查杀能力、漏洞修复能力、上亿恶意号码库等安全能力输出给产业链，共同打造移动安全生态环境。同时，以"腾讯安全"为基点，建成连接政府、金融机构、电子商务、运营商、安全企业等各方合作伙伴并服务大众的安全产业链，真正推动建立全民参与、全产业链协作的社会安全体系。构筑更为安全更为全面的网络安全监管体系，是腾讯以实现用户价值为出发点，是承担企业社会责任的重要体现。

对于互联网行业来说，网络安全几乎是企业需要承担的首要任务之一，尤其是互联网正在向"以个人为中心的社会化网络"发展趋势下，用户隐私如何得到充分保障将成为非常核心的议题。此外，电子商务、电子政务的进一步普及对网络支付安全、用户信息保护等提出了更高的要求。为此，腾讯公司不计成本地搭建金融安全平台、信息安全平台。同时，与高校合作培养安全人才生力军，在抗击黑产、净化谣言、保护文化创意等方面贡献智慧和创意，守卫用户的每一次连接。腾讯公司建立了"腾讯互联网法律研究中心"，深入研究互联网产业发展中遇到的前沿法律问题，为互联网产业发展提供符合务实需要、科学严谨、可操作性强的报告和咨询意见，为整个产业的法律体制建设提供服务支持。这是一个开放的平台，也为其他的互联网企业提供法律上的帮助，为用户、企业、主管政府机构、合作伙伴等提供法律保障和操作规范的建议，共同促进产业健康发展。

腾讯所做的一切都和"连接"有关，只有开放连接更多的应用场景，连接本身才会变得更有价值；而更大的开放生态，也将引领腾讯获得更强的连接能力。参与构建并尽力维护安全的商业生态系统，既是腾讯公司自身发展的需要，也是其承担社会责任、参与建设美好社会生活的必然要求。腾讯通过开放云服务能力、手机管家安全防护能力、人脸识别能力、微信支付能力、位置服务能力及社交平台海量客户等各种资源，从能力、服务、内容各个方面扶持合作伙伴成长。截至 2016 年 12 月 18 日，腾讯云在中国香港、新加坡、多伦多三大海外数据中心基础上再开放 11 个海外节点，服务覆盖全球 6 大洲，帮助中国企业在海外更快速地开展业务。通过"互联网+医疗"，打通医疗行业的多个"信息孤岛"；通过"互联网+警务"，为民众提供安全保护；通过"互联网+乡村"，高效连接惠民服务。截至 2016 年 12 月，基于人脸识别，退休老人可在 140 秒内完成远程身份认证领取养老金；微信城市服务平台"社保查询"累计服务 843 万人次；在深圳，已经有 33 万人使用微信医保支付，平均为患者节省 46.3 分钟……

三 积极探索互联网时代的公益慈善

2007 年 6 月，腾讯公司倡导并发起了中国互联网第一家在民政部注册的全国性非公募基金会——腾讯公益慈善基金会。作为首家由互联网企业发起成立的公益基金会，腾讯公益慈善基金会致力于推动互联网与公益慈善事业的深度融合与发展，通过互联网尤其是移动互联网的技术和服务推动公益行业的发展。

多年来，腾讯基金会一直致力于将互联网的连接能力，以产品的形态推进到公益慈善事业之中：通过更有效率、更透明的连接爱、连接善，催生社会正能量。2014年腾讯利用移动互联网LBS定位技术，结合QQ平台，助力寻找失踪儿童。2015年，腾讯公益发起中国首个以"一起爱"为主题的互联网"公益日"。腾讯利用互联网的优势主导"科技公益"的新潮流，为企业社会责任注入了新的科技力量与时尚"血液"。趣味性的线上互动公益颠覆了传统公益的形式，腾讯以互联网为切入点为社会公益带来了更高的普及率与参与度。

腾讯公益致力于成为"人人可公益"的创联者，成为公益组织和广大爱心网友，成为企业之间的公益"连接器"，用互联网核心能力推动公益行业的长远发展。多年来，腾讯公益形成了以下几个品牌产品。

（一）人人公益——互联网网络捐款平台

作为腾讯基金会的重要产品，"网络捐款平台"融入互联网的智慧和精神，将公益成功转变为一种新的社交方式。腾讯公益推出的"一起捐"就是这样一种基于移动平台特性和社交关系链的全新募款模式。"一起捐"带来的不只是捐款，更是将朋友和互动引入公益，让爱心在朋友和一个个圈子里流通，使得公益更加真实、友好和快乐。通过"乐捐""一起捐"等方式，让人人可公益成为现实。公益不再是单纯的一次捐赠，而是具有社交性质的网络互动行为。通过微信等社交工具的关联，网友捐赠项目的动态，将直接推送到指尖，从而实现人与项目的连接；通过手机在社交网络、朋友圈内发起捐款，将朋友与圈子连接起来，利用"圈子"的力量成倍放大公益的影响力。数量庞大却零散分布的爱心个人可以用最简便的方式参与公益，并迅速汇聚形成了一个网络可见的正能量群体。截至2015年12月，有超过4825万人次的爱心用户，通过腾讯公益捐赠善款超过7.6亿元，共资助了2562家公益组织的8235个公益项目。正如腾讯公益慈善基金会秘书长翟红新所言："培养公众的公益意识，使公益成为一种社会常态,让公益成为习惯甚至是一种生活,是腾讯基金会的目标。"

(二)行为公益——益行家

腾讯"益行家"是由腾讯公益慈善基金会发起并主办,号召公众通过线上公益捐赠,参与线下徒步行走的大型年度品牌公益项目。"益行家"是一款将用户的运动数据转化为公益步数,兑换为资助企业的公益基金捐助公益项目的产品。以"人人是公益行动家"为使命,通过移动互联网社交,撬动企业及公众共同参与全民健康公益的盛宴。"益行家"产品有效地连接大众、企业和公益机构,大众捐赠运动步数,企业匹配资金,公益组织执行和反馈项目。对于步数捐赠的普罗大众来说,他也不再是单纯地付出,他为自己的生活方式赋予了利他的公益属性,企业匹配资金的同时获得更多的品牌曝光,增加美誉度,这使得公益变成一个多方获益的事情。腾讯利用创新思维不断探索移动互联网环境下的公益事业,以"益行家"等项目打破了大众对公益的传统认知,将公益融入了大众日常的生活中。

(三)全民公益——99公益日

"99公益日"是由腾讯公益联合数百家公益组织、知名企业、明星名人、顶级创意传播机构共同发起的一年一度全民公益活动,起始于2015年9月9日。"99公益日"旨在利用移动互联网、数字社交等创新手段,用轻松互动的形式来发动全国数亿热爱公益的网民通过小额现金捐赠、步数捐赠、声音捐赠等行为,以轻量、便捷、快乐的方式参与公益活动。2015年9月7日至9日,网友通过腾讯公益平台捐款1.27亿元,参与人次超过205万,创下国内互联网新的募捐纪录。首次"99公益日"不仅证明了"指尖上的公益"所迸发出的强大连接力,也昭示了"信任连接公益"时代的到来。腾讯公益慈善基金会理事长郭凯天谈道:"现在有超过1000万人次在我们的平台上捐款,这充分说明中国人热爱公益,中国公益事业有巨大的潜力。互联网降低了捐赠门槛和信息成本,我们有责任把这个潜力开发出来。当然网民公益不会一蹴而就,培养网民的捐赠习惯是一项长期的工作。"

（四）微爱计划

腾讯微爱是腾讯公益慈善基金会面向公益组织发展的立体成长体系。其核心机制是，腾讯基金会通过微爱开放平台，整体提供资金、资源、资讯的全方位支持，促进民间公益组织、优秀企业、公益领袖、爱心网友、社会志愿者的正向互动，共同致力于推动中国公益事业的良性发展。

点滴的微爱，汇聚成澎湃的洪流，成为推动社会前行的巨大正能量。这背后所折射的，是全民公益的社稷责任心，也是公民意识在互联网平台的积极迸发。自2015年腾讯微爱"NPO+计划"5月20日发布以来，截至10月10日，来自全国各地的664家民非、公益性社会团体两类机构在乐捐平台发起1215个公益筹款项目，其中非个案疾病救助类项目1080个。

（五）产品公益计划

在企业内部，腾讯基金会积极探索联动产品做公益的可能性。利用腾讯产品的技术与特性，连接腾讯的用户，让公益参与更高效、影响更广泛。通过与社会各主体单位的合作，腾讯公司成功地为其诸多产品赋予了社会责任的属性。例如，微信产品的"为盲胞读书"、QQ邮箱的"暖灯行动"、手机QQ的"全城助力"和"QQ红围巾"、电脑管家及手机管家的"清理+"、天天酷跑及微信运动的"酷跑+"等。

值得一提的是，为更广泛地推动创新思维，挖掘年轻人的创新潜力，将年轻人的创意变成现实，腾讯公司与中国计算机学会（CCF）合作发起成立"犀牛鸟科研基金"。该公益项目旨在连接腾讯人与青年学者，在时代中把握机遇，将伟大的创想变成现实，从而为中小企业创造社会价值提供更多可能与支持。通过在医疗、健康、教育、经济等诸多领域开展与其产品紧密关联的企业社会责任实践，一方面体现了腾讯公司优越的技术实力、经济实力和社会影响力，另一方面体现了根植于腾讯公司深处的企业社会责任感。

未来，腾讯将继续推进并完善企业管理体系，把对企业社会责任的履行，毫无保留地融入企业经营之中，更完整地与时代连接，充分保障各利益相关方在企业发展中获得公平的待遇，与合作伙伴一起，拥抱未来。正如陈一丹所言："未来，腾讯将坚定不移地整合导入互联网力量，致力于打造社会化公益平台：一是开放全产品，推动全平台公益事业，让每一项业务、每一个产品都拥抱公益；二是团结全行业，共建全平台公益生态，各行各业都可以发挥自己的资源优势，构筑大小不同的公益平台，相互叠加，互连互通，汇成公益大河；三是携手全社会，释放全平台公益力量。集结全社会资源，凝聚全民力量，动员人人都来关心和参与公益事业，让大众真正地成为公益主角。"

第五节　总结与展望

　　中国经过四十余年改革开放，取得了举世瞩目的成就。在近二十年来，新兴的互联网企业作为一股重要力量，在国民经济发展中扮演了重要的角色。腾讯公司作为全球互联网市值排名前十的企业，不仅在企业经营管理上是行业标杆，在承担企业社会责任方面同样成了行业标杆。腾讯公司积极尝试企业社会责任的实践创新，结合企业产品的特点来开展行之有效、生动活泼的企业社会责任活动。比如，利用微信作为公益传播平台，腾讯公司积极传播公益信息，开展公益活动，用户只需要通过点击手机屏幕就可以参与多项公益活动。再如，出于对特殊群体的关注，腾讯于2003年底设立了信息无障碍联盟，大大提升了特殊群体用户的体验。腾讯也一直利用自身的互联网资源与优势，打击违法犯罪，在维护社会良好环境方面尽责。

　　随着公司的不断成长壮大，腾讯深深地体会着"企业越大，责任越大"的含义。腾讯公司希望携手社会各界，通过互联网的巨大影响力，让企业社会责任的理念得到传播、传递并深入到每一个优秀企业的经营理念和经营行为之中去，成为每一个企业公民的自觉实践及创新动力。腾讯公司可持续发展的秘诀是：决不追求单向经济效益最大化，而是以用户价值和社会价值最大化协调统一发展为方向。对于社会和用户的责任与企业经营的协调发展，始终是腾讯重点关注的战略问题。腾讯所推行的企业社会责任战略符合全体股东的利益、经营所在社区和公众的利益，符合公司的长期发展利益。

从长远来看，腾讯公司需要将责任与运营融合得更加亲密无间，充分利用"互联网＋"的优势，使得自身的发展能为社会进步做出更大的贡献。腾讯公司需要更加充分与时代、与大众连接，将企业社会责任实践与企业产品结合起来，携手各利益相关方共同努力，拥抱美好的未来。

第八章

万科集团企业社会责任实践

第一节 万科集团简介

万科公司成立于1984年，于1988年进入房地产行业。1991年，万科在深交所上市，成为国内最早上市的房地产企业。经过三十余年的发展，万科集团已成为国内顶尖的城乡建设与生活服务商，公司业务聚焦全国经济最具活力的三大经济圈及中西部重点城市。万科在房地产行业一直处于龙头地位。2020年1—12月，万科公司累计实现销售面积4667.4万平方米，销售金额7041.5亿元，同比增长11.6%；实现净利润415.16亿元，同比增长6.8%。相应的营业收入4191.12亿元，同比增长13.92%。《2020中国房地产上市公司测评研究报告》显示，截至2020年，万科连续十二年位居中国房地产企业百强首位。2016年，公司首次跻身《财富》"世界500强"，位列榜单第356位；之后的五年内，公司排名持续攀升，在2020年位列第208位。

随着地产行业接近饱和，万科认识到激进的扩张并不可取，地产公司的可持续化发展和稳定的利润获取能力尤显重要。因此万科在2014年提出"城市配套服务商"战略转型计划，在巩固住宅开发和物业服务基础上，积极拓展商业运营、租赁住宅、物流仓储服务等领域。在2018年，万科将其战略定位进一步迭代升级为"城乡建设与生活服务商"，由城市建设升级延展至城乡，首次将战略目光拓展至乡村振兴。2020年，央行和住建部推行融资"三道红线"政策，标志着房地产行业由过去的"金融红利时代"转为"管理红利时代"。万科公司改变发展思路，推行 OKR 管理体系，期望进一步提升公司经营发展质量。

对于走过 30 多年风雨的万科公司而言，早已经过了野蛮生长的阶段。此时，国内的房地产行业也从增量时代转变为稳定时代。随着"三道红线"政策的颁布，万科也在根据外部环境调整发展战略，在实现企业持续成长的同时为社会进步贡献自己的力量。

第二节 万科集团成长历程与业务简介

一 公司成长历程概述

万科公司自成立至今，经过 30 余年的发展，已经成长为中国房地产行业的龙头企业。这一方面得益于改革开放 40 年来的大好环境，万科充分享受到中国住房改革与城镇化进程带来的社会发展以及行业进步的红利；另一方面，在时代发展的潮流中，万科也在不断地调整优化其发展战略。

（一）起步阶段：1984—1992 年

1984 年，万科起始于一家国营电器器材经营单位"现代科教仪器展销中心"，隶属于深圳经济特区发展公司。1988 年，公司的股份制改造方案获批，万科公开发行 2800 万股股票并于年底首次投标买地，正式开启地产经营新纪元。1992 年，公司实施非相关多元化战略，业务"遍地开花"，形成商贸、工业、房地产、文化传播、股权投资五大经营构架。

（二）高速发展阶段：1993—2013 年

1993 年以后，万科公司摒弃非相关多元化战略，确立住宅开发为公司的主业，2001 年转让万佳百货完成专业化转型。1994 年至 2003 年，公司先后进入全国 12 个城市，开启全国化布局步伐，公司销售业绩持续攀升。2004 年公司明确第三个"十年发展规划"，确立千亿元规模的销售目标。2008 年开发万汇楼，作为国内首家中低收入家庭租赁住宅示范项目。2009年成立物业事业部，公司致力于"为普通人盖好房子、盖有人用的房子"。2010年，万科销售规模首次突破1000亿元，提前4年完成千亿元目标。

（三）战略升级阶段：2014年至今

2014年，万科公司确立第四个"十年发展规划"，把"三好住宅开发商"的定位延展为"城市配套服务商"，在巩固住宅开发和物业服务基础上，积极拓展商业运营、租赁住宅、物流仓储服务等领域。2017年，深圳地铁集团成为万科集团第一大股东，支持万科的混合所有制结构，支持万科城乡建设与生活服务商战略和事业合伙人机制，支持万科管理团队按照既定战略目标实施运营和管理，支持深化"轨道+物业"的发展模式。2018年万科将其发展战略进一步迭代升级为"城乡建设与生活服务商"，由城市建设升级延展至城乡，首次将战略目光拓展至乡村振兴，并具体细化为四个角色：美好生活场景师、实体经济生力军、创新探索试验田、和谐生态建设者。近年来，万科公司根据内外部环境的变化及时调整经营思路，推行OKR管理体系，以确保公司的稳健成长。

二 公司主要业务

（一）房地产开发业务

近年来，国家对房地产市场加强宏观调控的力度，房地产行业进入了一个新的调整周期。在外部环境和内部战略调整的大背景下，2015年至2020年万科公司的商品房合同销售额增长率在明显放缓，但是销售金额仍然保持稳定增长，从2586亿元、3615亿元、5279亿元、6070亿元、6308亿元增长为7042亿元。

能够保持持续增长，主要原因在于万科公司及时进行了战略调整，充分发掘出房地产开发业务的价值。一方面，万科公司聚焦城市深耕，单城销售额稳步提升。数据显示，万科公司在2014年至2019年布局的城市数仅由65个提高至70个，而单城销售额由33亿元/城提高至90亿元/城，提高了1.73倍，在房地产行业内保持前列。另一方面，万科公司降低管理成本，挖掘管理红利。由于地产费用结转需要一定的时间，"三道红线"政策发布后，降成本逐渐成为房地产公司的重要举措。有数据显示，万科公司的销售费率为3.8%，远低于其他龙头房企，与保利、中海等央企相近，保持在行业最低位置。

与此同时，万科公司不断探寻房地产行业的蓝海。例如，近年来开始新增TOD开发业务。TOD模式是指以城市公共交通站点为中心，对周边土地进行深度开发，模式强调借助交通线路规划引导土地开发、产业导入和人口集群，进而构建包括商业、办公、住宅、教育等多功能形式在内的综合发展区域。公司积极参与TOD开发，与多加地铁公司达成合作。其中万科与深铁密切合作，充分发挥各自优势，在粤港澳大湾区建设TOD大型项目。目前，公司TOD模式已经初具规模，主要为住宅+商业业态。TOD模式目前已成为公司重点突破口，截至2020年6月末，公司累计已获取49个TOD项目，涉及建面达1803万平方米。项目涵盖多种业态，其中居住业态占比约80%，自持业态占比约20%，自持中六成以上为综合商业。另外，随着房地产行业从增量时代逐渐进入存量时代，城市更新业务变得炙手可热。目前，前50家房企中参与城市更新业务的占比已达78%。万科聚焦于一线、二线城市旧改，虽未达到行业第一，但总土储占比每年都在稳步上升。

（二）物业业务

万科物业（后更名万物云）成立于1990年，是万科集团旗下子公司（直接持有63%股份）。从多层住宅小区深圳天景花园开始，万科物业业务逐渐拓展至商企服务、城市服务等领域。在30年的发展历程中，万科物业始终围绕客户需求，不断进行服务模式以及业务模式的创新变革，公司已连续10年蝉联"中国物业服务百强企业综合实力TOP1"，连续5年蝉联"中国房地产开发企业500强首选物业品牌"榜首，连续3年获"中国特色物业服务领先企业——企业总部基地"称号。

更名为万物云后，公司业务主要包含Space、Tech和Grow三大模块。其中Space模块包含归属社区空间服务的"万科物业"和"朴邻发展"、归属商企空间服务的"万物梁行"和归属城市空间服务的"万物云城";Tech 模块包括"万睿科技"和"第五空间",分别提供软硬件服务能力、数字运营和行业人工智能服务;Grow 模块的"万物成长"是公司的孵化器,持续连接成熟企业、孵化创新企业。万物云的业务分布如图 9-1 所示。

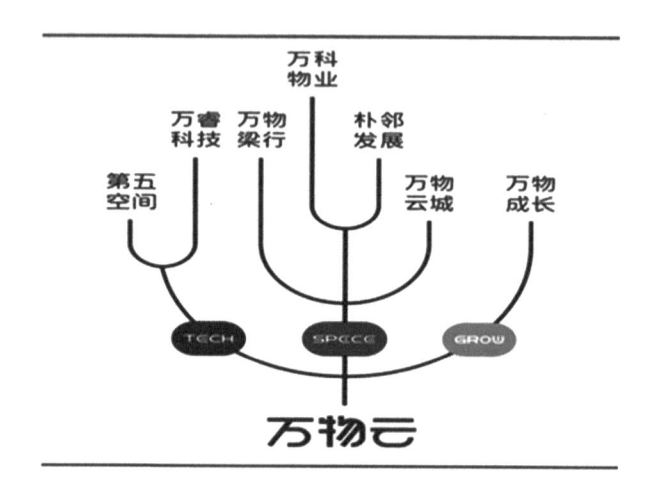

图 9-1　万物云业务分布

资料来源:万科公司公告。

第三节　万科集团企业社会责任管理

一　万科集团企业社会责任报告

万科集团非常重视企业社会责任的管理、运营和披露。公司自 2007 年以来,万科公司每年都发布与企业社会责任相关的报告。从最初的企业公民报告,到后来的企业社会责任报告和可持续发展报告,万科集团通过呈现公司在社会责任方面的点滴做法,始终保持着与利益相关者的良好沟通。

随着环境、社会、公司治理(Environmental, Social and Governance, ESG)概念的提出和盛行,万科的企业社会责任报告逐渐将企业在内外部履行的社会责任活动按照经营、环境、社会三个维度拆分。2020年,万科集团将企业社会责任报告拓展为可持续发展报告,内容涵盖企业文化、业务介绍、ESG,让报告阅读者全方位了解公司除经营活动以外的所有价值。同时,该报告首次引入了SASB准则,将房地产企业的相关ESG议题标准化。

二 企业社会责任管理的重点

(一) 公司治理维度

1. 可持续发展与管理理念

万科一直积极践行可持续发展理念,不断推进和优化环境、社会及公司治理管理工作,定期审视集团ESG表现,制定集团ESG策略与政策,并就特定ESG议题开展研究,逐步提升ESG管理水平及责任实践。2020年,万科继续入选恒生可持续发展企业基准指数,首次纳入恒生ESG50基准指数;MSCI-ESG评级由BB级提升至BBB级。

万科集团的核心价值观是:大道当然,合伙奋斗;愿景是:以人民的美好生活为愿景、以高质量发展领先领跑、做伟大新时代的好企业;使命是:为最广大的利益相关方创造更长远的真实价值;经营管理方针是:创造真实价值,以客户为中心,以股东为优先,以奋斗者为本。

2. ESG管理架构

万科于2019年经董事会审议明确了ESG管理体系,确立了ESG工作机构,确保将万科面对的可持续发展问题逐步纳入公司议程。2020年3月,ESG工作委员会识别出的重大性议题向董事会进行汇报,检讨及评估集团可持续发展风险,并对重大性议题最终判定结果给出建议。

3. 产品与服务管理

万科公司立足住宅产品的居住属性,以"质量、健康、性能"为核心,对工程质量进行全生命周期管控,向客户交付匠心产品。万科集团在产品设计、材料采购、工程建设、交付上都建立了相关的指引标准。

万科公司还面向公司内部全体员工及长期驻场的合作伙伴及供应商提供服务工作。例如，公司针对日常工作与客户数据高度相关的业务部门定期开展专题培训，旨在提升员工信息安全保护意识及专业技能水平。2020年，信息安全工作组正式发文推动集团下属单位落实信息安全培训，将《万科集团信息安全管理办法》作为统一教材推广，并举办全员信息安全考试，该工作作为各下属单位信息安全考核的重要一环。

（二）环境维度

1. 绿色建筑技术设计与应用

公司高度重视绿色环保技术的研发及创新，持续开展创新人才培养。依托万科建筑研究中心、雄安万科绿色研究发展中心等平台，围绕工业化建造体系、绿色建筑、智慧运维、生态环境、可再生能源、废弃物处理等方面深入开展研究，以创新理念和创新成果促进人居、生活、环境的可持续发展。万科致力于把该研发平台打造成更加开放的研发、转化、落地平台，与优质研发资源共同推进技术创新与落地应用。

2020年，万科满足绿色建筑标准的面积为3702.7万平方米，占总建筑面积的比例为100%。其中满足绿色一星、二星标准的项目面积为3607.8万平方米，满足绿色三星标准的项目面积为94.9万平方米。截至2020年底，满足绿色建筑标准的面积累计2.31亿平方米。以上海徐汇万科中心项目为例，该项目三期总建筑面积50万平方米，毗邻上海南站。公司结合项目内部7万平方米的城市开放绿地，以"Park Oriented Development"（POD）立体公园为设计理念，着力打造"超便捷公园式智能化商圈"，立足场地便利的公共交通，提升人性化、便捷化的用户使用体验。同时，公司对单体建筑进行创新性设计、节能优化、系统提升等，为项目运营提供可行性支持路径。该项目应用BIM技术进行管线碰撞、施工管理，有效节约材料；提升建筑围护结构热工性能，供暖空调能耗降低幅度15.10%；采用高效节水器具，卫生器具用水量较一般商办项目降低23%。

2016年，万科与阿拉善SEE生态协会、中城联盟、全联房地产商会等共同发起"房地产行业绿色供应链行动"，旨在以市场化方式促进房地产行业的绿色生产，以行业联盟的形式推动绿色供应链管理，增强产业链整体竞争力和凝聚力。2020年，联盟持续深化绿色供应链行动，增扩绿色采购品类、发布绿色采购白名单、启动绿名单等。万科作为该行动计划的发起者，严格遵循联盟的倡议，加强自身供应链管理，以实际行动推动房地产行业的绿色供应链发展。

2. 绿色运营

万科制定了《能源管理系统建设技术要求》，对已开业、在建及规划项目都有相应的能耗技术要求，规定所有集团持有、运营、承担能源费用的项目应进行能源管理系统的建设。

针对新建项目，公司在设计阶段进行设置监测点位，并采集各表具原始电力数据，统一将数据传输至能源管理系统进行能耗管理分析；针对既有建筑，公司利用电力监控系统或远传抄表系统的数据进行数据质量评估检查，并将数据上传至能源管理系统进行能耗管理分析。同时，各项目设置温度、湿度、CO_2、PM2.5等环境参数测点，采集环境舒适性数据，加强商业项目室内温度管理，提高运营环境品质，将环境数据与能源数据融合，实现兼顾"能源+环境品质"的综合最优运行。

另外，万科按照《节能降耗管理规范》要求，有序开展照明灯具节能改造、日常能源管理等工作，进行能耗数据分析，有针对性地降低物业运营能耗情况。

与此同时，万科对废弃物的管理非常重视。万科一直积极贯彻国家垃圾分类政策，在服务的居民社区、商业写字楼，以及公司各办公点全面推进垃圾分类工作。公司从2005年就开始探索"零废弃"管理之路，依托万科公益基金会专业化的项目管理经验和公益资源，联合政府、公益组织、企业等利益相关方，不断探索并推广城市社区和乡村社区生活废弃物管理方面的新技术、新方法，旨在使"零废弃"

在中国社区成为现实。截至 2020 年底，万科在全国 52 个城市落地垃圾分类，包含住宅社区落地 641 个项目，商业项目落地 307 个，零废弃学校落地 91 所，零废弃办公点落地 52 个。

万科公益基金会践行"废弃物循环利用"的绿色理念，对万科国际会议中心屋顶花园进行设计和建造。建造中使用的超过 80% 的材料都取自园区内原有废弃物，并通过黑水虻和堆肥等生态化处理技术，让转化后的优质有机质还回土壤，恢复土壤健康；同时，万科公益基金会在建设中也尤为关注恢复生物多样性和各类物种保护。此外，万科中心内各机构成员利用自身业余时间深度参与屋顶花园设计、种植和维护，秉持共建共享精神，还共商共议出《屋顶花园公约》与《园丁守则》。据不完全统计，目前屋顶植物种类已近百种，动物种类十余种。

在废弃物管理方面，万科所推广的社区有机垃圾分散式处理模式很有新意。国内多个城市已不同程度开展了厨余垃圾资源化利用试点工作，但普遍存在堆肥技术不完备、成熟肥质量不佳、无法有效总结技术经验、不同试点之间信息传递性差等问题。从 2019 年起，万科公益基金会资助南京大学（溧水）生态环境研究院发起"中国社区厨余堆肥试点项目（第一期）"，成功推动了科研与实践的碰撞与融合，推动社区厨余堆肥走进小区，开始在全国范围内形成一股在地资源化利用、改善社区治理的潮流。基于一期项目成果，2020 年公司启动项目第二期，面向全国公开招募 10 个试点社区合作伙伴。至报名截止时间，项目组收到共计 66 份申请书，并已经筛选出符合项目要求的 15 个试点。

2020 年 1 月，万科公益基金会与故宫博物院正式发起"故宫零废弃"垃圾分类项目。项目计划为时两年，共分为三个阶段推进。2020 年，万科围绕"基础建设与宣传倡导"两大板块推进全年工作。在基础建设板块，万科联合故宫博物院、清华大学建筑学院开展了全面的调研工作，掌握废弃物的基线水平，面向观众与员工开展了广泛的意见征集与环保动员。同时，项目组针对不同类别废弃物连接了不同的废弃物分类处理后端企业，使故宫扎实实现了前端分类投放、后端分类处理。万科公益基金会与故宫博物院还邀请了知名工业设计师团队，基于观众与保洁员的使用体验，结合故宫废弃物品类比例、故宫文化特色等因素，更新设计了故宫开放区垃圾桶。为更有效推广垃圾减量与分类理念，项目组先后设计落实故宫员工和保洁员的培训学习，并面对员工、观众、社会公众开展了一系列的线上线下宣传倡导活动，如零废弃日主题活动、世界环境日专题倡导、世界粮食日专题倡导、故宫零废弃环保文创上新、生态堆肥花坛展示、《上新了故宫》节目倡导等。2020年，围绕故宫零废弃项目年发文量共计5883篇，总触达人次4.7亿，公司在全社会倡导垃圾分类行动、推广生态文明理念方面发挥了重要作用。

（三）社会责任维度

1. 内部企业社会责任活动

在员工权益保障方面，万科严格遵循《中华人民共和国公司法》《中华人民共和国劳动法》等法律法规和《国际劳动组织》等国际公认的人权规范，坚持公平与多元化招聘原则，一视同仁招聘员工；不因员工的性别、年龄、民族、信仰等差异而区别对待，为每一位员工提供平等的就业和发展机会的同时，综合考虑员工的性别、文化、经验等专业背景，实现员工队伍的多元化，持续提升工作场所包容性和公司发展的可持续性。

在员工培训与发展方面，万科公司为员工提供了丰富多彩的培训与发展机会。"乐学"是万科打造的一个移动知识共享、线上学习平台，它持续为员工提供优质学习资源，在不断优化基础上，充分发挥其传承组织智慧功能，为员工投放精准的学习课程，提供更多的赋能机会。特别在疫情期间，公司紧急开放一线发布课程权限，累计上线课程263门。同时，公司通过乐学运营双月报方式，分享线上学习数据，有效激励各BG/BU制作和发布学习资源。2020年课程有效学习累计达369952人次。

"珠峰行动"是万科集团总部的领导力发展项目。2020年，万科面向集团 140 位合伙人开展"珠峰行动"培训项目,围绕集团竞争与数字化战略、事业合伙人机制与文化、万科经营管理思想与工具方法、领导力的提升与管理技能等方面进行训练。

"万科大讲堂"是万科集团"文化宣贯、拓展视野"的分享平台。2020 年,公司依托万科大讲堂共计开展 6 次课题活动,内部课题集中在探讨万科管理思想、文化和理念工具;外部课题聚焦于分享政策、环境、人口等发展趋势。其中,内部课题线下累计学习 5211 人次;外部课题线下累计学习 5310 人次。

"总部学习日"活动是面向集团总部全体合伙人聚焦工作原则和工作方法的培训课程。2020 年,集团总部员工全员参与了《万科集团 29 条工作原则》《万科工作五步法与原则指引》《万科版 OKR》等课程学习。

在工作环境与员工安全方面,公司始终牢记"在万科的工地上,工友的生命有保障"的承诺,制定《万科集团在建项目安全生产红绿灯机制》《万科集团在建项目安全质量底线检查标准》《万科集团在建项目安全生产及质量事故管理规定》等管理制度,明确安全生产底线、落实安全工作流程;利用科技赋能,创新性探索数字智能安全管控;并借助第三方安全评估,对安全风险进行科学评估并督促改进,确保安全生产行之有效。2020 年,万科设定重大事故"零发生"的安全生产目标,打造本质安全型企业。

以万科金融超市项目为例,公司把施工风险管理工作落到实处。在前期策划阶段就开始梳理各个阶段的风险源,并将风险源进行归类、整合。基于"先普遍、再特殊,立足技术处理大面,管理进行补位"的安全管理思路,采用标准化、技术化的手段进行风险源前期的针对性规避。例如,为减少大型机械的作业风险,在充分梳理了机械运力以后,优化场内施工电梯数量,人车严格分流;为把控危大工程风险,前期即将项目所有涉及超过一定规模的危大工程风险源梳理完毕且完成专家论证。2020 年,该项目获得"贵州省安全文明样板工地"称号。

在供应链安全和社会风险管理方面，2019年，采筑平台联合24家房地产企业共同发起成立房地产供应链"反黑联盟"，万科是成员之一。该联盟旨在通过共享和揭露行业风险、分享供应商黑名单、风险名单等，营造更公正、健康的供应链生态。2020年，"反黑联盟"已有46家房地产企业加入，共整理197条风险预警信息，为行业提供有力的风险规避措施。2020年，"反黑联盟"确立分享黑名单内容标准维度、黑名单应用原则、黑名单共享周期/方式、"反黑联盟"沟通机制等组织建设、管理策略；以"质量、安全、服务、商务"等供应商频发风险为依据，确定材料设备、工程施工类为关注品类，重点关注工程变更、转分包、现场管理、安全文明施工等风险；针对保温质量、镀锌钢管质量、人造板材质量、混凝土质量风险等信息进行资源共享和互通，并完成相关小程序的开发上线；开展22类高风险预警产品不合格项目预警及原因分析，包括聚氨酯防水涂料、聚合物水泥防水涂料、建筑防火涂料、地坪涂料等，帮助规避行业重大风险，提升产品力。

2. 外部企业社会责任活动

万科以实际行动积极参加抗击疫情工作。新冠疫情伊始，万科公益基金会第一时间就向武汉市慈善总会捐赠1亿元，支援抗疫一线的医护人员。万科人通过消杀、清洁、疫情监测预警、爱心服务等方式全力保障住宅社区、写字楼、商场、长租公寓、养老社区等居住场所的卫生健康和有序运转，守护居民正常生活，助力企业复产复工。集团旗下的万科食品积极筹措新鲜蔬菜，为深圳派驻武汉的医务人员和在深单位一线医护防疫人员免费配送到家；万纬物流公司无偿开放全国27个城市的59个物流园，协助各级政府、慈善机构仓储运输防疫物资；万科商业对旗下商场1万家商户减半收取2个月租金；万科物业启动"2万人招聘计划"，助力疫情期间稳就业。

万科积极参与城市建设。作为房地产龙头企业，万科以高品位的姿态参与城市建设。"上生·新所"项目位于上海市延安西路，隶属于新华路文化风貌区，是上海的历史文化风貌区，拥有3处历史建筑、

11栋贯穿新中国成长史的工业建筑。万科综合考虑"空间""文化"和"内容"三个维度的再生策略，进行整体规划和运营，通过老建筑来激发园区品质和活力，延续城市肌理。

万科公司在开展古城建筑项目时，通过修复重点历史建筑及结合艺术展览等方式，让古城历史被看见、被触摸、被人们熟知。对于古建筑危房、不可移动文物和传统风貌建筑采取"修旧如旧"原则；对于包含历史价值的近现代建筑则采取尊重历史层积性原则；而对其余城中村近现代建筑则采取多样性原则。在项目改造过程中，对不协调的部位按照分等级策略实施拆除、清理、简单修补和重新设计等方案，进行全面的梳理和恢复原貌。同时，通过控制新旧材料和新老元素的选择和应用比例，尽量完整地保留原有的建筑风格。

2020年5月，万科与鼓浪屿政府展开合作，共同推进鼓浪屿公有房产运营管理及历史建筑保护文化提升，服务市政、园林、市容、环卫等城市空间整合服务，打造鼓浪屿"物业城市"治理模式。公司对鼓浪屿上公有房产的危房进行排查与修缮，通过为区域设置网格、设施增添二维码等方式，让资产建立电子档案，提升城市管理效能。同时，万科携手鼓浪屿政府，将对岛上直管公房、风貌建筑、核心要素及部分公益性场所的运维和物业进行升级改造，通过"专业服务＋智慧平台＋行政力量"相融合的方式，对城市公共空间与资源实行全方位管理与开发。

第四节　万科集团企业社会责任典型项目

一　精准扶贫项目

（一）教育扶贫

万科结合贫困地区实际，帮助贫困地区解决基础设施配备不足、师资经验不足等问题，通过务实、持续和深入的方式引进先进的教学经验，助力乡村教育发展，为乡村未来发展培养人才。

1. 援建寿宁东区中学工程

宁德市寿宁县地处闽东，教育资源不足的问题较为突出。在中国光彩事业基金会和福建省宁德市及寿宁县的支持下，万科投入1.2亿元，派驻专业团队，先后克服了山地施工难、雨季长、人力和机械资源紧缺等困难，完成了福建省单笔最大的教育扶贫项目。受2020年新冠疫情影响，工友返工及资源供应遭遇重大阻碍，耽误工期长达2个月。为了确保孩子们能准时在新校园上课，项目团队与当地政府紧密沟通，对现场防疫、复工申报、物资保障等开展专项攻坚，确保项目整体工期不受影响。2020年9月1日，寿宁东区中学敲响了新学期上课的钟声。经历近650个日夜的奋战，万科公司向寿宁交付了一座既具现代气息又蕴含传统文化的美丽校园。

2. 捐资支持贵州、甘肃五县基础教育

贵州、甘肃是国内教育资源较为匮乏的地区，教育基础设施非常薄弱。2018年至2020年，万科联合中国光彩事业基金会在贵州省晴隆县、赫章县、望谟县、三都县、甘肃省积石山县等五个中央统战部定点帮扶县开展教育扶贫，累计投入7500万元，改善当地幼儿园、小学基础办学条件，以教学楼、学生宿舍、餐厅为主，兼顾建设图书馆、电教室、操场等辅助设施。

截至2020年底，积石山县吹麻滩小学建设项目、望谟县打易镇中心小学学生宿舍和食堂建设项目、赫章县平山镇第二小学建设项目、三都县打鱼民族学校建设项目均已建成；晴隆县光照镇规模村和茶马镇达土村幼儿园建设项目已完成主体工程。此外，立足于将中央统战部定点帮扶项目打造成教育扶贫精品项目，在中国光彩事业基金会指导下，万科将2019年和2020年捐赠资金合并使用，晴隆县中等职业学校基础设施建设、赫章县实验中学学生食堂和宿舍建设、三都县第五幼儿园建设等3个项目均已完成招标工作，其余各县的项目则计划于2021年全部实施完成。

3. 援建四川遵道学校

2008年"5·12汶川地震"后，万科公司在四川省绵竹市援建了抗震9度设防的九年一贯制遵道学校，是震后第一个交付使用的永久性建筑。12年来，万科和众多爱心人士一起持续关注着学校的发展、孩子的成长，通过教师激励计划、学生奖助学金、书香校园建设、师生身体素质提升等方式为学校的发展不断注入新的动力。

2020年11月27日，四川省绵竹市在深圳开展主题为"鹏程万里、竹梦教育"的教育合作发展推介活动。公益机构、国际组织和行业龙头共30多家单位出席了活动。万科联合深圳市慈善会，推动绵竹与比亚迪、腾讯、联合国教科文组织国际民俗艺术理事会、国育未来教育研究院、万科公益基金会等多家机构签订合作协议，开展在文化艺术、教师培养、人才委培等方面的项目合作。

4. 万科·桂馨乡村教育支持

2020年3月3日，贵州省政府发布了关于正安等24个县（区）退出贫困县序列的公告，黔西南州贞丰县名列其中，正式"脱贫摘帽"。早在2016年11月，万科集团和桂馨基金会合作，启动为期五年的"万科·桂馨乡村教师支持公益项目"。作为贞丰县教育扶贫的一部分，该项目为贞丰全县整体脱贫贡献了力量。

基于贞丰县教育的实际情况和需要，项目注重对乡村教师群体在专业能力、职业认同、身心健康等方面持续关注与支持。同时，结合乡村小学儿童阅读和科学教育主题，在捐赠图书和科学探究实验器材基础上，针对全县教师开展阅读推广和科学课堂教学与研究等方面的系统培训和学习支持，切实推动贞丰县基础教育的环境改善和质量提升。2020年，万科聚焦"推广自主阅读""推动教学转变"两大影响力开展工作，引领、带动和激发县域更多学校与教师参与自主阅读、师生校园阅读，同时推动学校和教师在科学课堂教学教研的理念、方法、行为等方面的改变，从以往注重知识内容传递向培养儿童科学素养和综合能力转变。

（二）易地扶贫搬迁

1. 支持云南怒江易地搬迁生活用品

2018年"中国光彩事业怒江行"期间，万科捐赠8000万元在云南省怒江州实施怒江州易地扶贫搬迁"新时代新生活"公益项目，为怒江州泸水市、福贡县、贡山县、兰坪县25040户易地搬迁群众配备必要的生活家具，帮助贫困群众解决吃饭、睡觉、衣物收纳等最基本的生活设施缺乏问题。项目分三批实施。截至2020年底，23410套家具的供货发放任务已经全部完成。

2020年，万科在完成公益家具捐赠项目的基础上，将项目结余资金896万元用于为泸水市、福贡县、兰坪县11200户贫困群众配备电视机，进一步提高搬迁群众生活水平。

2. 支持广西百色"深圳小镇"易地搬迁公共设施

"深圳小镇"项目是国家东西部扶贫协作易地扶贫搬迁示范工程、粤桂扶贫协作样板工程、深圳百色扶贫协作标志性工程。为了把"深圳小镇"建设成为功能完善、配套齐全、环境优美、绿色宜居的易地扶贫搬迁安置示范社区，万科公司捐赠1亿元，专项用于"深圳小镇"项目建设。项目一期内容包括建设社康中心、日间照料中心、党群服务中心，已于2018年建成并投入使用；项目二期内容包括小镇幼儿园、污水处理设施、垃圾压缩转运站等建设项目。其中，小镇幼儿园已于2019年竣工，完成交付；污水处理设施项目基础设施、设备采购与安装均已完成，现已投入使用；垃圾压缩转运站项目于2020年6月完成施工招标工作，已完成场地土方平整、挡土墙、基础及主体结构，目前主要开展装饰装修及室外园林景观施工。

（三）健康扶贫

1. 孤贫先天性心脏病患儿救助

2009年以来，万科公益基金会与爱佑慈善基金会开展先天性心脏病贫困儿童救助公益项目合作，项目旨在救助0—18周岁贫困家庭的先心病儿童。"爱佑童心"项目依托网络平台，采用定点医院合作模式，在全国各地区选择医疗条件较好的医院为合作定点单位，为先心病患儿提供治疗。2020年，万科公益基金会捐赠100万元，为孤贫先心病患儿提供医疗检查和手术治疗的费用，共资助了先心病患儿66名。

2. 儿童血液病及肿瘤救助

儿童白血病现在发病率为十万分之三到十万分之四,儿童白血病是15岁以下儿童居第二位的死亡原因。从2020年起,万科公司参与儿童血液病及肿瘤救助项目。该项目一方面救助血液疾病患儿,另一方面在国家儿童医学中心开展儿童实体瘤资助,旨在救助0—18周岁家庭贫困、患有血液病及实体肿瘤疾病儿童。2020年6月,万科公益基金会捐赠300万元,用于家庭贫困、患有血液病及实体肿瘤疾病儿童救助,已累计救助患儿142名。

3. 住院患儿关爱空间援建

2020年,万科与深圳市儿童医院、爱佑慈善基金会合作,启动"住院患儿关爱空间"人文医疗项目,期望让住院的孩子和家庭所面对的医疗环境更友好,医疗过程更友善,住院生活更丰富,从而减轻由疾病和医疗过程及环境给他们带来的心理负担。项目采用"儿童医院+基金会+企业"的共建模式,为孩子们打造专属的活动空间,并配备专业的医务社工,通过主题活动、医疗适应支持、个案工作等形式多样的手法,提供儿童和家庭为中心的专业医务社工服务。2020年,万科在深圳、太原、武汉、重庆等地启动了住院患儿关爱空间建设工作,其中深圳、太原两个空间已经建成并投入运营。

二 乡村振兴项目

(一)仙坑村改建项目

仙坑村位于广东省河源市东源县县城东约60公里处,是有着400年历史的古村。万科充分发挥自身专业优势,以打造客家文化为核心,在古建筑保护修缮、历史文化传承、人文自然景观建造、艺术内容导入等方面贡献自身力量,吸引人口、资源、技术等要素向乡村回流。公司先后开展客家八角楼、四角楼古建筑修复、登云书院复建等项目,再现客家建筑传统风貌;并对村容村貌进行微整改,提升基础设施水准。同时,公司挖掘及发扬客家文化内涵,以文化旅游产业带动村民致富。

在复建登云书院后，万科公司与河源市图书馆合作，引入近4000本图书，将登云书院打造为河源市流动图书馆。目前，登云书院图书馆已经成为仙坑小学的第二课堂，丰富着孩子们的课余生活。这座穿越近200年的书院，将持续滋养仙坑的莘莘学子。

万科公司深知"产业兴旺"是乡村振兴的重点。通过对仙坑村的资源禀赋进行分析，万科公司为仙坑村谋划了两条产业路径：研学文旅及有机农产品销售。在研学文旅产业推进中，公司组织开展历史资料挖掘、村内老人访谈，并参考古建筑专家建议，完成两座古建筑的布展工作，吸引周边游客及中小学生，感受客家围屋的建筑之美和文化底蕴，弘扬客家传统文化和客家精神。项目实施至今，累计吸引游客超20万人。在有机农产品销售产业板块，公司着力打造仙坑茶叶，对其原有产品包装进行改造升级，促进茶叶销量翻番、价格翻番。

（二）金厢镇改建项目

金厢镇位于广东省陆丰市东南部，碣石湾畔。经过对金厢镇系统的调研分析，以及对国内外成功案例的解读，万科公司以公共空间梳理为抓手、以红色文化为切入点进行乡村风貌的整治。通过有计划地推进金厢红色遗址的保护性修缮以及相关配套设施的建设，形成以下埔村周恩来活动居址、周恩来渡海路、周恩来渡海纪念碑为纵轴，以金厢海滩为横轴的"T"形旅游空间格局。

周恩来渡海纪念公园坐落于金厢镇洲渚村，南面临海，北靠洲渚村落。周恩来同志渡海浮雕兼顾历史叙事性与艺术表达性，多元化的雕塑语言讲述金厢人民用赤诚胸怀严密保护周恩来等南昌起义领导人顺利渡海的光辉历史篇章。将红色历史文化资源纳入公共空间场域，融入民众日常生活，实现历史与现实相对接，满足文化、教育的功能需求，助力打造金厢红色文化名片。

另外，万科按深圳标准开展金厢镇下埔小学改扩建项目，新建教学楼及教师办公室、休息室1600平方米，翻新旧教学楼，增加新旧楼钢结构连廊，设置贯穿两层教学楼的景观树及旋转滑梯，并购置多媒体教学机、电脑、电子班牌等设备。项目在确保正常教学的情况下分阶段施工，于2020年6月全部完工并交付使用。如今的下埔小学面貌焕然一新，深受当地师生喜爱。

(三) 广西乡村振兴项目

2020年6月11日，万科公司捐资1.5亿元助力深圳市东西部扶贫协作。公司向广西河池市37个村捐赠了1.11亿元，向百色市10个村捐赠0.3亿元，将900万元平均分配至河池市和百色市的6个未脱贫县。万科公司用真金白银帮助改善当地的基础设施，提升产业发展水平，推进就业稳岗和劳务协作，提升民生福利水平。

三 万科公益基金会

(一) 基金会基本情况

万科公益基金会成立于2008年，是由万科企业股份有限公司发起，经民政部、国务院审核批准，由民政部主管的全国性非公募基金会。2017年被认定为慈善组织。万科公益基金会以专业化的管理方式，关注对未来影响深远的议题，以"可持续社区"为目标，携手企业员工、政府、社区公众、专家、志愿者、供应商伙伴等利益相关方，共同解决环境保护和社区发展面临的问题，营造互相关怀和富有责任感的可持续社区。

截至2020年底，万科公益基金会已经在社区废弃物管理、绿色环保、救灾抗疫、古建筑保护、教育发展、精准扶贫、儿童健康等诸多领域累计公益支出6.3亿元。2018年以来，万科公益基金会在新的五年战略规划框架下，以"面向未来，敢为人先"为理念，关注对未来影响深远的议题，以"可持续社区"为目标，推动实现人与社会、人与自然之间和谐共进的关系。以人为本，发扬合作奋斗的主人翁精神，万科公益基金会以"研究—试点—赋能—倡导"为工作价值链，构建公益强生态，与全国数百家公益组织展开合作，并携手企业员工、社区业主、专业人士、社会义工和志愿者，以及供应商伙伴，致力于从政策、立法、企业、国际组织和民间力量等多个维度来共同推进公益事业的发展。

2020年，万科公益基金会总支出1.6亿元，合作公益组织43家，组织公益活动数百场。2020年，万科公益基金会着力在环境保护和社区发展领域打造基金会的专业能力，围绕以社区废弃物管理为切入点的旗舰项目，打造公益强生态。项目从零废弃社区、零废弃校园、零废弃办公的城市场景和零废弃故宫的特定场景出发，通过推广社区的有机垃圾分散式处理模式来进行社区废物管理。同时，万科推出行星计划、恒星计划、社区建设者培育计划和深圳市生活垃圾分类蒲公英计划，旨在培养出能够自觉、高效地参与废物管理的社会组织、环保机构、社区建设者和教育者。同时，万科集团还举办了第三届零废弃日、第二届社区废弃物管理论坛，让社会各界体会废物管理的意义和实施现状。

（二）基金会开展的主要项目

1. 社区废物管理

作为万科公益基金会的旗舰项目，"社区废弃物管理"项目在2020年紧扣5年战略规划有序推进，在行动探索、经验提炼、分享传播等各方面都取得令人振奋的成效。一方面，基金会秉持"坐而论道，不如起而行之"原则，继续支持多类合作伙伴行动探索城市中生活小区、学校和办公室这三类场景中有效促进垃圾分类、废弃物管理、在地资源化的行动路径；另一方面，基金会也相信"授人以鱼，不如授人以渔"理念，《零废弃办公行动指南》《零废弃学校行动指南》均在年内推出。另外，基金会以"敢为人先"价值观，联合各合作伙伴，开拓性探索故宫博物院零废弃路径、设立"平安·万科公益基金会减少食物损耗和浪费、倡导健康饮食慈善信托"、开发垃圾地图平台等新领域。面对2020年新冠疫情对社区和民众的影响，基金会在疫情期间紧急为医务、环卫等一线工作人员提供支持性物资。除此之外，该项目关注受影响地区疫后社区自我恢复能力支持，如面向湖北全境社会组织提供资助的"护航计划"。本年度旗舰项目以线上结合线下方式举办的"第二届社区废弃物管理论坛"，影响达450万人，既是对全年工作的良好总结和展示，也为后续推动深度探索奠定了扎实基础。

2. 零废弃社区——北京市海淀区社区多元参与垃圾分类试点项目

2020年9月司庆月期间,万科公益基金会联合万科集团总部协同中心行政与公共事务部门共同发起"万科司庆·光盘行动月",号召配备自管食堂的各业务公司减少食物浪费,践行节俭。共有34家万科业务公司参与了"光盘行动月"活动。其中27家在自管食堂建立了库存台账,特别是万科佛山公司,9月全月实现每天记录自管食堂库存台账,主题活动结束后依然坚持记录,有效利用库存台账记录作为提高食堂精细化管理、减少食物浪费的重要工具。主题活动结束后,综合各分公司行动表现,万科集团授予杭州公司、南京公司、大连公司"光盘王者奖",给予东莞公司和佛山公司"光盘先进"表扬。

3. 零废弃学校——《零废弃学校建设指南》推广计划

2020年5月,万科公益基金会资助伙伴开展"《零废弃学校建设指南》推广计划"。在2019年度已完成的《零废弃学校建设指南(试行版)》基础上(以下简称《指南》),通过线上新媒体传播与线下渠道招募勇于探索的学校和教师参与《指南》使用培训,推动"零废弃教学"资源研发升级,提升《指南》在全国范围内的适用性、易用性和丰富度,进一步迭代升级《指南》内容。截至2020年12月底,项目通过开发动画视频、精华版图文介绍、案例文章、微信专栏等多种方式,分享并推广《指南》;在全国联合60余位学校/机构教师组成教师交流群,骨干教师的交流互动产出了零废弃教学资源包。此外,项目还联合全国各地学校组织"无塑开学季·重新设计包书皮"联动活动,共计2000余名中小学生参与。《零废弃学校建设指南》推广计划已成为国内零废弃学校建设领域集教师培养、课程创新、学生实践及赋能支持的综合性、先行先试项目。

4. 设立影响力基金,减少食物浪费

2020年,万科公益基金会将关注点自社区有机废弃物减量及在地资源化处理领域进一步向上延伸至食物端行动与倡导努力。新设立的"影响力基金"聚焦于"减少食物损耗与食物浪费,倡导健康饮食",

希望将基金会已形成的工作社区、合作伙伴及探索成果彼此打通,并密切结合疫情激发的大众对运动、健康的重视,带动更多社会公众、青年学生身体力行减少食物浪费,共建可持续的社会生态。基金会与平安信托合作成立专项慈善信托,为国内该领域首个慈善信托,联合发布的"717 我是善食君大赛"吸引到一批关注环保的新锐设计师积极加入,大赛过程也在社会公众中普及了健康饮食、在地食、减少浪费等理念。

5. 大梅沙万科中心社区共建花园项目

为提高社区层面通过堆肥方式促进厨余垃圾在地资源化的意识和能力,万科公益基金会项目团队同事通力合作,结合邀请外部专家,2020 年推出 9 期"堆陈出新:社区分散式堆肥线上分享",共有 1137 人次直接参与线上直播,基金会微信公众号推文传播 11 篇,至年底累计阅读量数万人次,建立了一个近 400 人的"堆陈出新分享交流群",活跃交流堆肥经验。这个项目聚合了民间社会中关注社区堆肥的中坚力量,搭建起实践者、研究者、企业和资助方等各方的交流平台,全面展示了万科公益基金会在社区堆肥领域的阶段性技术探索成果,清晰树立起基金会在社区厨余堆肥领域的专业推动者形象。

四 绿色环保

2015 年 11 月 30 日至 12 月 12 日,第 21 届联合国气候变化谈判大会在法国首都巴黎举行。大会旨在促使 196 个缔约方形成统一意见,达成一项于 2020 年开始实施的协议,以确保强有力的全球减排行动。作为关注气候变化和绿色发展的先锋企业,万科连续三年参加气候谈判大会。为强化国内企业应对气候变化意识,加强低碳交流合作,万科组织 5 个国内主要商业协会、17 个行业、90 多名国内企业家组成大会历史上最大规模的中国企业家代表团参会。同时,万科与阿拉善(SEE)公益机构一起,推动国内 1385 家企业联合签署《可持续发展北京宣言》,通过商业实践来推动社会可持续发展。2020 年 12 月 3 日,由万科主办的"共创绿色可持续城市"中国角企业日边会在气候大会主会场举办。来自各级政府、中央企业、民营企业、国际机构、民间组织等机构超过 200 名代表参与了本次会议。

万科公司把低碳环保、绿色发展的理念印刻在社会责任活动之中。2020 年度，珠峰雪豹保护中心继续深化与珠穆朗玛峰国家级自然保护区管理局的合作，协助珠峰局推进相关工作。中心直接支持 4 个项目，协助 4 个项目；此外，积极推动珠峰局基层保护团队保护管理能力建设。2020 年，珠峰雪豹保护中心启动"珠峰绒辖沟生物多样性影像调查"专项。在春季和秋季，邀请国内著名野生动物摄影师开展影像调查。两次野外调查共 30 余天，行程 5000 余公里，对喜马拉雅塔尔羊、棕尾虹雉、绿绒蒿等 10 多种喜马拉雅特有珍稀动植物进行影像采集。通过系统又细致的野外调查，形成珠峰生物多样性影像素材库，为后续展示珠峰生物多样性之美奠定扎实基础。在珠峰生物多样性影像调查野外工作中，积极培养、提升当地巡护员影像拍摄技巧，激发当地社区对自然之美的拍摄热情，希望通过珠峰当地社区的视角向社会公众充分展示珠峰生物多样性之美，激发更多人热爱自然、尊重自然的意识，筑牢自然保护的社会基础。

2020 年，万科公益基金会立足行业，支持清华大学气候变化与可持续发展研究院启动"成都市重点行业减碳路径研究"项目，为"成都绿色发展"出谋划策；与北京市企业家环保基金会房地产绿色供应链项目合作，开发《房地产企业应对气候变化行动指南》《2020 企业气候行动案例集》，助力房地产行业绿色转型；积极推动更多公益机构投入气候变化领域，资助海上世界艺术中心参与 V&A《源于自然的时尚》可持续时尚展览。此外，万科公益基金会与大道应对气候变化促进中心、阿拉善 SEE 基金会等联合发起中国企业气候行动（CB-CA），推动发布《企业气候行动案例集》。案例集梳理了企业和产业在绿色能源、绿色建筑、绿色供应链等领域的举措和创新，为行业气候变化应对提供最优实践。

2020 年 11 月 28 日，万科公益基金会联合印力公益基金会与一个地球自然基金会共同发起"深蓝之境·重塑未来"公益行动。该活动联动全国100余个商业项目以宣传倡导、普及教育、参观体验、线上积分捐赠等多种方式号召更多人共同守护海洋环境。活动期间,号召全国商场近900万会员捐赠积分,并将会员捐赠的积分兑换为"公益捐赠费用"(每100积分等于1元人民币),同时印力公益将根据会员捐赠情况,捐赠等额公益费用。该笔捐赠会用于支持海洋环境教育课程的开发设计及落地执行,旨在推动减塑减排工作,减少环境污染。

此外,万科公司还在深圳印力中心打造"重塑未来"公益艺术展,以"缘起—反思—认知—重塑"为线索,选取呈现在深圳打捞起的海洋垃圾,用艺术的表现手法呈现垃圾所造成的危害,以此呼吁公众反思人类行为与环境问题的关联,并呼吁垃圾减量和正确垃圾分类,为海洋"减塑"。

第五节 总结与展望

作为国内房地产行业的代表性企业,万科公司的一举一动都引人注目。在企业经营管理方面,万科公司多年来都引领着中国房地产企业奋勇前行;在承担社会责任方面,万科公司也一直是社会大众和新闻媒体关注的对象。2008年汶川地震之后,年销售额已达千亿元的万科公司最初仅捐款200万元,而且时任万科董事会主席的王石还与网友激辩,认为捐款200万元是合适的。此事让王石成为众矢之的,最后以公司宣布将无偿投入1亿元参与灾后重建、王石在公司的临时股东大会上道歉而收场。

自此以后,万科充分意识到企业社会责任管理工作是整个集团诸多管理工作中不可分割的一部分。尤其是随着房地产行业越来越处于风口浪尖、受到众多利益相关者越来越多的关注之后,万科集团对企业社会责任工作倾注了大量心血。近年来,万科集团在稳步发展的同时,主动地承担社会责任,积极反哺社会。公司越发重视公益事业,积极扶贫、助学、助孤、助残、赈灾,公益已成为万科公司一份持续性的重要事业。除了直接的捐款捐物之外,万科还不断探索和创新慈善公益的模式和思路,建立万科公益基金会,把企业社会责任活动与企业的资源很好地结合起来。

可以看出,万科的企业社会责任工作正在向专业化、可持续化、多元化转变。这一方面是由于万科公司注重自身企业公民精神的构建,将社会责任工作融入企业发展过程之中。另一方面是随着多年的实践,万科在社会责任工作的多个方面逐渐积累了很好的经验,完善了相关管理体系,加强与社会各界的良性互动。

作为一家房地产公司,万科的未来道阻且长。希望万科集团始终坚持"大道当然,合伙奋斗"的核心价值观,以满足"人民的美好生活需要"为出发点,深入践行"城乡建设与生活服务商"战略,勇于承担社会责任,持续创造真实价值,力争成为无愧于伟大新时代的好企业。

第九章

唯品会企业社会责任实践

第一节 唯品会公司简介

广州唯品会信息科技有限公司（NYSE：VIPS）成立于2008年8月，总部设在广州，旗下网站于同年12月8日上线。唯品会主营业务为互联网在线销售品牌折扣商品，涵盖名品服饰鞋包、美妆、母婴、居家、3C等各大品类。2012年3月23日，唯品会在美国纽约证券交易所上市。自上市以来，截至2021年6月30日，唯品会已连续35个季度实现盈利。

唯品会在中国开创了"名牌折扣+限时抢购+正品保障"的创新电商模式，并持续深化为"精选品牌+深度折扣+限时抢购"的正品特卖模式，在线销售服饰鞋包、美妆、母婴、居家、生活等全品类名品。这一模式被形象地誉为"线上奥特莱斯"。唯品会的线上销售模式，是通过唯品会自营的网络平台直接销售厂商商品，省去了中间多级销售渠道，同时由于唯品会与品牌方、厂商之间，经过长期合作建立了合作信任关系，同时彼此间又有许多的合作模式，如跨季度的商品采购、计划外库存采购、大批量采购、独家专供等，以此实现价格优惠化。作为全球最大的特卖电商，唯品会所代表的特卖模式，也已经成为中国当代三大电商业态之一。2019年7月，唯品会通过收购杉杉奥莱，将线上特卖和线下特卖开始进行深度整合，打造全渠道的特卖体系。

唯品会在全球新商业文明的背景下创业成功、持续成长，以"成为全球一流的电子商务平台"为愿景，以"传承品质生活，提升幸福体验"为使命，坚持"创新精进、协作担当、快速高效、简单正心、客户至上"的价值观，持续为用户、合作伙伴、员工、社会创造价值，与他们共生共赢，实现企业自身以及所有利益相关方的可持续发展。

唯品会总部大厦位于广州市海珠区琶洲互联网创新集聚区内，毗邻珠江，占地面积约 1.3 万平方米，总建筑面积约 16 万平方米，总投资额约 41 亿元，2020 年竣工并投入使用。唯品会在华南（广东肇庆）、华北（天津武清）、西南（四川成都）、华中（湖北鄂州）、华东（江苏昆山）、东北（辽宁沈阳）和西北（陕西西安）一共设立了七大物流仓储中心，以及遍布全国主要城市的 6 个跨境电商物流中心，管理的仓库面积超过 300 万平方米，3 万余名快递员工，大型运输车辆 2000 余台。截至 2020 年，公司共有 35000 个品牌入驻线上生态体系，同比增长 12.9%，丰富了产品品类。唯品会借助精准用户画像，聚焦年轻中产女性群体。该群体规模大，收入预期增长状况好，对高层次消费与高质量生活的追求为唯品会带来较大市场潜力。唯品会用户及订单众多，且增速较快，用户黏性高。2020 年年报显示，唯品会活跃用户数达 8390 万人，订单数达 6.9 亿。用户数增速较快，且复购率高，2020 年复购用户达 6820 万，占总活跃用户数的 81.3%。复购订单占比长期维持高位，且逐渐上升，2020 年复购订单占比达 97.7%。唯品会还借助付费会员体系凝聚核心用户，进一步提高用户黏性。同时，经验丰富、时尚嗅觉敏锐的买手团队为唯品会货源的质量与审美保驾护航，也为唯品会用户带来了独特的商品体验。

截至 2020 年，唯品会已连续四年上榜 BrandZ 发布的《最具价值中国品牌 100 强》，并于 2017 年获得 BrandZ 最具价值中国品牌 100 强之"最佳新晋中国品牌"称号。德勤公司编撰的《2019 全球零售力量》报告显示，2012—2017 财年，唯品会的复合增长率为 73.8%，位居"全球十大增长最快零售商"第二位。

第二节 唯品会成长历程与经营现状

一 唯品会成长历程

综观唯品会成长历程，大致可以分为3个阶段。

（一）初创期

2008年8月，唯品会公司成立，总部位于中国广州。

2008年12月，唯品会名牌限时折扣网正式上线运营，同时与"中华保险"达成战略合作，为用户提供网购安全方案，联合推出"正品保险"，是国内首创为商品购买保险的网购网站。

2009年8月，唯品会会员突破20万，日均订单达500单。

2009年10月，掌上唯品会上线（唯品会手机版），引领移动抢购新风潮。

2010年10月，仓库搬迁至佛山普洛斯物流园，仓库面积2万平方米，是华南区B2C最大的物流中心。

2010年11月，新品上线增至每周四期（二、四、六、日），每周上线品牌数量40多个。唯品会会员数量达150万，开售日订单达10000单。

2011年4月，成为华南地区最大的电子商务公司。

2011年6月，广东省唯品会慈善基金会成立。

2011年9月，时任中央政治局委员，国务院副总理张德江前来参观，对公司商业模式给予充分肯定，并赠送"奇、新、广、好"四字予以鼓励。

2012年3月，作为中国最大的时尚特卖电商，登陆美国纽约证券交易所（NYSE）上市。

2012年8月，时任中央政治局常委、国务院总理温家宝，时任中央政治局委员、广东省委书记汪洋参观唯品会，鼓励要将电子商务越搞越好，越搞越兴旺。

经过4年时间的创业和摸索，唯品会探索出适合自己的商业模式，明确定位和核心业务，为公司的快速成长奠定了基础。

(二) 高速成长期

2013年1月，唯品会主动访问用户比例升至31%，在各大B2C网站中排名第一。

2013年1月，唯品会正式定位为"一家专门做特卖的网站"，更明确诠释唯品会的经营模式和内容。

2013年4月，唯品会发起"一场史无前例的特卖会"回馈广大消费者，这是唯品会第一次发起全网大促。

2013年11月，唯品会新域名上线vip.com。

2014年2月，开通港澳台跨境平台，发展跨境业务。

2014年3月，首次推出汽车特卖专场，扩充产品品类。

2014年7月，《财富》发布中国500强排行榜，唯品会首次上榜，位居第421名。

2014年7月，唯品会首个海外研发中心在美国"硅谷"成立。

2014年12月，唯品会注册会员突破1个亿。同年，唯品会以38.1%的市场份额成为中国特卖第一。

2016年3月，唯品会独家打造的创新公益平台——"唯爱行"App诞生，开启唯品会线上公益时代。

2016年3月，德勤有限公司（德勤全球）发布《2016年全球零售力量：跨越数字化鸿沟》报告，唯品会以2009—2014年零售额复合年增长率320.8%、2014年零售额增长率120.2%的速度跻身全球最顶尖的250家零售商名单。

2016年5月，唯品会"唯品国际"频道全新升级，推出"五大信赖升级战略"，继续深化"正品、精选、价格、服务、规模"五大核心差异化竞争优势，将原有的"跨境商品特卖平台"升级为用户"遇见全球美好生活"的"生活方式平台"。

在近4年的高速成长期内，唯品会实现了扭亏为盈，并持续扩大规模，拓展业务范围，逐渐成为电商行业的知名企业。

（三）成熟期

2017年2月，唯品会联合腾讯QQ发布《AI+时尚：中国95后流行色报告》，并联手先锋时装设计师以报告洞察打造"95后"时尚潮服亮相纽约时装周、开启电商C2F（Consumer to Fashion）时代。

2017年5月16日，唯品会正式宣布分拆互联网金融业务和重组物流业务。

2017年6月，唯品会正式将定位语升级为"全球精选，正品特卖"。

2017年，唯品会发布了"正品十重保障""品控九条"及"正品鉴定天团"等一系列正品保障措施。这是国内电商品牌首次对"品质电商"进行量化所得出的标准，不仅对打造正品电商具有非常重要的意义，同时也是对国家政策的积极响应。

2018年8月10日，唯品会推出"唯品仓"App。

2019年7月，唯品会通过收购杉杉奥莱，将线上特卖和线下特卖开始进行深度整合，打造全渠道的特卖体系。

2020年9月，唯品会正式升级Slogan（口号）为"品牌特卖，就是超值"。升级后的Slogan依旧延续了其核心主张——"品牌特卖"，并进一步深化"超值"概念，显示出唯品会意图打造更高性价比平台的决心。

2020年，唯品会实现净营收1019亿元，GMV达1650亿元，同比2019年的1480亿元增长11%；总订单数为6.924亿，同比增长22%；2020年活跃用户数增至8390万人，同比增长22%，用户复购率达到87%。

自2017年以后，唯品会逐渐进入成熟期。公司强化核心竞争优势，形成行业优势地位，并寻求新的利润增长点。

二 唯品会经营现状

作为全球最大的特卖电商，唯品会专注"品牌特卖"已有10多年。唯品会采用商品错季采购、厂家垂直发货等方式与知名品牌代理商及厂家合作，免除中间商费用，在货源上压缩成本确保名牌折扣。与传统电子商务基于主动搜索的购物需求不同，唯品会通过限时特卖，给消费者提供不同的消费体验和乐趣。正品保障作为消费者网购体验中的重要部分成为唯品会的重要战略资产。唯品会建立500人的品控团队，实现了以法务、供应链、物流中心为主的一套完整的体系，实现从源头到消费者的全流程正品保障。与此同时，唯品会的自营模式让其把握住商品源头，与品牌商或者一级代理商直接对接来保证品牌正品，实现商品信息溯源。目前，唯品会累计合作品牌超过30000家，深度合作国内外品牌超过6000家。

2020年，唯品会资产总值为589.41亿元，纳税总额32.73亿元，员工总数7567人，投入精准扶贫资金超过1500万元，抗疫捐赠金额超过3700万元。2020年，唯品会全年总体净营收1018.58亿元，其中自营商品收入为974亿元，占总营收的96%。按照细分品类来看，自营服饰为收入的主要支柱，服饰占GMV比例为70%。同年，唯品会总订单数为6.924亿，同比增长22%；2020年活跃用户数增至8390万人，同比增长22%，用户复购率达到87%。

截至2021年3月，唯品会公司的联合创始人沈亚、洪晓波分别持股12%和6.9%，分别兼任首席执行官和首席运营官。以联合创始人为核心的领导层团体经验丰富。沈亚、洪晓波两人长期深耕于消费品和电子商务行业，具有深刻的行业洞见与稳健的全局把控力。公司的组织架构如图10-1所示。

2017年12月，腾讯和京东宣布联手投资唯品会8.63亿美元，交易结束后，腾讯和京东在唯品会将分别持股数为922.94万和720.15万，分别持股7%和5.5%。2019年第一季度财报显示，腾讯和京东分别增持232.87万股和244.25万股，分别达到8.7%和7.2%。2020年财报显示腾讯和京东继续分别增持129.46万股和45.94万股，分别达到9.6%和7.5%。腾讯、京东入股，有利于唯品会与其达成深度合作，通过流量引入等途径助力唯品会的发展。截至2021年3月，唯品会的股权结构如图10-2所示。

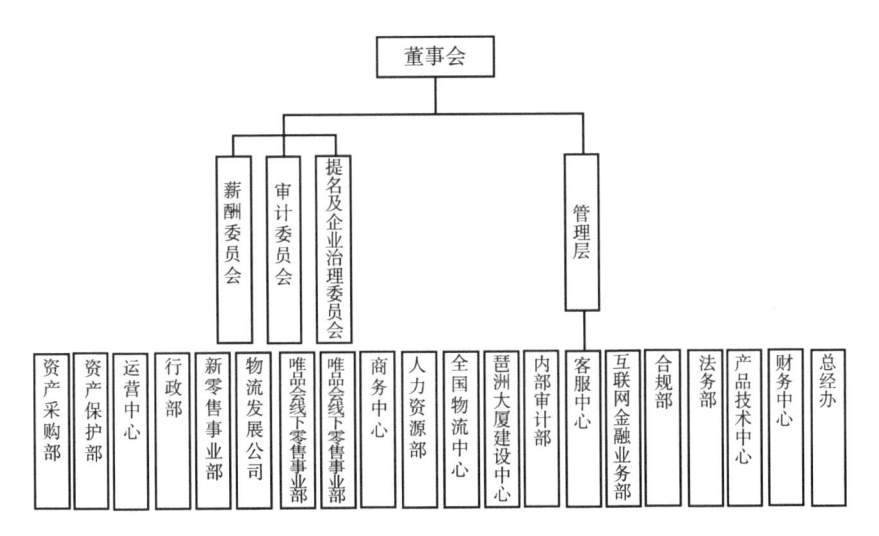

图 10−1　唯品会组织架构

资料来源：唯品会社会责任报告（2020）。

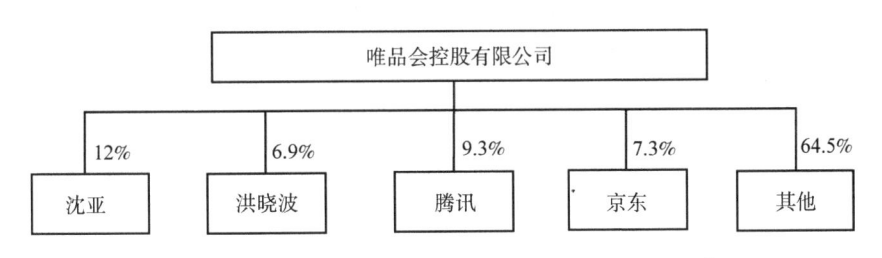

图 10−2　唯品会股权结构（截至 2021 年 3 月）

资料来源：唯品会社会责任报告（2020）。

唯品会不仅在经营业绩上取得快速发展，也十分注重履行企业社会责任。自 2014 年起，唯品会每年发布企业社会责任报告，全面披露唯品会在经济、社会、环境和治理领域开展的履责实践和关键绩效，向全社会交出了一份成果丰硕的责任答卷。2020 年，唯品会获得 2020 中国企业公民 520 责任品牌 60 强、互联网行业企业社会责任榜年度杰出责任企业、2020 年度广州慈善榜——五星广州慈善单位、广州女性创业创新基地、广州市文明单位、广东省抗击新冠疫情重要贡献民营企业、新冠疫情防控捐赠突出贡献奖等荣誉。

第三节 唯品会企业社会责任管理

一 企业社会责任管理体系

在企业社会责任战略管理方面，唯品会于 2014 年提出从内部责任管理、延伸责任管理、外部责任管理三个部分进行实践，以多样化的内容丰富企业社会责任的内涵。

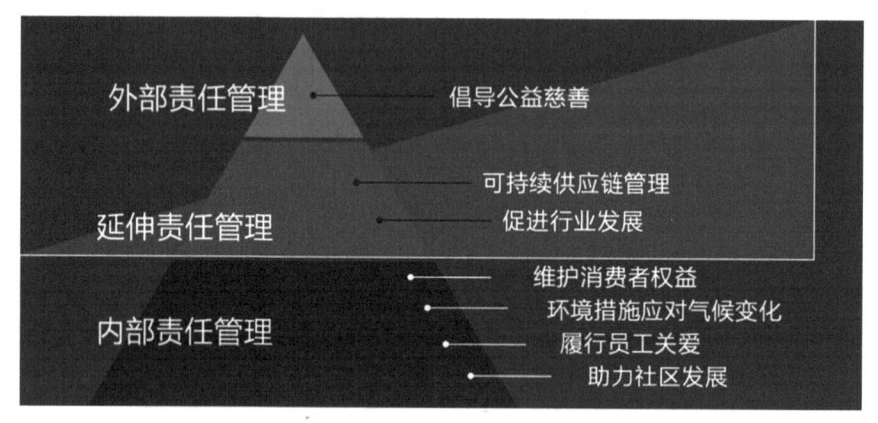

图 10-3 唯品会企业社会责任战略管理体系

资料来源：唯品会社会责任报告（2020）。

2016—2020 年，为确保在制定业务战略和相关政策时更全面地纳入可持续发展考量，唯品会组建了企业社会责任委员会和企业社会责任团队，形成了更完善的企业社会责任管理架构。唯品会的首席执行官是企业社会责任战略的最高负责人。企业社会责任委员会由高层管理人员组成，负责审查公司的季度和年度企业社会责任数据，并决定下一个财政年度要实现的目标。同时该委员会也就如何将可持续发展议题纳入业务发展提供意见。企业社会责任团队由专职人员组成，同时在各部门也设有指定的企业社会责任联系人，在确保社会责任相关的日常管理数据的收集以外，也有力保障了相关的战略及目标的有力落实。企业社会责任委员会和企业社会责任工作团队通过举行定期会议来讨论和制定年度目标，并推动各项工作贯彻落实。

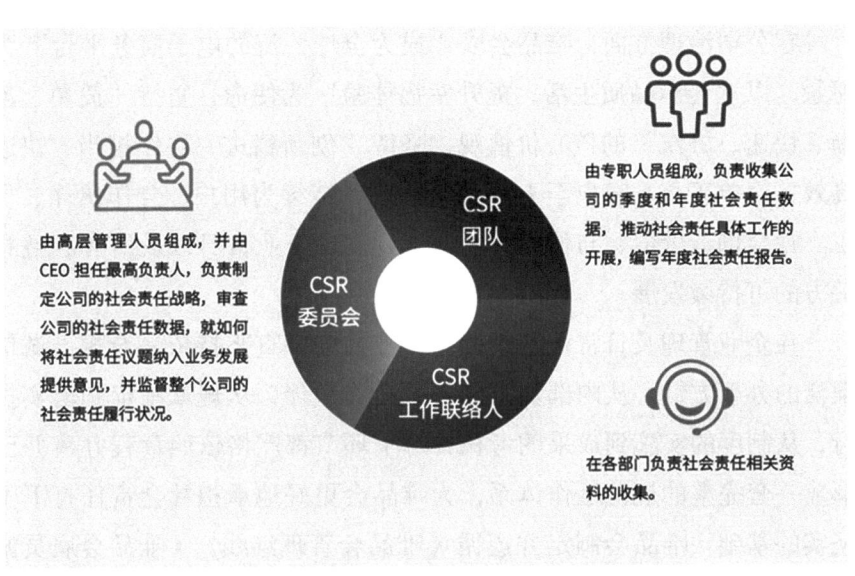

图10-4 唯品会企业社会责任管理架构

资料来源：唯品会控股有限公司官网。

唯品会自2014年起每年发布企业社会责任报告，披露当年的CSR内容，通过报告，展示唯品会在企业社会责任方面的努力，让用户、员工、股东、合作伙伴、社会公众等利益相关方更全面地了解唯品会，同时也在加强企业社会责任管理、提高信息披露透明度、深化与利益相关方沟通等方面进行全新的尝试。报告内容重点披露包括企业治理、消费者权益、可持续供应链管理、环境保护、员工关爱、社区发展与公益慈善等6个维度的社会责任管理、规划和表现；报告内容涉及的利益相关方包括政府机构、唯品会员工及管理层、第三方合作伙伴、投资者或股东、电子商务行业协会、消费者、品牌供应商、高校产学研项目合作伙伴、公益活动受益者等。

二 企业社会责任管理工作的重点

(一) 公司治理

在公司治理方面,唯品会以"成为全球一流的电子商务平台"为愿景,以"传承品质生活,提升幸福体验"为使命,坚持"简单、创新、快速、协作"的核心价值观,坚持"创新精进、协作担当、快速高效、简单正心、客户至上"的价值观,持续为用户、合作伙伴、员工、社会创造价值,与他们共生共赢,实现企业自身以及所有利益相关方的可持续发展。

在企业管理及日常业务运营中,唯品会一直坚持依法合规、诚信廉洁的办事方针。从内部员工到外部合作伙伴,从规章制定到落实执行,从制度的实施到成果的考核,每个环节都严格依照章程办事并已形成一套完整的规范运作体系,为唯品会更好地承担社会责任打下了坚实的基础。唯品会制定并遵循《唯品会管理红线》《唯品会雇员诚信清廉条例》《唯品会商业行为准则与道德规范》《唯品会反商业贿赂协议》等一系列反腐败政策,2020年对公司反商业贿赂条款进行调整,同时将预防行贿受贿、保持清正廉洁的要求纳入企业文化必修课《唯品会管理红线》中,在公司内营造廉洁清朗的氛围。

在风险管理方面,唯品会以《唯品会风险管理制度》为基础,建立并实施了有效的风险管理措施,预见和识别风险,避免在运营过程中出现危机。公司确立风险层级评估、分类型管控的原则,明确风险管理演进路线和规划,为各业务线、各级部门单位开展风险管理工作提供指导;在内部积极组织开展重大风险评估和重大项目专项风险评估,逐级落实风险管控措施和要求,并制订常态化定期风险回顾计划;建立法人防火墙,避免业务风险在内部叠加放大、影响全局,对高风险企业采取更换法定代表人的措施,改由具体业务负责人担任,以降低和隔离风险。唯品会建立了职责明确的风险管理部门及分工架构,直接参与公司风险管理的有总经办、内审、资产保护、信息安全、法务、财务等部门,指定公司总经办相关管理者负责运营层面的风险管理、控制审计运营层面的风险管理成效，相关负责人直接向公司董事长兼 CEO 汇报。2020 年，唯品会对总监以上级别管理层员工开展问卷调查，针对收集到的风险点进行量化、汇总并进行数据透视，完成年度风险评估报告。

作为一家互联网平台企业，唯品会将平台治理视为公司实现可持续发展的重要一环，采取积极措施提升平台治理水平。公司将信息安全、网络安全纳入信息安全部全体员工绩效评估当中，以进一步控制风险、减少平台漏洞，确保信息安全事件发生后能够得到快速响应、及时处理并将信息安全风险降到最低，为消费者营造一个安全、放心的购物环境，为品牌合作伙伴打造可靠、安心的销售配套基础设施。主要措施包括以下 6 点。

（1）开展信息安全管理体系认证。2020 年，唯品会邀请第三方独立认证机构进行网络平台信息安全管理体系审核，通过 ISO27001 认证，涵盖公司各业务系统的运行维护、计算机设备管理、人员信息安全、数据安全等各项内容。

（2）将用户隐私作为重要信息安全管理项。唯品会出台《个人信息安全管理规范》，对用户隐私信息、公司财务信息、经营信息、供应商信息等进行分级分类，实行敏感信息加密、脱敏，对整个数据链路上的数据采集、传输、使用、销毁进行明确要求，且定期自查。在用户的信息采集前设置弹窗告知，明示隐私协议，未经用户授权不得使用，并确保注销功能显著可见。

（3）制定信息安全事件应对程序。唯品会根据现有业务情况每季度或每半年执行一次应急测试，明确信息安全事件的管理职责和流程，以及信息安全事件的分类分级、报告、响应、处理、回顾和改进机制流程，制定应急响应流程和预案，包含网页防篡改，防 DDOS、红蓝对抗、技术运营应急预案等。

（4）内外联动治理网络安全风险。唯品会成立面向外部的网络安全防护平台"唯品会安全应急响应中心"，该平台注册有白帽子用户 1000 多人，实时对系统进行监测并上报安全问题。唯品会对白帽子上报的漏洞进行定级和现金奖励,按照《漏洞安全管理规范》规定的流程和处理时效对安全漏洞进行修复。

(5) 提升全员信息安全意识。唯品会制定《员工信息安全手册》,明确全员信息安全红线、管理制度和要求;面向新入职、在职全体员工开展信息安全意识教育培训及考试,培训内容涵盖信息安全管理要求、规范和奖惩措施等,以线上动画视频学习+线上知识考试形式开展培训。

(6) 规范员工上报信息安全流程。唯品会制定了《员工信息安全手册》《信息安全事件管理办法》等相关流程规范,明确了员工发现可疑事项时汇报至信息安全部的上报流程。

(二) 消费者权益保护

在消费者权益方面,唯品会以"正品特卖"作为重要的战略组成部分,因而更注重消费者权益的维护。在最初的品牌审核阶段,唯品会严选只有具备足够优势和竞争力的品牌商,并对品牌商设置了高标准的准入门槛,需要它们具备一定的行业地位,并且提供线下零售规模的具体资料、相关质检材料等。合作后,如果出现违反相关规定的品牌商,则启动严格的淘汰机制——销售档期结束后,退货率和客诉率达到一定程度,会对该品牌商永不录用。在采购阶段,所有商品都从品牌方、品牌授权的代理商、品牌分支机构、国际品牌驻中国的办事处等正规渠道采购,并与之签订战略正品采购协议,通过严格的入仓筛选标准进入唯品会的仓库,确保正品。同时,唯品会通过加强良好的客服管理模式,提高客户服务质量,增强消费者的客服体验。

2017年,唯品会发布了"正品十重保障""品控九条"及"正品鉴定天团"等一系列正品保障措施。这是国内电商品牌首次对"品质电商"进行量化所得出的标准,不仅对打造正品电商具有非常重要的意义,同时也是对国家政策的积极响应。唯品会形成了"源头有保障""流程严监控""售后保无忧"的体系,全流程打造消费者更好的使用体验。

极致的用户购物体验,是在线零售持续增长的核心支撑要素之一。

2020年，唯品会围绕"品牌特卖"的核心主张，持续发力社交电商，深化"精选品牌＋深度折扣＋限时抢购"的正品特卖模式，创新推出多元化、人性化的消费场景，致力于为用户提供最佳购物体验。首先，唯品会积极组织参与一年一度的11·11、12·8特卖等大型促销购物活动，为用户提供超值的货品低价优惠，以及最丰富、最抢手的品牌好货，满足多元化的购物需求。其次，唯品会通过大数据深度挖掘符合用户需求的优质货品，并推动品牌供应商进行生产方向调整和工作前置，有效降低产品价格；驱动品牌供应商进行新款开发，在服饰设计方面更快地更新换代，设计更符合中国消费者偏好的服饰，让许多国货商品都成功成为爆款。同时，唯品会增加日常折扣的深度，使用户在日常就可以通过VIP大牌日、最后疯抢、唯品快抢、品牌清仓等特卖模式栏目，享受到比其他网站大促更加优惠的价格，让好货不再等。

在售后方面，唯品会秉承"提升用户购物体验"的理念策略，推出重要商品线下验货、全国联保、假货必赔和七天无理由放心退等全面且严格的售后保障措施，同时为用户建立完善的售后退换制度，除行业普遍存在的七天无理由退换货条款外，还借助自营仓储系统和顺丰配送特别推出极速退换服务，大大提升用户购物的安全感，实现购物无忧。

（三）可持续供应链管理

供应链管理是企业可持续发展的关键环节之一。在唯品会看来，可持续的供应链体系是确保企业长远发展和为消费者提供高质量产品、服务的基石。唯品会坚持以质量为基础，以安全、环保、劳工实践等要素为依归，与供应链互助互利，实现共同成长。唯品会聚焦于品牌合作伙伴和供应商的全生命周期管控，从准入、合作、评价、改善到退出，提升供应链可持续发展能力，为终端消费者构建可信赖、可托付的供应体系。

在供应链准入方面，唯品会坚持以可持续发展为原则构建供应链准入制度，从质量、环境、劳工实践等要素开展供应商履责能力审核，构建供应链—唯品会—消费者三方共赢的供应链价值体系。在供应链辅导与支持方面，唯品会始终将品牌和供应商作为长期共同发展的合作伙伴，坚持赋能提升，助其发展壮大。唯品会注重与合作品牌建立渠道多元、流程高效的定期沟通协商机制以实现互利共赢，定期组织各合作品牌来访，KA品牌互访频数达每月2—3次（因疫情原因，部分沟通活动转移至线上）；定期召开年度及半年度供应商大会；各部类定期举办季度合作品牌座谈会。2020年，品牌合作伙伴、供应商受疫情影响冲击较大，唯品会主动履行社会责任，通过让利、补贴等多种方式，支持品牌合作伙伴、供应商渡过难关。在供应商整改与退出方面，唯品会以质量考核为基础，以项目运行为周期，坚持每年对供应链伙伴进行项目性评估，聚焦商业道德、质量管控、文化氛围、环境意识、劳工实践等领域。截至2020年底，唯品会无可持续风险的供应商。唯品会常态化开展供应商质量评定工作，每月根据售前和售中抽检、售后客诉对品牌合作方实施质量评定。对于评定为"待改善"的合作方制定改善目标和改善措施，联动第三方质检公司对其商品进行全面检查，商品质量投诉率实现同比下降。唯品会坚守商业合作道德底线，持续加强供应链合规管控，为供应商搭建公开透明、公平竞争的商业平台。2020年主要供应商合规管理举措包括：严格把控国内贸易入驻资质，对知名商标抢注、授权链条不清晰或者存在争议、提供虚假文件的，不同意入驻；修订、审核MP平台《商品质量监督管理办法》《唯品会开放平台商家积分管理规则》等多个规则；调整反商业贿赂条款，拟定或修订商品销售合同及供应商年度销售奖励协议等；整改入网设备产品许可证信息的网络展示。

同时，唯品会积极赋能品牌合作伙伴。唯品会深刻认知到，要不断满足消费者对美好生活的追求，仅仅依靠自身是不够的，唯有与品牌方进行深度合作、互相成就，方能为消费者提供更高品质、更优体验的消费场景。唯品会发挥自身在大数据资源、平台支持体系、物流仓储等领域的专业优势，为众多品牌合作伙伴提供在市场洞察、渠道开拓、消费者互动与货品周转等方面的解决方案，帮助品牌合作伙伴突破发展瓶颈，实现品牌合作伙伴、唯品会、消费者三方的共赢。

（四）环境保护

在日常的环保措施方面，唯品会致力于打造绿色环保的办公环境，长期坚持低碳节能的工作方式。实行绿色办公不仅能为企业带来环保和低成本的工作方式，更能节约资源、减少环境污染，节能减排是唯品会以及唯品会所有员工的共同目标。唯品会主张绿色办公从身边做起，珍惜每一度电、每一滴水、每一张纸。通过一系列的行动，唯品会希望让员工日常办公方式"绿色化"，让员工自觉节水节电，促进无纸化办公，实现污染零排放，推进节约资源、环境友好的办公环境。在2014年初，唯品会确定了绿色采购的方向。而在同年12月，商务部制定并发布了《企业绿色采购指南（试行）》，唯品会亦响应了相关的号召，从政策层面上试行有关的指南。除了从细节上培养员工的绿色意识，营造节约环保的办公环境，唯品会在采购办公用品、物流仓库设备时，优先采购环境友好、节能低耗的产品，让员工能够使用绿色环保的产品和环境友好的设备。

在整个物流运输链的流程中，唯品会关注到每个可以实现环保的细节，打造绿色环保的运输模式，以降低物流运输过程对环境的影响。从2016年开始，唯品会逐渐在全国大型城市和人口密集区域推广使用新能源电动物流车以代替传统燃油车，用于替代部分传统燃油车及满足新增车辆需求。唯品会致力于优化运输供应链，以最简短的路线、最少的能源，达到最高的运输效率。从运输车辆的挑选、运送路线优化、商品包装的管理，唯品会都致力于绿色物流，不断推进物流环节的绿色化。

在环保包装方面，唯品会秉持绿色包装的理念，优先使用回收再用的包装材料，采取多种措施减少包装材料用量：减少流通环节；使用快速成型的绿色循环箱，用于签收包裹后回收，可多次循环使用；利用供应商来货的纸箱，加贴"唯品会环保箱"标识，进行二次使用，节约耗材。唯品会制定了《物流中心创新管理办法》，褒奖员工为了提高运营质量和效率而提出的减少环境影响等方面的可行方法。

唯品会100%的塑料包装都为可回收的塑料包装。

在能源消耗与绿色气体排放方面，唯品会建立了全面的能源使用监测系统和水电气记录分析，持续监测、评估和提升公司的节能减排表现。公司设定了多种环境绩效指标，通过将各指标与过往数据进行对比分析，了解办公区域节能减排的不足之处并加以改进。唯品会持续在全国各物流中心建设光伏电站，充分利用更加清洁的太阳能，减少电能消耗。位于广东肇庆的唯品会华南物流园区是全国首个利用光伏新能源供电的电商物流园，园区内12座仓库屋顶总面积约23万平方米，光伏电站总容量约22兆瓦。位于湖北鄂州的华中物流中心园区内29座仓库屋顶总面积约52万平方米，光伏电站总容量约为41兆瓦。

（五）员工关爱

在员工关怀方面，唯品会创始人、董事长兼CEO沈亚在唯品会五周年庆时曾说过："让唯品会员工幸福，是我们的重要责任。"每一位员工都是唯品会珍爱的朋友，唯品会希望所有员工可以一同感受唯品会的进步。唯品会善待每一位员工，为每位员工提供基础的福利保障，让员工尽可能无忧地工作。在此基础上，唯品会给员工提供特殊节日福利与家属慰问，关心员工及其家人的身心健康。唯品会高度重视员工的身心健康，并配置了丰富的资源用以提升员工幸福感。免费的年度体检，免费的健康餐饮和零食，消毒、整洁、安全的工作环境，医务室和咨询室、足球场、篮球场、健身设施、舞蹈室和瑜伽中心，唯品会图书馆，园林式物流园区办公室，各种文化、体育、公益兴趣社团等。为进一步关怀员工，唯品会在2013年3月成立唯爱基金，坚持救急、救难的原则，发扬唯品会团结一心、助人为乐、互帮互助的友爱精神，鼓励员工、帮助员工。这不仅有利于增强团队的号召力和凝聚力，更能及时把每一份爱心送给最需要关怀的唯品会人。凡员工加入唯爱基金后，自加入之日起至离职日期间均可享受唯爱基金之各项相关权益，如疾病报销、生活困难补助、救急资金借出和其他需要捐助、救急资金借出和其他需要的捐助以缓解员工急难，体现唯品会团结一心的友爱精神。2020年，唯爱基金为174名困难员工提供157万元。

在员工的培训与发展方面，唯品会于2014年成立唯品大学，针对唯品会内部员工提供培训，旨在促进员工全面发展。唯品会致力于为员工提供适宜的学习环境与氛围，助力他们快速成长，帮助他们实现职业目标。唯品会的培训课程以线上、线下的形式同步进行，有效地提升了教育资源的利用率。2020年，唯品会的员工培养体系更加多元立体，为不同类型、不同业务岗位的员工打造全方位的培训体系，提供丰富多彩的线上线下培训课程，提高员工综合素质和业务能力，赋能员工成长。针对商务中心的培训包括大咖解惑、银河补习班、学习路径图、商鹰训练营、供应链学习联盟等；针对运营中心的培训包括增长训练营、产品创新脑暴社、UXDC脑洞教室等；针对产品技术中心的培训包括供应链LEAN IN、运维中心SRE先行者、技术大讲堂等。

（六）社区发展与公益慈善

唯品会于2011年6月10日通过广东省民政厅审批成立了"广东省唯品会慈善基金会"（唯品会365爱心基金）。该基金会属于非公募基金会，注册资金200万元，所有经费来自唯品会自筹。基金会主要对失学儿童、贫困重疾、孤寡老人等社会弱势群体进行帮扶，并积极支援灾区重建和进行物资援助。会员每提交一份有效订单，并选择公益选项，唯品会将从收益中捐出365厘（即0.365元）作为爱心基金，汇入"唯品会365爱心基金池"。唯品会365爱心基金坚持弘扬企业社会责任感，努力让道德的"血液"在企业中流淌，并通过公益项目引导公众关注社会慈善事业，提高公众慈善意识。唯品会365爱心基金自成立以来筹划过众多公益活动：2012年2月，国际罕见病日关爱捐助行动；2012年6月，走进云蜀黔送爱心包裹；2012年9月，小心愿大梦想，贵州山区儿童圆梦；2012年11月，暖冬物资新疆行；2013年3月，开学有"你"走进云贵赣粤送爱心包裹；2013年4—6月，雅安地震救援行动；2013年6月，大手拉小手六一送关爱；2013年9

月,十八岁圆梦计划;2014年7—8月,特卖·特别的爱"老有所依"扶助孤寡;2014年11—12月,特卖·特别的爱"病有所医"贫困重疾;2015年3月,唯品会亮眼工程,小儿白内障光明行;2015年4—12月,唯心愿贫困助学"唯爱传递,圆梦未来";2015年5月,"拯救掌心宝宝,呵护生命希望"早产儿关爱行动;2015年6—12月,唯爱跑"您的一小步,Ta的一大步"等,积极创新构思各类公益项目,为社会的可持续发展带来正能量。

2014年,唯品会通过加强与高校紧密联系的方式,搭建高校与企业沟通的平台,引进多批次的毕业生和实习生进入唯品会工作和实习,为高校人才提供了就业途径,还挖掘更多的电商人才助力行业的发展,实现企业、行业和社会的可持续发展。唯品会和华南师范大学经济与管理学院达成战略合作,合作内容包括:(1)聘请唯品会部分高管为华南师范大学经济与管理学院"MBA"导师;(2)成立"服饰行业电子商务研究创新联合实验室";(3)建立校外实践基地;(4)开展产学研合作,共同申报各级政府项目。其中与唯品会建立校外实践基地的高校还包括中山大学、广东工业大学、广东外语外贸大学和华南农业大学。校外实践基地的主要方向有两个:一是校企合作人才培养,给大学生实操锻炼提供机会;二是增强校企合作,给高校提供资源,支持高校课题研究。

同时,为促进地区和企业的相互积极影响,持续为仓库所在地区创造发展机会和提供更多的价值,积极承担促进社区全面发展的责任,实现共同发展,唯品会在规划仓库的地区建设完备的基础生活设施,发展科教文化事业,推动地区的整体建设。截至2014年底,唯品会在华北、华东、华南、华中、西南建有5家物流仓储基地,面积达140万平方米,为所在地创造就业机会一万余个。

2016年,唯品会App推出"我的公益"平台,采用"你走1公里,唯品会捐1元"的模式,在教育助学、孤寡弱势、医疗救助、自然环保四大领域开展150余个公益项目,吸引全国范围超过250万会员参与爱心里程捐赠,唯品会捐赠善款近2200万元。作为一家快速成长的互联网企业，唯品会始终致力于用互联网思维探索公益事业的创新路径，连接爱心供需，将公益资源联结互通、精准匹配，持续激发全社会参与公益的良好氛围，传递更多正能量。唯品会通过"运动＋公益"创新机制，倡导全民公益零门槛，成就"让行走更有爱"的潮公益善举。2016年，唯品会公益发起"520唯爱告白慈善夜跑"和"挑战冠军时间，接力直通里约"等健康公益活动；携手国际垂直马拉松、广州马拉松等10余个国内外著名赛事，选手每跑1公里，唯品会捐出1元善款，让赛事不止于运动；平台更吸引487个专业跑团入驻唯品会公益，用爱心里程支持各种慈善项目，充分彰显年轻群体的潮范儿正能量，使"运动＋公益"成为时尚健康的生活方式。同时，2016年全年，唯品会通过"我的公益"平台捐赠近800万元帮扶了全国6172名贫困学子，并在唯品会"12·8八周年庆"之际全面升级"唯品会公益助学计划"，以"你提名，我资助"的方式，鼓励社会大众通过唯品会App"我的公益"平台为身边的贫困学子提名。为了鼓励员工积极作为志愿者支持社区发展，唯品会推出"公益1＋1"项目，员工每人每年可享受1天的公益假用于参与公益事业。2016年，唯品会员工志愿者参与了山区支教、特殊儿童教育、孤寡老人探访、物资收集与捐赠等活动，共有18865名员工志愿者提供44820小时的志愿服务。

2017年，唯品会形成了包括三大板块的公益布局，分别是唯品会青少年发展支持（"唯爱助学·陪伴成长计划"情感关爱、"你提名，我资助"——唯品会公益助学计划、捐建多媒体教室，引入在线学习资源），唯爱"她"能量（"唯爱·妈妈＋幸福赋能计划"——单亲妈妈综合赋能），唯品会创新电商公益平台（"唯爱工坊"——非物质文化遗产活化和传承、特殊群体关爱、贫困农户帮扶）。其中，截至2017年，唯品会青少年发展支持项目累计投入超过5000万元，帮扶学生超过32000人；唯爱"她"能量项目累计投入2200万元；唯品会创新电商公益平台项目已上线6期，帮扶贫困妇女、农户与自闭症儿童。

2019年，唯品会公益布局升级为四大板块，增加了唯爱助农消费扶贫平台，充分发挥公司在平台资源、在线服务、链接3.4亿会员以及品牌号召力等方面的优势，打造可持续发展的互联网公益生态。截至2019年底，唯品会累计投入公益资金超过2亿元，公益支出超过3200万元。在精准扶贫方面，唯品会公益助学计划累计帮扶超过39700名贫困学子；"唯爱助农"与"唯爱工坊"深入对接全国76个贫困县。在女性赋能方面，唯品会累计投入超过4600万元，帮扶超过75000人次。在人人公益方面，唯品会App"我的公益"平台累计吸引超过6000万人次参与里程爱心捐赠。

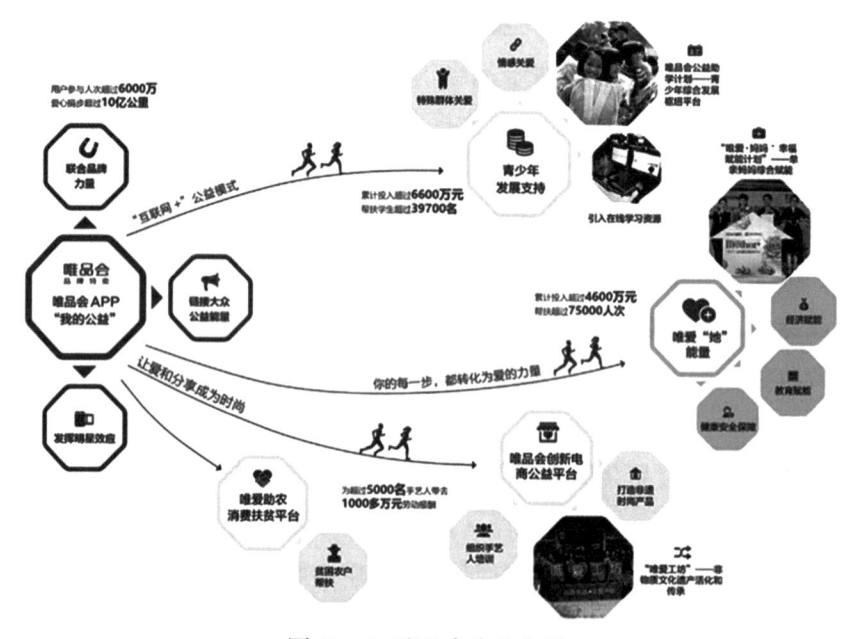

图10-5 唯品会公益布局

资料来源：唯品会社会责任报告（2020）。

三 企业社会责任荣誉

履行社会责任是唯品会的战略目标之一，也是实现企业可持续增长的关键要素。唯品会的社会责任计划专注于品质电商、员工福祉、环境保护及社会公益等领域，建立了完善的社会责任管理体系，也取得了众多荣誉奖项。表10-1为公司在2020年获得的荣誉。

表10-1　唯品会公司2020年获得的企业社会责任荣誉

奖项荣誉名称	颁奖机构
广州女性创业创新基地	广州市妇女联合会
2020中国企业公民520责任品牌60强	中国企业公民520责任品牌峰会组织委员会
互联网行业企业社会责任榜年度杰出责任企业	《南方周末》中国企业社会责任研究中心
2020年度广州慈善榜——五星广州慈善单位	广州市慈善会
2020年中国互联网综合实力企业	中国互联网协会
2020中国服务业民营企业100强	中华全国工商业联合会
2020中国民营企业500强	中华全国工商业联合会
广州市文明单位	中共广州市委、广州市人民政府
广东省抗击新冠疫情重要贡献民营企业	广东省工商业联合会（总商会）
广州市抗击新冠疫情重大贡献民营企业	中共广州市委统战部、广州市工业和信息化局、广州市工商业联合会
新冠疫情防控捐赠突出贡献奖	武汉市慈善总会
新冠疫情防控捐赠突出贡献奖	湖北省慈善总会

资料来源：唯品会社会责任报告（2020）。

第四节　唯品会企业社会责任典型项目

一　唯爱"她"能量——"唯爱·妈妈+幸福赋能计划"

性别平等是社会进步的重要标志和构建和谐社区的基础之一。新中国成立70多年来，中国女性地位不断提高，6.78亿中国女性也成为推动中国经济、文化与社会进步的强大动力。因此，唯品会以赋能女性、促进女性公平发展为出发点，不断投入并通过女性公益生态汇聚多方资源，从专业服务、经济赋能、教育赋能、社会倡导、权益保障五个板块入手，面向单亲妈妈、乡村女性、困境妇女等女性群体开展了一系列公益项目，帮助她们实现从他助到自助再到助人的蜕变，绽放自己独特的魅力。

唯品会于 2017 年 12 月启动单亲妈妈关爱项目"唯爱·妈妈+幸福赋能计划",并捐赠 1000 万元在广东省唯品会慈善基金会成立国内首个由电商成立的单亲妈妈发展专项基金——"唯爱·妈妈+专项基金"。"唯爱·妈妈+幸福赋能计划"着力解决单亲妈妈的个人发展、家庭亲子以及社会融入三个方面问题,通过打造全方位综合资源对接平台,切实帮助单亲妈妈走出困境。而"唯爱·妈妈+公益生态圈"则是通过与公益机构、学术团体、爱心企业及个人等结成公益生态圈,用授人以渔的方式提升单亲妈妈生活和工作的能力。项目携手中国妇女发展基金会共同发起了"唯爱·妈妈+公益生态圈",汇聚更多资源打造线上服务平台+线下深入赋能支持相结合的模式。

在经济赋能方面,唯品会打造了"唯爱·妈妈制造",土族妈妈们一针一线缝制的精美绣品,在唯品会精心打造的"唯爱工坊"特色电商公益平台上售卖。零利润销售,补贴运营和物流成本,并将售卖所得全部用于帮助生产公益产品的社会弱势群体,从而实现公益事业可持续发展。在教育赋能方面,唯品会公益助学计划通过"你提名,我资助"的全社会助学提名机制,为贫困妈妈的孩子们提供教育帮扶,让更多需要帮助的母亲和孩子收获温暖。在健康安全保障方面,"母亲邮包""爱心医站"致力于促进女性安全与健康。

唯品会联合中国婚姻家庭研究会在 2019 年发布的《十城市单亲妈妈生活状况及需求调研报告》显示,法律援助(46.4%)和心理咨询与辅导(43.7%)都位列单亲妈妈最为迫切的十项社会服务需求中。从这一需求出发,"唯爱·妈妈+幸福赋能计划"于 2019 年 5 月 12 日母亲节推出了"唯爱妈妈热线"400-038-8888,切实满足全国各地单亲妈妈最为迫切的法律、心理服务需求。这是中国首条专注为单亲妈妈提供法律与心理咨询服务的免费热线——"唯爱妈妈热线"400-038-8888,由经验丰富的法律与心理专家坐镇,全年无休,帮助单亲妈妈重拾积极面对人生的自信和能力。截至 2020 年 5 月,热线共为超过 4700 人次提供了专业咨询服务,共受理了 63 名单亲妈妈的法律援助案件申请。

2020年9月，唯爱妈妈项目全面升级，转型为线上公益支持平台，为单亲母亲以及面临婚姻家庭问题的困境母亲，减负增能，提供心理咨询、法律援助、公益保险、职业发展、政策资讯、素养课程等领域的服务，让每一位妈妈自信、从容、快乐而有尊严地生活。在心理咨询方面，持有国家注册心理咨询师认证的专家团队即时在线，从亲子关系、情感婚姻、情绪压力等方面提供专业咨询服务，为困境母亲排忧解难，疏导心理压力。在法律咨询与法律援助方面，具有处理婚姻家庭纠纷或丰富办案经验的专业律师，提供免费的法律咨询服务。同时，唯爱妈妈为经济困难的单亲妈妈提供法律援助金，让更多困境妈妈获得案情分析、案件辅导等优质、专业的法律援助服务。同时，有相似经历的妈妈可以在互助圈分享彼此的故事与心情，抱团取暖。同时，更有热心志愿者和专家分享专业知识，让妈妈们在彼此的陪伴中前行。在公益保险方面，唯爱妈妈无偿为符合条件的单亲妈妈及其未成年子女购买健康保险。传递温暖和关爱，从一份贴心实用的保障开始。在教育成长方面，唯爱妈妈精心打造职业发展、亲子关系、自我成长、法律知识等系列免费课程，助力困境单亲母亲打破局限，在不断的学习和探索中成为更好的自己。

唯品会自2018年起与广州市妇联合作开展广州市玫瑰公益创投活动——唯爱"她"赋能，探索和构建具有广州特色的妇女家庭专业服务体系。截至2019年底，累计投入资金130万元，直接服务6192人次，间接服务124.7万人次，提升了广州妇女群众及其家庭解决自身问题的能力，改善了她们的生活质量。

贫困地区的乡村妇女是唯品会女性公益的重要帮扶对象之一。这一群体往往受教育程度偏低，难以保障稳定的经济收入，却又需要承担着丈夫进城务工后在家照顾子女、老人的繁重工作，影响自身可持续发展。为改善这一状况，唯品会积极开展乡村女性赋能项目，一方面，通过"唯爱工坊"等项目助力乡村妇女获取稳定收入、实现自我价值，提升她们在社区发展中的话语权进而推动乡村发展的良性循环；另一方面，在唯品会公益助学计划实施过程中重点关注乡村女童受教育权益，阻断贫困地区女性教育水平落后的根源。帮助乡村妇女获得有针对性的能力提升和可持续的经济收入是赋能这一群体的最直接方式。唯品会"唯爱工坊"电商公益平台就是利用乡村妇女在非遗技艺方面的一技之长，为她们提供授人以渔式赋能。"唯爱工坊"不仅提升了乡村妇女的综合能力和生活水平，同时也有助于改善留守儿童和空巢老人等社会问题，为乡村振兴提供支持。

二 唯品会App"我的公益"平台

为了扩大唯品会在社区发展中的影响力，2016年，唯品会App推出"我的公益"平台，与100余家公益组织及高校合作，通过"你走1公里，唯品会捐1元"的爱心机制，在教育助学、孤寡弱势、医疗救助、自然环保四大领域开展150余个公益项目，公益项目数量远超过"唯爱跑"慈善跑筹集善款资助项目，提高了公众的参与程度，将全国用户与受助项目的"爱心供与需"进行跨地域式的精准匹配与无缝连接。唯品会App"我的公益"平台吸引全国范围超过250万会员参与爱心里程捐赠，行走逾2100万公里，全年唯品会捐赠善款近2200万元，有超过8万名受益者。唯品会用互联网思维探索公益事业的创新路径，连接爱心供需，将公益资源联结互通、精准匹配，持续激发全社会参与公益的良好氛围，传递更多正能量。唯品会通过"运动+公益"创新机制，倡导全民公益零门槛，成就"让行走更有爱"的潮公益善举。

2016年，唯品会公益发起"520唯爱告白慈善夜跑"和"挑战冠军时间，接力直通里约"等健康公益活动，其中"520唯爱告白慈善夜跑"，吸引全国各地共11244名跑友参加，完成了10000公里募集目标。唯品会以1公里＝52元的比例，捐出52万元善款建设4间山区多媒体教室，让孩子们能通过互联网认识外面广阔的世界。"走路去里约"是奥运会期间，唯品会携手中国青少年发展基金会和姚基金等3家公益组织，推出"冠军梦想计划"公益项目。全国167508名跑友线上接力，成功挑战50万公里的募集目标，唯品会以1公里＝1元的比例捐出50万元，让贫困地区热爱运动的孩子们的"冠军梦想"放肆闪耀。

此外，唯品会携手国际垂直马拉松、广州马拉松等10余个国内外著名赛事，选手每跑1公里，唯品会捐出1元善款，让赛事不止于运动。平台吸引了487个专业跑团入驻唯品会公益，用爱心里程支持各种慈善项目，充分彰显年轻群体的潮范儿正能量，使"运动+公益"成为时尚健康的生活方式。

2017年，唯品会App"我的公益"平台受到大众的热捧，累计转化善款6300万元，为唯品会公益项目源源不断地注入资金以及社会力量的支持。2018年，"我的公益"平台联合品牌及社会多方力量上线各类公益项目，成为链接唯品会、品牌以及社会多方力量推动统一创新协作的端口。2020年，唯品会公益上线的"唯爱心公益计划"，打造"购物+公益"的爱心机制，探索电商公益的多元参与方式。区别于简单的"捐款支持"，用户可以在唯品会App通过购物消费、消费晒单等多种方式获得"唯爱心"，并将"唯爱心"投票给自己支持的公益项目，唯爱心筹集目标达成后，由唯品会中国捐赠善款，支持项目开展。"唯爱心公益计划"并非只面向某一类群体推出公益项目，而是覆盖大病儿童、失学学生、留守儿童、困境母亲等更多群体，更全面满足各类公益需求。唯爱心公益计划通过联合社会各界上线优质公益项目，搭建多元力量创新协作的端口，为用户提供更便捷的公益参与方式，实践"行小善，成大爱"，打造一个共融和谐的社会。自2020年11月上线仅两个月，累计吸引超过38万人次参与唯爱心计划。

三　唯品会创新电商公益平台——"唯爱工坊"

"唯爱工坊"是唯品会独家打造的特色电商公益平台。唯品会发掘与打造优质公益产品，为其提供成熟的电商运营支持，包括免费的设计、包装、质检、营销和物流等，以企业的核心竞争力实现公益产品的市场化。"唯爱工坊"将公益商品零利润销售，销售所得用于帮扶相关的弱势群体。

2017年,"唯爱工坊"共开展6期,包括"唯爱·妈妈制造"东方盘绣&扎染专场、"唯爱·妈妈制造"土族阿妈的盘绣潮牌专场、"守望乡土真味"黑土麦田专场、"来自星星的小梵高"——自闭症儿童画作专场等,为消费者提供具备特殊意义的品质生活体验,改变"公益＝捐赠"的认知与模式,建立"消费即公益"的双赢公益实践。

根据项目策略的需要,"唯爱工坊"于2018年1月起进一步调整为专注于非遗传承和活化的电商公益平台。凭借唯品会丰富的电商运营经验、市场营销网络以及丰富的时尚资源,"唯爱工坊"通过扎实的在地考察,推动多地发展非遗特色时尚产业,并引进各知名品牌设计师力量,培育上下游企业,形成了"电商平台＋知名品牌＋时尚设计师＋当地企业"的全产业链帮扶模式,具体通过"见人见物见生活"三部曲实现落地:(1)"见人",非遗传承的核心在人,唯品会携手中国妇女发展基金会在全国范围内捐建"唯爱妈妈制造非遗手工艺合作社",为手艺人提供知识和技能培训,创造更多就业岗位吸引妇女返乡就业,让非遗后继有人。(2)"见物",非遗传承的载体在物,唯品会联合知名品牌及时尚设计师深入非遗地采风,将传统工艺与现代设计相结合,与手艺人共同创作兼具时尚性与实用性的非遗定制产品。(3)"见生活",非遗传承的主旨是回归生活,为产品提供免费的包装设计、质检、运营和物流等系列支持,通过在唯品会平台上线公益专场,链接3.4亿会员,让消费者使用并爱上非遗时尚产品,助力非遗回归大众生活。

"唯爱工坊"走产业扶贫之路,将目标聚焦在"非遗传承活化"和"非遗精准扶贫"两个层面,以"电商＋非遗＋扶贫"为核心,以"产学研售秀"全链条来实现非遗的保护与传承。从这一理念出发,在文化和旅游部的指导之下,唯品会于2019年积极参与国家传统工艺工作站的建设,在让深度贫困地区的困难群众实现就业增收、脱贫奔康的同时,推动非遗产业发展,助力乡村振兴。此外,唯品会还联合艾瑞咨询发布了《2019年非遗新经济消费报告》,揭示了非遗经济在当下的活力和未来发展潜力。2020年,依托四川凉山传统工艺工作站,唯品会借力"直播经济"新通路,在"文化和自然遗产日"期间,开展上线"非遗购物节"活动专场,主推非遗配饰和生活时尚小物,实用而时尚的非遗单品受到客户的广泛欢迎,其中非遗手工扎染折扇成爆款,单品累计销售上万把,通过购物体验让非遗产品融入大众消费生活。

第五节 总结与展望

诞生于互联网时代的唯品会公司,借力改革开放的春风迅速成长,已经成为中国电商行业的翘楚。在公司发展壮大的同时,唯品会高度重视企业社会责任工作,并结合自身的业务特点来承担社会责任,亮点多多。考虑到超过80%的会员是女性,因此,唯品会在进行企业社会责任活动时,不仅能在产品服务上满足广大女性的需求,更注重在女性发展领域肩负起赋能"她力量"的使命。唯品会面向乡村女性、单亲妈妈、困境妇女三个核心帮扶群体开展了一系列富有特色的女性公益项目,具有很好的创新性和战略性。

唯品会App"我的公益"平台通过"运动+公益"创新机制,倡导全民公益零门槛,成就"让行走更有爱"的潮公益善举,提高了公众的参与程度,打造健康时尚的生活方式。后续推出的"唯爱心公益计划"着力打造"购物+公益"的爱心机制,探索电商公益的多元参与方式,实践"行小善,成大爱",为打造共融和谐的社会做出贡献。

"唯爱工坊"项目以"电商+非遗+扶贫"为核心,实现企业社会责任活动的创新,具有三重社会意义:一是帮扶贫困人口,带来从经济赋能到个人可持续发展的全面提升,实现自身价值。二是带动乡村发展,助力乡村振兴,对缓解乡村留守儿童和"空巢"老人日益增多的社会问题起到了积极作用,实现了以精准扶贫促进乡村可持续发展。三是传承民族文化,提升文化自信。"唯爱工坊"已先后携手盘绣、苗绣、蜡染等非遗技艺的手艺人和其制作的产品走进伦敦时装周、巴黎时装周等国际时尚盛会,让世界感受东方魅力,彰显中国文化自信。

总体来说，唯品会公司把企业社会责任工作与企业的成长发展联动思考，所开展的企业社会责任项目具有很好的计划性和前瞻性，反映了"成为全球一流的电子商务平台"的企业愿景和"传承品质生活，提升幸福体验"的企业使命。从运行过程和实施效果来看，这些社会责任项目具有长期持续性和资源投入保障性，并且与企业内外部运营紧密相关，能够促进唯品会企业成长与社会进步的双赢。

第十章

美的集团企业社会责任实践

第一节 美的公司简介

美的集团是一家覆盖智能家居事业群、机电事业群、暖通与楼宇事业部、机器人与自动化事业部和数字化创新业务五大业务板块的全球化科技集团，提供多元化的产品种类与服务。其中，智能家居事业群作为智慧家电、智慧家居及周边相关产业和生态链的经营主体，承担面向终端消费者的智能化场景搭建，用户运营和数据价值发掘，致力于为终端消费者提供最佳体验的全屋智能家居及服务；机电事业群，具备专业化研发、生产、销售压缩机、电机、芯片、工控、散热组件等高精密核心部件产品的能力，拥有美芝、威灵、美仁、东芝、合康、日业、东菱和高创等多个品牌，产品广泛应用于家用电器、3C产品、新能源汽车和工业自动化等领域；暖通与楼宇事业部致力于为楼宇及公共设施提供能源、暖通、电梯、控制等产品及全套解决方案和服务，并积极探索新的商业模式和类型，着力成为掌握关键核心科技及制造能力的领先型工业企业；机器人及自动化事业部主要围绕未来工厂相关领域，提供包括工业机器人、物流自动化系统及传输系统解决方案，以及面向医疗、娱乐、新消费领域的相关解决方案等；数字化创新业务包括以智能供应链、工业互联网等在美的集团商业模式变革中孵化出的新型业务，可为企业数字化转型提供软件服务、无人零售解决方案和生产性服务等。

美的于1968年成立于中国广东,现总部位于广东顺德北滘新城内,迄今已建立遍布全球的业务平台,在全球拥有约200家子公司、28个研发中心和34个主要生产基地,员工约15万人,业务覆盖200多个国家和地区。其中,在海外设有18个研发中心和17个主要生产基地,遍布10多个国家,海外员工约3万人,结算货币达22种。同时,美的是全球领先机器人智能自动化公司德国库卡集团最大股东(占有股份约95%)。

美的坚守"为客户创造价值"的原则,致力于提升产品及服务质量,令生活更舒适、更美好。2013年,在"中国最有价值品牌"评价中,美的集团品牌价值达到653.36亿元,名列全国最有价值品牌第5位。2015年,美的成为首家获取标普、惠誉、穆迪三大国际信用评级的中国家电企业,评级结果在全球家电行业以及国内民营企业中均处于领先地位。2016年,美的已在全球拥有数亿的用户及各领域的重要客户与战略合作伙伴,并以221.73亿美元的营业收入首次进入《财富》世界500强榜单,位列第481位。此后,美的在2017《财富》世界500强排名中位列第450位,2018《财富》世界500强排名中位列第323位,2019《财富》世界500强排名中位列第312位,同年凭借全年营业收入2782亿元,居中国家电行业第一位。截至2020年1月31日,美的集团专利申请总量达92759件,其中发明专利37852件、实用新型专利42704件,专利授权总量67179件,均居家电行业第一位。2020年,美的在《财富》世界500强名单中位列第307位。2021年,美的在《财富》世界500强名单中位列第288位。

在业务不断发展、绩效不断提升的同时,美的集团注重履行企业社会责任。从1998年长江中下游特大洪水、2008年初南方冰雪灾害和"5·12汶川地震",历次大灾大难救援行动中,美的公司的公益之举都不曾缺席。截至2013年,美的为社会公益事业累计捐赠超过6亿元。2018年,美的因扶贫济困成绩突出,荣膺中国公益慈善领域的最高政府奖"中华慈善奖"。美的集团一直情系广东扶贫开发事业,勇于担当、回报社会。从捐资顺德技术学院到兴建北滘医院,美的积极为顺德当地的公共服务设施建设捐款,同时将善举辐射到广东乃至全国。美的集团将社会责任牢牢嵌入企业战略,把社会责任视为未来核心竞争力的重要方面。通过将社会问题与核心业务紧密联系在一起,寻求企业与社会的价值共创,将商业成功植根于让社会更美好的愿景之中。

第二节 美的成长历程与经营现状

一 美的成长历程

美的成长历程大致可以分为以下4个阶段。

(一)初创期

1968年,何享健先生带领23位顺德北滘居民,筹集5000元开始创业。

1980年,抓住改革开放政策机会,开始制造风扇,正式进入家电业。

1981年,注册"美的"商标,标志着美的品牌诞生。

1985年,美的进入空调行业,开始探索家电行业新品类。

1988年,美的被授予"中华人民共和国机电产品出口基地"称号,成为广东首家获得自营进出口权的公司,同时销售额突破1亿元。

1990年,美的投资超过1亿元建立首个高端工业园。

1992年,美的进行股份制改革,次年在深交所上市,成为中国第一家由乡镇改组而成,并拥有现代管理体制的上市公司。

1997年,实行事业部制,为实行现代化组织管理架构奠定基础。

1998年,美的全球营收超过50亿元,同年,美的在芜湖设立首个广东以外的生产基地。

2000年,举行千禧年典礼,标志新时代的开启。同年,美的销售额超过100亿元。

从20世纪60年代末的大胆摸索开始,经过30多年的初创期发展,美的公司走出了一条典型的中国民营企业的创业之路。尤其是在改革开放之后,美的公司甩开膀子大胆干,敏锐地捕捉机遇,大力开拓业务，初步形成了现代化管理体系。

（二）成长期

2004年，通过开展一系列并购，美的优化了企业在冰箱、空调、洗衣机等白色家电行业的布局。

2007年，美的第一个海外基地在越南建成投产。

2010年，销售额超过1000亿元，美的新总部大楼投入使用。

2012年，美的创始人何享健先生退出董事会，方洪波先生接任为新董事长。美的提出三大战略主轴：产品领先、效率驱动、全球经营。

在这10多年时间里，美的的资金投入量大幅度上升，国际国内业务持续拓展，产品销量与利润不断增长，公司治理架构得到逐步完善。

（三）成熟期

2013年，美的集团股份有限公司在深圳主板实现整体上市。在"中国最有价值品牌"评价中，美的集团品牌价值达到653.36亿元，名列全国最有价值品牌第5位。截至2013年，美的集团为社会公益事业累计捐赠超过6亿元。

2014年，相继成立中央研究院和智慧家居研究院，投资30亿元建设全球创新中心。

2014年3月，发布M-Smart智慧家居战略，依托物联网、云计算等先进技术，由一家传统家电制造商变为一家智慧家居领先的创新者。

2015年，美的集团成为首家获取标普、惠誉、穆迪三大国际信用评级的中国家电企业。

2016年，美的集团分别收购东芝家电与意大利中央空调企业Clivet 80%的股权。同年，美的以221.73亿美元的营业收入首次进入《财富》世界500强榜单，位列第481位。

2017年，美的集团收购德国库卡机器人公司94.55%的股份，以及以色列高创公司79.37%的股份，正式进入机器人与自动化行业。

2018年6月，美的集团执委会已经审批决定，将烟机、灶具、洗碗机、消毒柜的产、研、供、销职能整体并入热水器事业部，成立美的厨房和热水器事业部，将原来独立的厨房和热水器两大事业部合并。

2018年12月,美的集团成立了间接控股子公司上海美仁半导体有限公司,具备1.2亿颗芯片的规划年供应能力。

2019年,美的集团全年营业收入2782亿元,居中国家电行业第一位。

在成熟期,美的集团逐步形成了行业优势地位,同时抓住创新机遇、增加研发投入,迈向智慧家居和数智化运营新高地,不断寻找新的利润增长点。

(四) 战略升级期

2020年,美的集团业务架构及战略主轴升级,形成"科技领先,数智驱动,用户直达,全球突破"四大主轴,同时连续7年位列《财富》世界500强。

2021年7月14日,美的集团注册资本发生变更,从69.32亿元增加至70.48亿元。

二 美的集团经营现状

"科技尽善,生活尽美。"美的集团秉承"用科技创造美好生活"的经营理念,经过50多年发展,已成为一家集智能家居事业群、机电事业群、暖通与楼宇事业部、机器人与自动化事业部、数字化创新业务五大板块为一体的全球化科技集团,产品及服务惠及全球200多个国家和地区约4亿用户。形成美的、小天鹅、东芝、华凌、布谷、COLMO、Clivet. Eureka、库卡、GMCC、威灵在内的多品牌组合。

美的集团依托佛山全球创新中心、上海全球创新园区及美国路易斯维尔、意大利米兰、德国斯图加特、日本大阪研发中心,以及遍布世界的22个研发中心,建立了"2+4+N"的全球化研发网络,过去5年投入研发资金近400亿元,在全球拥有28个研发中心和33个主要生产基地。

2021年,美的面对时代巨变将重新进行战略聚焦,坚持"科技领先、数智驱动、用户直达、全球突破"四个战略主轴,进一步夯实经营基础。

（一）坚持科技领先

美的公司深信人类商业文明的突变和企业形态的扩展，都是由技术进步推动的。全球最大市值公司的迭代变化证明，只有成为新一轮技术革命中基础性创新的所有者，或是最佳应用的开发者，才能成为那个时代的伟大企业。美的公司持续增加研发投入，研发结构优化与全球优秀研发人员引入，进行全球研发布局优化，推动核心技术突破、颠覆技术突破与未来技术布局，在家电主营品类市场保持全球领先优势，持续推出全球首创平台与产品，推动智能家居基于用户的场景化解决方案，并在楼宇控制、新能源车核心模块、工业自动化、半导体、医疗影像与康复设备等新领域，孵化布局高新技术产业群，不断提升能力，做长远布局。

（二）加快数智驱动

随着数智技术的迅猛发展，美的集团致力于推动公司的全面数字化与全面智能化深度转型，以美的工业互联网平台、美云销平台、IoT生态平台三个业务平台来支撑用户全价值链数字化卓越运营，所有的业务、流程、模式、工作方法、运营与商业模式都通过软件和数字化来驱动，推动智能场景融入用户生活，使美的成为物联网时代的领先企业。进一步推动人工智能（AI）的业务应用，全面覆盖智能制造、智慧办公、智能运营、PaaS能力开放等业务场景；围绕"用户综合体验第一"的目标，美的IoT重点升级连接技术与智能安全体系，加快推动5G产品落地、IoT生态场景和服务机器人平台化；进一步开放生态，围绕安全、健康、美食、便捷、个性五大主题，向生态合作伙伴全面开放智能场景和IoT技术，构建美的智能家居商业价值链，为用户提供全场景服务和更多优质生态增值服务，打造美的智慧生活的生态圈层。

（三）推动用户直达

美的产品的好坏，最终是由市场来检阅的，是由用户说了算。美的将进一步致力于以用户数据驱动产品创新，以用户分层重塑产品能力，以用户反馈推动产品优化，实现用户产品直达；重构多品牌价值矩阵，建立用户沟通通路，让用户赋能业务，推动品牌的科技内核升级，实现用户心智直达；围绕用户购买，完成线上线下所有购买链路的场景标准化规范梳理及落地执行，把不同场景准确分配到用户触达的渠道中，实现用户思维落地，推动用户购买直达；标准化用户服务流程，全触点优化用户服务体验，从提升用户满意度出发，不断推新增值类服务，实现用户服务直达。

（四）力抓全球突破

今天的美的公司，已经是一家全球化运营的企业。接下来，美的将进一步推动全球业务布局，稳固美的全球化的基础与能力，搭建全球供应协同机制，强化海外本地运营，优化本地化供应链布局，推进产品全球化区域化配套能力提升；进一步提升自有品牌占比，加强自有品牌资源投入，优化不同量级市场布局和跨境电商布局，实现全球经营；持续完善海外市场渠道布局，增加销售通路，加强海外销售网点建设，通过数字化工具赋能渠道，提升改善渠道经营效率和能力；完善全球客户体系布局，深耕全球核心客户，挖掘存量客户价值，推动全球产品、品牌、战略市场、渠道、供应商与服务的全面突破。

2020年，美的集团总资产达3603.8亿元，营业收入2842.2亿元，净利润275亿元，员工总数14.9万人。美的获取标普、惠誉、穆迪三大国际信用评级，评级结果在全球同行以及国内民营企业中均处于领先地位。2020《财富》世界500强榜单，美的排名第307位，自2016年入榜以来提升174位。《财富》中国500强榜单，美的集团排名第35位，连续6年蝉联同行业第一。据"2020BrandZ最具价值中国品牌100强"排行榜，美的在众多品牌中排行第33位，品牌价值上涨26%；据英国品牌评估机构Brand Finance发布的2020年"全球100个最有价值的科技品牌榜"，美的位列第29名，品牌价值132.12亿美元，领先国内同行业其他品牌。

第三节 美的企业社会责任管理

一 美的企业社会责任工作的发展

美的自2007年起每年发布企业社会责任报告，披露当年的企业社会责任内容，便于社会大众监督。美的坚持"为人类创造美好生活"的价值观，关注员工、顾客、环境、社会、合作伙伴、股东等各方的需求和权益，并为之提供创新科技和人性化的产品与服务，不断改善生活条件，提升生活品质，为人类创造和谐、美好的环境。美的坚持"绿色经营、责任美的"。在经营活动中，美的将生命、安全、遵法、发展放在第一位，加强与利益相关方沟通和协同行为，为社会和环境可持续发展而努力。

2008年是美的公司上市15周年，也是白色大家电在中国迅猛发展的15年。15年来，白色大家电已由少数人使用的奢侈家装电器成为每个普通家庭不可或缺的必需消费品。伴随规模的发展，美的对于经济、社会、环境影响也日趋重大。公司一直致力于贯彻"为人类创造美好生活"的愿望，追求与大众、社会和环境的友好发展，维护企业对大众、社会和环境所肩负的责任。公司主要从内部体系建设、节能产品创新及参与社会公益、解决就业等方面积极履行企业社会责任。在内部体系建设方面采取的举措包括：积极推动企业社会责任内部运作体系的构建，制定了《美的CSR运作管理办法》《美的CSR行动准则》及"美的回报社会系统规划方案"，为企业社会责任的履行提供了框架和准则。在节能产品创新方面，2008年随着国家空调产业政策调整，空调能效比要求进一步提高，传统定频机生产面临巨大挑战。美的变频系列空调应势而出，以其节能环保和变频新技术而赢得市场先机。在2008年度"中国科技100强"榜单中，美的电器位列百强之首。在社会公益方面，"5·12汶川地震"让美的人心系灾区，各产业集团、纷纷举行了募捐活动，员工也纷纷献出自己的爱心，希望以自己微薄的力量为灾区人民重建家园出点力，体现了美的员工奉献爱心不甘落后的良好美德。在解决就业方面，随着公司业务规模的不断扩大，公司力所能及不断提供就业岗位，为社会和谐稳定创造条件，为广大知识分子和农民工提供很好的就业机会和发展舞台。

2009年，美的公司在业务规模不断壮大的同时，也开始明确提出了自己的企业价值观——为客户创造价值，为员工创造机会，为股东创造利润，为社会创造财富。与此同时，美的公司致力于关注股东、债权人、顾客、员工、合作伙伴、环境、社会等各方的需求和权益，履行"绿色经营，责任美的"的方针，将生命、安全、遵法、发展放在第一位，加强与利益相关方沟通和协同行动，为社会和环境的可持续发展而努力。在经营活动中，美的坚定推行生态设计、坚持清洁生产，为社会提供绿色产品和绿色服务，在产品设计、安全生产、环保生产、节能降耗等多个方面走在了行业的前列。公司持续践行环境友好及能源节约型发展，切实推进与环境可持续、和谐发展。

2010年，美的公司发布的企业社会责任报告形式更加规范，内容上分为五部分：美的电器概况，董事会寄语，CSR环境贡献，CSR社会贡献、荣誉，社会公益。CSR环境贡献包括产品有助于缓解全球变暖、技术创新促进节能减排；CSR社会贡献包括产品质量保障、员工关怀、对经济就业的贡献、致力于对人类生活的改善。同时，美的通过意见反馈表的形式诚邀读者反馈针对CSR报告的意见和感想，促使今后的报告工作更加正式、规范，便于与大众进行更高效的企业社会责任沟通。

2011年，美的公司在其发布的企业社会责任报告中鉴别了主要利益相关方（顾客/消费者、股东/投资人、经销/供应商、员工、社区、媒体＆政府）、公司对这些利益相关者所负的主要责任以及沟通方式，并在报告主体部分对每个利益相关方履行的企业社会责任内容分别展开描述（见表11-1）。

表11-1　　　　　美的公司对主要利益相关方和责任的界定

主要利益相关方		美的的主要责任	沟通方式
顾客/消费者	美的产品涵盖白电和暖通行业，顾客/消费者包括个人、法人、政府机构等。	·提高客户满意度； ·提供安全、放心高价值产品及服务； ·提供环境友好型产品及服务； ·推进无障碍设计； ·提供必要的支持； ·顾客信息的管理。	·日常经营活动； ·呼叫中心（客服电话、E-mail等）； ·监测制度； ·满意度调查。
股东/投资人	股东总数为102286户，在已发行股票约33.84亿股中，金融机构户数725家，持股总数30.05亿股，占比88.78%。	·适时提供准备的信息； ·适量的收益返还； ·企业价值的保值、增值。	·股东大会； ·业绩说明会； ·投资者关系网站； ·日常接待调研； ·互动平台。
经销/供应商	全国销售公司六十多家，经销商数万名，持续业务往来的供应商数百家。	·商业道德、公平交易； ·公平选择供应商； ·交易机会公开化； ·请对方协助实行CSR； ·对对方实行CSR给予协助。	·日常采购活动； ·供应商培训大会； ·经销商/供应商培训总结动员大会； ·建立与支行反腐败和反商业贿赂； ·通过供应链管理系统持续改善。
员工	美的现有控股子公司61家，现有员工6.6万人（截至2011年12月31日），外籍员工580人。	·尊重人权、尊重多样性； ·公正的评价及待遇； ·员工的工作条件和职业健康； ·员工的薪酬和福利水平； ·员工的培训与自我素质提升。	通过员工满意度调查、内部心声社区论坛、开放日、员工关系管理、合理化建议信箱等内部沟通渠道，广泛采集员工意见和建议。
社区	在世界超过30个国家设有办事机构，在经营活动中尊重各地的文化、历史及习惯等。	·尊重地区文化和习惯； ·考虑周边环境； ·工作场所事故、灾害的防止； ·参加地区社会公益活动。	·对话、信息交流； ·工厂参观； ·员工参加地区活动； ·运作多个公益类项目和捐赠，建立和完善社区关系建设。
媒体&政府	美的在世界许多国家开展业务，有些政府机构本身就是购买产品的用户。	·遵守法令； ·缴纳税金； ·解决当地人口就业； ·生态系统和自然资源； ·对改善、解决周边社会问题提供政策帮助。	·定期发布年报、CSR报告，向公众披露信息，长期关注舆论； ·开发绿色产品和绿色解决方案； ·产品质量和安全。

资料来源：美的集团社会责任报告（2011）。

2012年，美的公司提出2012—2015年战略愿景，即"做世界级白色家电供应商，实现可持续发展"；战略目标是"顾客导向的敏捷型企业，市场份额及盈利能力行业领先"；明确三大战略主轴，即"产品领先、效率驱动、全球经营"；企业目标设定为"打造友爱企业：以合作共赢为目标，平衡各利益相关者关系"，同时坚持"节能、环保、智能、健康"的科技发展主题。美的公司再次重申其企业社会责任战略：美的将生命、安全、遵法、价值与企业经营活动紧密相融，关注和响应顾客、员工、股东、合作伙伴、环境、社会等各相关方的需求和权益，提供创新科技和人性化的产品和服务，专注于友好发展和责任发展，为人类创造和谐的环境和美好的生活。2012年，对美的来说也是战略转型非常重要的一年，公司推动实现"三个转变"——从注重数量增长向追求质量增长转变；从产品低附加值向产品高附加值转变；从粗放式管理向精益管理转变。从对战略愿景、发展主题、战略转型等一系列表述中，可以看出美的正在进一步将企业社会责任融入发展战略当中，更加关注利益相关者诉求，注重经营活动的可持续性，实现企业与社会的共同发展。"积极发展、积极回报社会"是美的重要的企业发展文化之一，美的一直投身于各项公益事业，积极承担社会责任。据不完全统计，截至2012年，美的集团向社会公益捐赠累计超过5亿元，荣获第七届中华慈善奖"最具爱心捐赠企业"称号、2011年度广东扶贫济困"红棉杯"金杯奖、《经济观察报》"2011—2012中国最受尊敬企业"称号等。

2013—2015年，"科技创新"成为美的企业社会责任工作的亮点。美的集团注重基于消费者需求进行技术创新，产品卖点从"关注产品"转向"关注消费者"。例如，基于用户节电需求，推出"一晚一度电"节能系列产品；电饭煲基于解决"米汤溢出""煮饭时间短"的潜在需求，推出"香甜好米饭"；热水器基于健康用水，推出"活水健康系列"，受到市场高度认可。2014年3月，美的集团发布M-Smart智慧家居战略，依托物联网、云计算等先进技术，美的由一家传统家电制造商，转变为智慧家居创造商。美的围绕用户需求开发了

M-Smart 七大智慧生活场景，"晨之美、食有度、居无忧、呼倍畅、享私厨、沐唤新、枕安眠"，依托于"饮食寝具，动静坐卧"的现实需求和潜在需求进行开发，改变了传统的用户服务模式，极大提升了用户的产品体验。在社会公益方面，除了连续数年积极参与抗洪救灾、抗击"非典"、社会主义新农村建设、医疗服务、文体民生、社会福利等各项国内公益事业，美的还积极投身国际公益项目，为促进国际社会共同发展做出贡献。2015 年，为进一步帮助尼泊尔政府缓解燃油危机，协助解决百姓实际生活困难，中国商务部将向尼方提供 10000 台电磁炉。该项目经过竞标，通过"一线品牌（知名度）、民族品牌（代表中国）、产品品质过硬（品质保证）"等维度最终选出美的作为援助项目的中标企业。在埃及中国商会、埃及中华总会等华人社团斋月期间联合举办的"华人社团慈善月"活动中，美的开利埃及分公司积极响应，每天晚上向斋棚附近平民免费提供开斋饭，同时向特定贫困百姓发放共计 1500 份斋月礼盒。

  2016—2018 年，美的对其发布的企业社会责任报告内容模块进行了修改。2016—2017 年，统一采用 5 个模块进行总结，分别是"以用户为中心""M-Smart 智慧生活""每一天都是美的""新常态下的社会责任""民族企业的发展"。2018 年的报告沿用了除"每一天都是美的"外的 4 个板块。"以用户为中心"板块主要介绍了美的各类明星产品、配套服务、科技研发情况。美的致力于通过节能创新的产品和周到贴心的服务提升用户满意度，带给用户更好的使用体验。"M-Smart 智慧生活"板块主要介绍了美的在提供生活场景解决方案、深化智慧家居产业布局、推动智慧家居战略落地等方面做出的贡献。美的以贴心服务来连接用户家庭与社会，致力于实现"联动人与万物，启迪美的世界"的企业使命。"每一天都是美的"板块介绍了美的在社会慈善、环境友好、食品安全、反腐倡廉、人才培养、员工关怀六个方面的举措，体现了美的致力于推动社会发展、用科技让生活更美好的经营理念。"新常态下的社会责任"板块包括科技创新、智能制造、效率提升、美的电商、企业文化等内容，介绍美的以消费者为中心，加大研发投入与产品开发力度，构建具有全球竞争力的技术研发体系，同时也在延续关爱员工、关爱社会的企业文化，关注各方利益相关者的需求，致力于为人类创造美好生活。"民族企业的发展"板块包括公司治理、职业经理人机制、投资者关系管理、品牌价值、内部控制、信用评级等内容，介绍了公司内部治理以及外部机构评价的情况。

2019—2020年，美的公司的企业社会责任报告从企业的三重底线责任出发，按照经济责任、环境责任、社会责任进行分类。经济责任板块主要包括股东责任、用户责任、供应商责任，阐述了公司治理机制、以用户为中心的产品开发与技术创新、产品质量安全、供应链和供应商管理机制等，展现美的公司在经营发展的各环节积极承担社会责任。环境责任板块介绍了美的在环保方面的产品、技术、管理和荣誉，同时详细阐述了公司的环境合规管理细节。美的实行环境友好及能源节约型发展战略，切实推进与环境的可持续和谐发展。在经营活动中公司坚定推行生态设计，坚持清洁生产，为社会提供绿色产品与服务。社会责任板块包括员工责任、社区责任、合规管理等。美的一直坚持"以人为本，人才是美的第一资源"的管理理念，奉行"人力资本增值大于其他资本增值"的人才战略。"宁可放弃100万元利润的生意，也不放弃一个对企业发展有用的人才"是公司人力资源管理的核心指导思想。美的致力于成为员工"最佳雇主"，搭建开放的用人机制，打造企业吸引和保留人才的竞争优势。在人才招聘与使用方面，打破"地缘、血缘、亲缘"广纳人才，按照"能者上、庸者下"的原则，通过公开竞聘贯彻以目标责任制为核心的绩效考核评价体系，营造"公开、公正、公平"的用人环境，让优秀人才脱颖而出，让各类人才各尽所能。公司还建立了梯队人才培养体系，形成了成熟的航系（启航—远航—领航）培养模式，分别培养经理、总监、总经理的后备人才。美的集团旗下的库卡公司为了进一步提高公司的吸引力，提供了积极有效的培训和进修计划，以帮助员工在兼顾工作和家庭生活的同时，促进职业多样性和晋升机会平等。除了传统的学徒制之外，库卡公司还提供奥格斯堡应用科学大学的双重培训课程，可取得学士学位。除了机械工程、机电工程和电气工程的双重综合学习课程外，还可以选择工商管理、信息技术、技术信息系统和商业信息系统等学科。

美的公司还面向员工提供多元化福利政策和针对困难员工的美爱扶助基金，支持员工发展，打造友爱型企业。新冠疫情期间，美的作为最早响应且驰援行动最频繁的企业之一，先后向湖北、广东、上海等地捐赠总价值约1.16亿元的防疫物资和家电产品，为打赢全国疫情防控攻坚战做出贡献。同时，美的支持公益事业，积极帮助社区建设和发展。美的持续支持慈善事业20余年，总投入超过70亿元，向对口帮扶地区定向拨付扶贫资金，助力全面高质量打赢脱贫攻坚战。2020年美的集团在扶贫领域的相关信息如表11-2所示。

表11-2　　　　　　　　　2020年美的集团的扶贫情况

指标	计量单位	数量/开展情况
一、总体情况	—	—
其中：1. 资金	万元	1573
2. 物资折款	万元	
3. 帮助建档立卡贫困人口脱贫数	人	22730
二、分项投入	—	—
1. 产业发展脱贫	—	—
其中：1.1 产业发展脱贫项目类型	—	旅游扶贫
1.2 产业发展脱贫项目个数	个	18
1.3 产业发展脱贫项目投入金额	万元	399.5
1.4 帮助建档立卡贫困人口脱贫数	人	6344
2. 转移就业脱贫		
3. 易地搬迁脱贫		

续表

指标	计量单位	数量/开展情况
4. 教育扶贫	—	—
其中：4.1 资助贫困学生投入金额	万元	
4.2 资助贫困学生人数	人	
4.3 增加贫困地区教育资源投入金额	万元	192.44
5. 健康扶贫	—	—
6. 生态保护扶贫	—	—
其中：6.1 项目类型	—	生态治理
6.2 投入金额	万元	16
7. 兜底保障	—	—
8. 社会扶贫	—	—
其中：8.1 东西部扶贫协作投入金额	万元	113
8.2 定点扶贫工作投入金额	万元	
8.3 扶贫公益基金投入金额	万元	
9. 其他项目	—	—
其中：9.1 项目个数	个	43
9.2 投入金额	万元	852.06
9.3 帮助建档立卡贫困人口脱贫数	人	17560

资料来源：美的集团社会责任报告（2020）。

二 美的企业社会责任理念

美的集团将企业社会责任理念融入其愿景、使命、价值观当中，积极通过战略性企业社会责任来获取和保持自身竞争优势，创造企业和社会共享价值，长期投资于企业未来竞争力。美的集团积极开展与业务相结合的社会责任活动，致力于企业与社会共同发展，如为实现节能减排而设计研发绿色家电、实现绿色制造，积极响应"碳达峰、碳中和"战略；美的集团还将企业的发展与地区的繁荣相结合，在广东省和顺德地区的慈善事业上，美的集团一直都不遗余力，出钱出力，并取得了良好的社会效益。几十年来，美的集团先后荣获顺德区扶贫开发"爱心组织奖"、佛山市公益慈善"传媒推崇爱心企业奖"、广东省扶贫济困"红棉杯"金杯奖、年度企业扶贫贡献奖、上市公司金牛社会责任奖等众多荣誉。

美的集团在经营过程中坚持五条基本准则：坚持诚信、责任、健康、科学发展；创造客户价值并有效满足客户需求；追求股东价值最大化并符合其他利益相关者利益；提供平台和资源激励员工创造价值、成就自我，与企业共同发展；鼓励职业经理人长期为股东创造价值。

美的集团在承担社会责任的过程中注重满足利益相关者的利益诉求。对用户，坚持通过为用户提供节能、环保、人性、健康的产品和服务，创造人类更舒适的生活环境和高品质生活；对员工，践行"以人为本"的理念，尊重员工权益及员工价值观，为员工提供良好的薪酬福利及工作环境，建立员工职业发展通道，为其提供良好的培训机会，提升员工从业能力；对股东，通过完善的经济活动，为股东提供稳定、持久的回报，使公司价值最大化；对合作伙伴，遵守商业法则，与合作伙伴建立利益共同体，共同成长，分享成功，追求理性竞争，致力于维护行业的健康发展；对政府，恪守法令法规，为政府政策及活动提供支持，遵守世界各地的法律与历史文化习俗，支持地区环境、经济、文化发展；对社会，积极承担社会责任，参与社会公益事业，积极为教育、医疗、文体、民生、赈灾、慈善等各项社会事业发挥自身作用。

三 美的企业社会责任荣誉

成立50多年以来，美的在企业社会责任领域取得诸多荣誉和成果。以2020年为例，美的集团获得的企业社会责任领域荣誉如表11-3所示。

表 11-3　　　　　2020 年美的企业社会责任荣誉情况

时间（年份）	荣誉	评比/授予单位
2020 年	中国家电健康之星	《电器》杂志社
2020 年	工业机器人示范单位、工业设计示范单位、影响力品牌	中国自动化学会
2020 年	佛山市工程中心、知识产权示范企业、广东省骨干机器人（培育）企业、佛山市骨干机器人企业、顺德区骨干机器人企业、高新技术企业、AGV 动力轮模组项目获批顺德区核心技术攻关项目扶持 1000 万元、工业互联网标杆企业	佛山市政府
2020 年 12 月	年度企业扶贫贡献奖	新浪财经
2020 年 12 月	线上消费者最喜爱的佛山品牌 佛山数字化升级标杆企业品牌	佛山日报
2020 年 12 月	中国新增长创新实践榜之"数字化革新榜"	哈佛商业评论
2020 年 12 月	年度科技硬件领域顶尖雇主	脉脉
2020 年 12 月	2020 中国节能协会节能减排科技进步一等奖	中国节能协会
2020 年 12 月	中国人力资源科技影响力品牌 50 强	中国人力资源科技 HR Tech China
2020 年 11 月	上市公司金牛社会责任奖、金牛董秘奖	中国证券报
2020 年 11 月	2020 抗疫特别贡献奖	上海物流企业家协会
2020 年 11 月	2020 中国发明协会发明创业奖成果奖一等奖	中国发明协会
2020 年 11 月	2020 年中国信创身份权限管理年度卓越产品奖	中国软件网
2020 年 10 月	节能环保杰出贡献奖	联合国工业发展组织
2020 年 9 月	灯塔工厂	世界经济论坛 + 麦肯锡咨询公司
2020 年 9 月	2020 数字新基建数字化转型最具影响力企业	中国云体系联盟
2020 年 9 月	广东省政府质量奖	广东省人民政府
2020 年 9 月	2020 年顺德政府质量奖	佛山市顺德区人民

续表

时间（年份）	荣誉	评比/授予单位
2020年4月	2020AWE艾普兰优秀产品奖	2020中国家电及消费电子博览会
2020年3月	全国质量信得过产品、全国百佳质量诚信标杆企业、全国产品和服务质量诚信示范企业	中国质量检验协会
2020年3月	广东省工业和信息化厅第一批数字技术产品和解决方案	广东省工业和信息化厅

资料来源：美的集团社会责任报告（2020）。

第四节　美的企业社会责任典型项目

一　创始人倾心造福桑梓，回报社会

美的集团慈善事业的发展离不开公司创始人何享健的大力支持。何先生在回顾自己的创业历程时，认为个人财富"得益于改革开放，得益于国家政策、各级政府的支持"，得益于美的人的共同努力。在2012年8月将美的集团转交给职业经理人运营后，何享健开始对家族公益慈善事业进行深入思考和长远规划，全身心投入慈善事业之中。美的公司的员工曾打趣说，如果将做慈善、品红酒以及打高尔夫球三项进行兴趣排列，那么公益慈善一定占用了何享健退休后的大部分时间。

2017年7月25日，美的创始人何享健在顺德区宣布了总额60亿元的捐赠计划。仪式现场，由其担任荣誉主席的广东省何享健慈善基金会宣布正式更名为广东省和的慈善基金会。和的慈善基金会由何享健个人于2013年12月创立，该慈善基金会在广东省民政厅登记注册，主要支持教育、养老、体育文化艺术、扶贫赈灾环保及其他公益慈善事业。在本次捐赠仪式上，何享健宣布捐出其持有的1亿股美的集团股票和20亿元现金。这些善款将由专业的公益慈善机构负责慈善项目的规范运作，用以支持在佛山本土乃至全省全国的精准扶贫、教育、

医疗、养老、创新创业、文化传承等多个领域的公益慈善事业发展。20亿元现金捐赠部分，5亿元现金用于"顺德社区慈善信托"，该慈善信托已于当年5月27日在广东省民政厅完成备案，用于支持建设更具人文性和富有吸引力的顺德社区。另外15亿元现金用途涵盖了多个领域，包括分别向广东省慈善会、佛山市慈善会、顺德区慈善会、北滘镇慈善会捐赠1亿元现金，以及向何享健的家乡北滘西滘村的福利会捐赠4000万元现金。1亿股美的集团股票（7月24日收盘价43.42元）捐赠将由美的控股有限公司作为委托人，设立一个永续的慈善信托，该慈善信托将在民政部门备案，计划由信托公司担任受托人，慈善信托财产及收益将全部用于支持公益慈善事业的发展。

此次捐赠计划以及和的慈善基金会的成立已经规划、筹备了近三年的时间。何享健表示，"创立'和的慈善基金会'是我们应尽的责任，投身公益慈善事业是我们应尽的本分"，其目的是用感恩之心，将财富回馈社会。和的慈善基金会主席何剑锋（何享健先生的儿子）总结了何氏家族对于财富和慈善的思考："价值观才是最好的传承，美德才是最大的财富。"他还表示，未来和的慈善基金会将会从"一流的基金会、有影响力的项目、专业的治理管理、慈善交流与合作"四个方面去开展工作。通过不断搭建慈善体系，和的基金从项目领域和慈善机制等回应了社区、社会等不同层次的利益相关者对美的集团在公益慈善方面的需求。何享健对慈善捐赠的要求是慈善资金能够有计划、可持续地使用，慈善项目实现规范管理、公开透明、有效实施，让慈善活动创造更大的社会价值。

正是由于创始人何享健先生在造福桑梓、回报社会方面亲力亲为和率先垂范，因此美的集团对于如何在企业做大做强之后承担社会责任有了更加深刻的认识。正确的财富观指引着美的集团在精准扶贫、慈善公益、环境保护等领域积极主动地承担着自己应有的社会责任。

二 情系扶贫事业，投身公益慈善

"爱心有多大，影响就有多大。"美的集团一直情系广东扶贫开发事业，勇于担当，在企业发展壮大的同时不忘奉献爱心、回报社会，自觉履行企业社会责任。在兼顾公司和股东利益的情况下，公司积极参加各类社会公益活动，在助学助教、医疗卫生、赈灾救难、文化体育等多方面为建设和谐社会做出积极贡献。

截至2007年，公司已累计向社会各界福利事业捐赠资金超过9080万元。2007年，公司资助顺德北滘镇就业服务体系建设资金100万元，捐赠顺德全民建设项目资金750万元，向振兴粤剧基金会捐款160万元。

2009年，公司先后捐赠佛山市政协民主大院建设，捐赠北滘镇慈善基金会、捐赠北滘镇春节慰问贫困户资金、捐赠北滘镇重阳节敬老慰问金等。时任北滘镇镇长冼阳福表示："美的善举将惠及我镇2万多人，其中有4000多名鳏寡、贫困、残疾人员，13300多名60周岁以上的老人以及多间幼儿园、小学及敬老院。美的集团的仁义善举，进一步树立了乐善好施的社会良好风气，对北滘慈善事业的发展起到了示范性作用。"

2010年，美的集团捐赠北滘镇慈善事业1000万元，向首个"广东扶贫济困日"捐赠3000万元，向顺德人民医院捐款3000万元。

2011年，美的集团积极响应广东省委、省政府号召，捐赠2000万元定向用于扶持广东省清远市贫困村"两不具备工程"的有关建设项目。其中，1050万元善款由清远市扶贫办统筹落实到清远市自身帮扶贫困村的"两不具备工程"项目中使用，其余950万元善款经由美的集团股份有限公司与清远市扶贫办、顺德区扶贫办制定使用方案，定向用于顺德区对口帮扶的英德市、连南县贫困村"两不具备工程"的房屋建设、基础建设项目；同时，美的集团连续第二年捐赠1000万元支持顺德区北滘镇慈善事业，用于扶持顺德区内贫困对象发展生产，改善生活条件。

2012年，在"广东扶贫济困日"活动上，美的集团主动捐资3000万元，并于当年7月18日签订了捐款协议，其中1000万元定向捐赠于顺德区北滘慈善会，用于支持北滘镇开展慈善扶贫工作。其余2000

万元捐赠至广东省扶贫基金会，定向用于顺德区对口帮扶英德市、连南县贫困村开展扶贫项目，并先后扶持建设了连南县新寨移民新村、油岭瑶族和谐小区和英德市塝脚幸福安居示范村、新民井水慈福小区、石角黄岩幸福新村以及鸡蓬绿色一条街等美丽新农村建设工程；美的集团当年继续捐赠1000万元支持顺德区北滘镇慈善事业；当年，美的集团还捐资15万元，赞助佛山首届公益慈善项目中的"青年义工进园区"项目与"外来工子女网络夏令营"项目。

2013年，在"广东扶贫济困日"活动启动仪式上，美的集团捐资1500万元，其中800万元资金定向用于顺德区对口帮扶英德市、连南县贫困村的扶贫开发项目建设；美的集团连续第四年捐赠1000万元支持顺德区北滘镇2013年慈善事业；美的集团还捐赠200万元赞助岭南美食节、龙舟赛，支持发扬广东岭南传统文化。

2014年6月30日，"广东扶贫济困日"活动启动仪式上，美的集团再次捐款1000万元。

2015年1月，在顺德北滘，美的集团支持北滘慈善捐赠千万善款仪式举行。这是美的集团连续第6年一次性大额捐款支持总部所在地北滘慈善事业发展，为实现"智造北滘、魅力小城"助力。

2016年，美的集团应邀出席"广东扶贫济困日"活动，捐资1000万元。多年来，美的对扶贫公益工作鼎力支持，协助广东省委、省政府推动新时期精准扶贫，精准脱贫攻坚工程。该工程将用三年时间确保广东省现有的70万相对贫困户、176万相对贫困人口以及2277条相对贫困村实现脱贫。扶贫捐赠款将主要用于直接促进贫困人口增收，兼顾教育、基本医疗和住房安全保障等，支持广东省的相对贫困村贫困人口增收脱贫。在佛山市扶贫济困日活动中，美的集团喜获领导小组特别授予的"2012—2015年广东佛山扶贫济日活动突出贡献奖"。自2010年佛山市设立该慈善专项资金起，美的集团一直积极参与，位列2012—2015年佛山市捐赠企业名单榜首。在美的集团与各企业共同努力下，专项资金有力地支援帮扶地区、贫困地区的经济发展，为扶贫、济贫、扶老助医、助残等公益慈善活动提供资金和物质保障。同时,"美的集团支持北滘慈善捐赠千万善款仪式"在美的总部举行,连续第七年一次性大额捐款支持该镇慈善事业发展。

2017年,美的集团共捐赠善款2050万元,其中用于精准扶贫1000万元,由广东省扶贫开发办公室统筹,用于雷州、徐闻县的扶贫脱贫工作;向北滘镇慈善基金会捐赠1000万元,围绕镇内扶贫助困社会公益建设等方面开展慈善济困和福利民生工作。同时,美的积极支持佛山市政府对口四川凉山精准扶贫工作,2017年7月,美的集团捐赠1100套价值50万元的小家电给四川凉山同胞。所有善款使用规范,受赠单位和部门责任清晰,执行到位,善款得到了很好的使用,发挥了积极的社会效应。

2018年1月,美的集团向北滘镇慈善会捐出1000万元,累计捐赠达9000万元,用于当地开展扶贫助困、教育等方面的慈善公益活动。2018年6月,广东扶贫济困日暨乡村振兴"万企帮万村"活动仪式在广州举行。仪式上,美的集团再捐款1000万元。这是美的集团自2010年"广东扶贫济困日"创设以来,连续9年参加该活动,累计捐款1.55亿元,善款用处辐射佛山、顺德、北滘、英德、连南等地区。10月19日,美的在战略发布会上发布企业全新愿景、使命、价值观的同时,宣布捐赠1670万元用于美的黄龙村结对共建项目,推动顺德基层治理和乡村振兴;捐赠1亿元用于支持政府脱贫攻坚,通过卫生扶贫、教育扶贫、产业扶贫等模式相结合,助力政府实现2020年脱贫攻坚任务目标。

2019年,美的集团连续第10年向北滘镇慈善会捐赠1000万元,并分别向广东省禁毒基金会、佛山金盾救助基金会捐赠共300万元,支持全省系列宣传品和禁毒扶贫工作的开展。美的集团的身影活跃在扶贫、救灾、养老、教育等慈善领域,总投入已超过70亿元。

2020年,美的集团分别向对口帮扶协作地区湛江雷州、徐闻和四川省凉山彝族自治州定向拨付帮扶资金960万元、500万元和113万元,用于支持两地产业扶贫、教育扶贫、基础设施完善、人居环境整治等方面建设,为带动贫困县贫困村建档立卡贫困户脱贫,助力全面高质量打赢脱贫攻坚战提供了有力保障。新冠疫情期间，美的集团作为最早响应且驰援行动最频繁的企业之一，先后向湖北、广东、上海等地捐赠总价值约116亿元的防疫物资和家电产品，为打赢全国疫情防控攻坚战做出了贡献，获得"广东省抗击新冠疫情重大贡献民营企业""佛山市抗击新冠疫情先进集体"等荣誉称号。

三　科技助力绿色发展

美的集团作为家电行业的领军企业，坚持将绿色理念融入产品生产与制造的全过程之中。作为每年为全球消费者提供超过4亿件产品的企业，美的提倡将环境管理、绿色发展的理念融入产品的设计、生产、使用、废弃回收的产品全生命周期之中，将研发、材料、包装等方方面面都纳入考量，为用户提供真正的绿色产品。

长期以来，美的集团注重环保、践行绿色发展理念，通过科技创新和技术进步来实现减少能源消耗、减排温室气体，通过设备升级、精益生产实现制造过程的节能减排。中央经济工作会议将"做好碳达峰、碳中和工作"列为2021年的重点任务之一。在此背景下，美的集团从以下几个方面加快节能减排工作进展：在建立绿色产业链方面，加快布局，与产业链上游各方合作，推动全产业链绿色制造；在生产模式方面，加快推进制造自动化、智能化，广泛运用互联网、大数据，布局高端制造。同时，美的以数字技术加快生产过程能源管理能力的升级。目前数字管理能效升级已改造近20家工厂，实现单台生产电能降低15%；加速推进低能耗的智慧家庭、智慧家电的场景创新，以更符合时代满足需求的创新产品促进市场高能效产品的推广运用；通过绿色物流建设，更多地开发和采用绿色包装；用技术进步推动能源低碳转型，推进绿色能源的利用。

为了响应中国提出的"2030年碳排放达峰，2060年实现碳中和"的国家战略，家电行业为了践行自己的社会责任和义务，需要在全产业链进行低碳设计。以空调为例，空调生产企业需要进行生产线智能化改造，提升生产效率，降低每台空调生产的能耗。与此同时，需要采用更加环保的制冷剂,降低空调产品直接温室气体排放,提高空调产品能效。按照"中国绿色制冷行动计划",中国市场 2021 年空调产品能效提升 15%,2030 年将继续提升 15%。要想达此目标,传统制造业必须主动拥抱"数字化浪潮",以数字化科技创新助力绿色发展。基于这一认识,美的集团迈出了坚实的步伐,建成了数字化、智能化的工业互联网平台 Midea M. IoT,可以实现对产品生产制造过程中涉及消耗能源的各关键环节和生产计划系统全流程进行透明化、可视化、可控化管理。自 2018 年 12 月起,美的芜湖工厂开展数智能效管理升级改造,在工业园区、工厂、车间、产线、设备等多个层级设立了数百个电表采集点,半年实现单台生产电能耗降低 16.2%,总能耗降低 5.4%,相当于每天节省 2.1 万度电。目前,该模式已推广至美的空调、洗衣机、冰箱等 16 家工厂。在美的集团内部的成功应用,也意味着这套解决方案已具备在同行业甚至跨行业推广的可能性,对于绿色制造转型意义深远。

美的空调作为美的品牌的代表产品,一直注重发展绿色技术,助力全球节能减排。在过去十年间,美的空调与联合国工业发展组织一起,在《引领住宅空调行业走向更环保的道路》项目上深度合作,旨在用低碳环保的丙烷(R-290),取代对环境有害的制冷剂 HCFC-22。丙烷制冷剂系统不但直接减少温室气体排放,能源效率同样提升 10—15 个百分点,进一步间接降低能源消耗带来的温升效应。联合国工业发展组织的数据表明,美的公司自实施该环保冷媒产品项目之后,已经逐步取代了消耗 67.8 吨臭氧的物质,同时每年减少了 967490 吨的二氧化碳排放。

美的集团在环保科技方面的巨额投入,也使其在该领域获得了 200 多项国内外专利。R290 产品凭借其极低的 GWP 制冷剂使用量,以及高能效、低噪声、严苛的安全控制等技术优势,得到用户的广泛认可。2018 年,美的集团荣获中国轻工业联合会的最高科技进步奖。美的空调 R290 的产品自 2014 年进入欧洲市场以来,在全球获得了多个行业顶级奖项。同年,在意大利米兰国际暖通空调及制冷展

（MCE）上，被正式授予全球第一张"蓝天使"环保认证，该认证是当前空调产品能效与环保要求最高且最权威的认证。2019年，在第41届蒙特利尔议定书缔约方不限成员名额工作组大会上，因为在环保制冷剂应用技术突出成就，美的成为该会议提供替代技术路线支撑的空调行业关键企业之一。同年，美的空调凭借在R290房间空调器市场化推广方面的突出贡献，成功斩获了"低碳环保领先奖"。联合国工业发展组织称赞"此项目是美的十年研发的成果，体现了美的技术实力和对保护地球的奉献"，对美的集团在保护环境方面的远见表示赞赏，并感谢与美的的出色合作。

在广泛获奖荣誉的背后，美的集团的环保产品在市场上也很受欢迎。美的R290空调已超过100万台进入欧洲市场，在中国市场销售也超过20万台，是中国乃至全球低GWP环保制冷剂空调产品的领导者。考虑到消费者对环保产品需求的不断增长，美的集团已经投入700多万美元，将生产线改装为R290驱动的产品，改造后的生产线年产量可达到75万台。

除了R290环保自然冷媒应用技术这一绿色环保技术的代表之外，美的集团多年来高度重视节能环保绿色技术的开发和应用，硕果累累。例如，2020年12月，美的集团暖通与楼宇事业部和上海交通大学共同申报的"宽环温高效节能空气源热泵供暖关键技术及产业化"项目，荣膺2020年中国节能协会节能减排科技进步一等奖，标志着美的空气源热泵技术在行业处于领先位置。其中准二级压缩气液混合喷射低温强热技术、大小温差兼容空气源热泵技术、模糊控制自学习除霜技术、大数据云平台能源管理技术等四大技术均被鉴定为国际领先水平。相关产品的推广应用将对推动中国能源转型、实现"双碳"目标具有重要的意义。又如在洗衣机领域，美的集团在行业内首创"一桶洗"与"无吊杆塔式减震系统"技术，整个洗衣机仅需一个内桶就能完成洗衣任务，无外桶无污染，健康看得见。通过全不锈钢内桶、紫外线杀菌以及纳米银离子等技术实现"无菌舱"级别的洗涤环境。通过平台技术升级，同等大小的箱体可提高1—2公斤洗涤容量，实现小体积大容量,满足更多消费者洗大件的需求。高箱体及免喷漆技术的使用,降低生产过程中有害物质的产生,为环境保护贡献企业的力量。

在推出大批高科技含量的新绿色产品的同时,美的集团还主导或参与了多达十余项绿色设计产品评价规范标准的制定。2019年底,由美的主要参与修订的空调新能效国家标准正式颁发,将能效新标准提升14%,有效推动了变频节能空调的应用普及。

美的集团不只注重产品本体的材料使用问题,更将绿色理念延伸至产品外包装。通过建立完整的产品包装设计体系,打造一支产品包装设计的专业团队,不断改进包装一体化设计、升级泡沫材料工艺、减少包装材料用量,同时探索可循环利用的环保材料,每年可减少1.15万吨废弃物料。

美的集团同样注重绿色供应链的搭建。美的所有供应商所供物料均须符合ROHS和REACH要求,满足国家及地方性法规、政府要求的环保指令或认证,满足公司的环保指令要求及绿色设计要求,并纳入公司的品质管理体系。美的对于所有供应商都要求必须遵循相关的环保法律法规(包括但不限于RoHS指令、PAHs指令、REACH法规、电池指令、包装指令、东芝ODM项目、POP法规、美国加州65指令儿童类使用产品有害物质使用限制、电器电子产品有害物质限制使用管理办法),按照美的要求提供物料的环保法规限制使用的有害物质检测报告。这些检测报告需符合有效期1年的要求,其中与RoHS指令和REACH法规有关的检测报告、图纸、管理规定等技术文档和质量记录,供应商须保留10年。

在电子废物处理上,美的集团严格遵守《巴塞尔禁运修正案》公约。在污染防治及生态保护方面,美的集团严格遵守《中华人民共和国环境保护法》《中华人民共和国环境影响评价法》等及各集团下属企业所在地的相关法律法规。集团明确了生产经营活动中的环保管理红线,对于环保合规管理、新改扩建项目、废水废气达标排放等方面均设立了明确的要求和规定。各事业部参考ISO14001环境管理体系标准,均设立了EHS(环境、健康、社会)管理组织,制定环境管理方针，进行体系化管理。

第五节 总结与展望

作为一家在中国家喻户晓的企业，美的已经走过了 50 多年的发展历程。起步于佛山顺德北滘小镇，浸润于改革开放的时代大潮，美的已经成长为一家在家电行业有重要影响力的国际化大公司。在产品业务快速发展、经营绩效不断攀升的同时，美的公司没有忘记自己肩负的社会责任。公司创始人何享健先生以其高远的眼光、宽广的胸怀和睿智的行动，在精准扶贫、慈善公益等方面身体力行，充分展现了一位民营企业家对于金钱财富的态度和对于社会责任的理解。受何老先生的影响，美的集团将积极承担企业社会责任的理念融入其愿景、使命、价值观之中，通过开展各项企业社会责任活动来赢得战略性竞争优势，创造企业和社会双赢的共享价值。美的集团将企业的发展与地区的繁荣相结合，在广东省和顺德地区的慈善事业上，美的集团一直都不遗余力，出钱出力，并取得了良好的社会效益。美的集团情系扶贫事业，投身公益慈善，连续数年向北滘镇慈善会捐出巨款，支持当地社会、经济、文化事业的发展；自 2010 年"广东扶贫济困日"创设以来，美的集团就从未缺席，为广东省扶贫工作做出了重要贡献。

美的集团在承担社会责任方面还有一点值得称颂：公司结合自身产品特点，从用户需求出发来承担社会责任。美的集团为实现节能减排而设计研发绿色家电、实现绿色制造，积极响应国家的"碳达峰、碳中和"战略。美的空调 R290 产品项目的成功开展，与美的集团完整、大型的空调生产线布局以及美的长期致力于研发和升级绿色高效健康空调、造福全球环境的决心密不可分。作为世界 500 强、全球空调行业领导品牌，美的正带领整个行业朝着更节能、更环保、更健康的方向发展。

第十一章

面向未来的思考：广东企业改进社会责任工作的建议

第一节 走出对企业社会责任理解的误区

从前面的章节内容中可以看出，发达国家对于企业社会责任实践工作的起步较早，企业对社会责任问题的认知也较为成熟。许多发达国家已经通过立法和行业自律等形式逐渐形成了推动企业承担社会责任的环境。而系统开展企业社会责任工作在中国起步相对较晚，中国企业对企业社会责任的认识还存在一些误区。为了推动广东企业社会责任工作的发展，我们有必要澄清一些关于企业社会责任的理解误区。

（一）误区一：企业社会责任就是面子工程

中国一些媒体为了追求热点、迎合时尚而对企业承担社会责任的片面报道，以及很多企业编制的"报喜不报忧"型的社会责任报告，致使很多人误以为企业社会责任不过是企业宣传自己的工具。企业社会责任报告原本是利益相关者因无法监督企业行为，才要求企业自我披露相关信息，便于与企业进行沟通的一种载体。而目前的许多企业社会责任报告往往"报喜不报忧"，导致很多人误以为企业社会责任报告是企业进行宣传或是向利益相关者表决心、提高企业形象的一个窗口。有人甚至认为企业社会责任本身就是"华而不实"的面子工程，并利用多种形式的"面纱"来夸大或过分宣传其履行的社会责任，追求获得各种各样的奖项，将企业社会责任等同于"品牌形象策划"的面子工程，用以增加竞争胜算，使企业社会责任的内涵和作用发生严重扭曲。

企业承担社会责任能塑造良好的社会形象，这个观点总体上是正确的，也得到了学术界诸多实证研究成果的验证。但是，不顾其他相关者的利益要求而去纯粹做面子工程，却恰好是没有真正履行社会责任。一些企业认为承担社会责任就是从自身的利益出发，而没有从根本上认识到承担社会责任的真正意义和价值。这就使得很多企业把承担社会责任作为一种推销手段、广告方式。企业社会责任既有强制的法律责任，也有自觉的道德责任，有一些企业"为了受表扬而做好事"，这已经是一种过时的行为。这种没有从意识上去正确理解承担企业社会责任的想法，使得很多企业只是在用一种作秀的方式去承担社会责任。

(二) 误区二：企业社会责任等于慈善捐赠

当今社会，很多企业管理者一提到企业社会责任，就想到慈善捐赠，甚至将两者画上等号。这些企业往往认为企业向社会的慈善捐赠数额越多，企业社会责任的表现就越好。事实上一些企业在偷税漏税、造假卖假的同时高调向慈善机构、公益事业大笔捐款，用"积极履行企业社会责任"的"示范行为"掩饰其不法行为，从而谋求社会各方面的支持；另有一些中小企业迫于舆论压力，或其自身也想利用慈善捐赠等公益事业来扩大企业知名度，不惜缩减用于研发新技术、改革新工艺、优化企业设备等方面的资金，"节衣缩食"地参与慈善事业，却影响了企业的正常经营和发展。这是一种不理性的、畸形的履行社会责任的心理和行为。

事实上，根据企业社会责任的定义，慈善捐赠只是企业社会责任的其中一个维度。根据卡罗尔的企业社会责任金字塔理论，经济责任是企业最基本的责任，位于塔基；法律责任次之，伦理责任处于第三层，慈善责任处于金字塔的顶层。企业应该率先满足处于较低层次的责任后，再考虑满足更高层次的责任。根据 Freeman（1984）提出的利益相关者理论，企业需要在其经营过程中平衡其诸多利益相关者

（包括股东、管理者、员工、消费者、债权人、社区等）的利益要求。如果企业只看重某个利益相关者的利益要求（或只承担某一方面的社会责任），而忽视其他利益相关者的利益要求（或回避承担其他社会责任）的话，那么企业将面临风险（Freeman，1999；Freeman，2010）。可见，企业社会责任金字塔理论与利益相关者理论都认为企业社会责任涉及多种类型或多个维度，而企业慈善捐赠只是企业应当承担的全部社会责任中的一个组成部分或一个维度。受此影响，在对企业社会责任的概念和范畴拥有更为成熟认识的发达国家，企业更倾向于把慈善捐赠看成是企业履行社会责任的一个方面，甚至也不认为它是企业社会责任的主要方面，更不会认为它是企业社会责任的全部。

（三）误区三：企业社会责任与经济利益相互冲突

企业管理者往往认为履行社会责任会增加企业经营成本，因此，回避履行社会责任或者故意推脱理应承担的各种社会责任。许多企业的管理者坦言，如果让企业投资社区建设、环保项目等，就会直接增加企业的经营成本，而且这些投资在短期内无法获得经济效益。这种误区容易使企业将社会责任归入"负担论"。这也将导致有些企业虽被迫公开强调社会责任的重要性，但在决策时仍认为社会责任是企业额外的负担，认为企业社会责任是"向企业乱摊派"，只会增加成本，甚至出现抵制企业社会责任实施的不良风气。陷入这种误区的企业没有意识到社会责任管理是企业风险管理的重要方面，是全面获取客户认可和提高企业绩效、运营透明度、品牌美誉度、可持续发展能力的重要举措。

事实上，从企业长期的发展着眼，企业只有合理投入必要的资金去履行对员工、消费者、政府、环境等的社会责任，才能调动起员工的积极性，获得消费者和政府的认可，建立与环境和谐持续发展的关系。只有这样，企业才能在竞争激烈的社会中不断发展壮大，走上持续发展的道路，进而获得长远的利益。现有企业社会责任领域的实证研究结果表明，总体来说，企业承担社会责任能够正向影响企业的经济绩效。更为重要的是，企业可以通过实施战略性的企业社会责任活动，以求达到同时实现企业经济目标与社会目标的双赢局面。在后面的章节中，我们会详细介绍战略性企业社会责任的相关内容。

（四）误区四：企业社会责任和普通员工没有关系

很多人会认为企业社会责任是企业的事情，是领导的事情，和企业的员工没有关系。受此观点的影响，一些企业的员工往往会对其所在企业的社会责任活动漠不关心。但事实上，企业员工应该是企业社会责任重要的参与者和推动者。

企业员工是企业社会责任的重要参与者。作为企业承担社会责任的一项重要表现形式，企业志愿服务已经在世界各地受到了人们越来越多的关注。企业志愿服务是由企业发起、企业员工自愿参与完成的社会责任项目，是一种长期的、有计划的亲社会活动（Penner，2002）。据统计，世界500强企业中有超过90%的企业开展过企业志愿服务项目。在国内，越来越多的企业也逐步加入了开展企业志愿服务的行列，内容涉及教育、医疗、社区服务等众多领域，并在社会上产生了广泛的积极影响。企业志愿服务主要具备以下四方面的基本特征：（1）是一种相对长期的行为；（2）是一种有计划的活动，而非突发行为；（3）是一种非义务的帮助行为；（4）发生在组织环境之内。学术界的大部分研究结果显示，员工参与企业志愿服务不单单有利于社会公益，还会对组织以及参与志愿服务的员工产生多方面的积极影响。例如，员工参与企业志愿服务能够强化员工技能、增强员工的组织认同、帮助员工恢复"注意力"和"精力"等心理资源（张麟等，2015）。

员工也可以自下而上地推动企业社会责任。Aguilera等（2007）在《管理学会评论》（*Academy of Management Review*）杂志上发表的文章中提出，员工的各种心理需求能够影响企业社会责任。具体说来，在这篇文章中，Aguilera等（2007）提出员工关于控制、归属感以及有意义的存在这三种心理需求能够迫使企业承担更多的社会责任。考虑到员工对于企业社会责任的关心与需求，企业会采取行动来相应地承担更多社会责任，否则企业的发展与员工的诉求就不相匹配了。因此企业社会责任项目不仅可以自上而下地展开（由企业高层确定社会责任项目，鼓励员工积极参与），也可以自下而上地进行（由员工根据自己的兴趣发起，推动企业将其纳入经营活动之中）。

从我们的实际调研和近距离观察来看，关于企业社会责任的这些误区在广东省企业之中仍然存在，而且影响力不可小觑。这就需要中国各级政府、新闻媒体等机构大力宣传正确的企业社会责任价值观，积极引导企业改变之前关于社会责任的错误观点。特别是企业的管理者应该更加全面地认识企业社会责任，从而避免在企业管理决策时走进企业社会责任的误区。只有这样，广东省企业才能够真正践行企业社会责任，实现高质量可持续发展，达成企业利益与社会利益双赢的局面。

第二节　"互联网+"带给企业社会责任的机遇

在2015年召开的十二届全国人大三次会议上，中国明确提出了"互联网+"这一概念。"互联网+"是指将移动互联网技术应用到经济发展的各个领域中，整合资源、优化配置，提高生产力和创新力，促进经济社会在互联网平台上发展出新形态、新业态。从宏观层面看，"互联网+"将会推动经济社会的深度转型；从微观层面看，"互联网+"会引发包括企业在内的组织运行方式的深刻变革。企业社会责任作为企业有效管理自身与利益相关者关系，追求经济、社会、环境综合价值最大化的行为方式，不可避免地将深受"互联网+"所带来的经济社会转型和企业运行方式变革的影响。"互联网+"给广东企业践行社会责任带来了以下几个方面的机遇。

（一）"互联网+"增加了企业社会责任的曝光度

从推动社会责任落实的角度看，互联网能够更广泛、更有效、更及时地将企业承担社会责任的情况与利益相关者进行沟通，进而增加企业社会责任活动的曝光度，推动社会责任的相关信息从企业向全社会迅速扩展。

"互联网+"为企业社会责任带来的高曝光度有利于提升企业社会责任活动的社会影响力,同时也有利于企业通过社会责任活动提升企业声誉,强化企业与利益相关者之间的关系。例如,字节跳动利用自身互联网平台的资源和技术优势,开展了"山货上头条"和"山里DOU是好风光"两个特大扶贫项目。利用"今日头条"和"抖音"两大互联网媒介,字节跳动积极承担社会责任,帮助贫困山区脱贫致富。字节跳动别开生面的扶贫行动,不仅为平台创造了优质的内容,也给公司带来了巨额流量,为贫困地区的品牌产品进行了强有力宣传。字节跳动在承担社会责任的同时,也叫响了公司的产品和科技,同时突破了传统公益慈善的被动式接收方式,通过数字创新技术使扶贫也充满不卑不亢的温情和正能量。在互联网的加持下,企业社会责任彰显着前所未有的影响力。

(二)"互联网+"推动中小企业承担社会责任

一般而言,企业的规模越大、社会影响力越大,社会对其应该履行社会责任的期望就越大。因此,承担企业社会责任的压力往往会更多地落在某一行业中、产业链价值链中的大型企业身上,尤其是那些具有领先市场地位的主导型企业身上。然而在"互联网+"背景下,基于互联网、物联网、云计算的第三次工业革命,将第二次工业革命背景下的大规模流水线的生产制造技术范式取代为基于个性化、柔性化与智能化的大小规模并存型的生产制造技术范式。正是基于这一范式背景,中小企业在"互联网+"背景下的地位与作用也日益凸显,成为推动社会发展、创造经济价值的重要力量。

随着中小企业在价值创造过程中地位的提升,这些企业也受到来自员工、供应商、竞争者、政府等利益相关者的重视与关注。因此,在"互联网+"背景下,人们关注的社会责任重点正在发生转移:原来社会的眼光主要放在大型企业、行业领先企业,重点考察它们的责任履行与责任推进模式;现在则逐渐转向观察中小企业、小微型企业的责任履行情况,探索灵活多变、形式多样的履责模式。

(三)"互联网+"推动企业社会责任平台化发展

传统的企业社会责任履责主体主要是企业自身。而在"互联网+"背景下,企业社会责任的履责管理主体呈现出开放化、平台化的特点。企业社会责任的管理主体变得更为多元,由单一企业组织单向履责推进转向非政府组织、非营利组织、社会团体甚至企业利益相关者共同参与的网络式社会责任平台管理。在"互联网+"背景下,企业能够作为平台连接内外部资源以推动企业承担社会责任。因此,在"互联网+"背景下,企业在甄选企业社会责任项目时将由以前的注重企业内部资源挖掘、忽视外部资源获取的资源配置模式,转向内外部资源并重且注重网络显性与隐性关系资源。

在"互联网+"背景下,平台化的企业社会责任项目将更加聚焦于整合社会化资源来解决某一特定的社会性问题。在"互联网+"的推动下,形成了以平台为主体的履责推进与落实主体。履责平台通过打造一个基于责任共享的价值平台网络,各类不同履责主体基于某一责任价值偏好的同质性或者互补性集聚在某一平台网络上,从而形成价值共享与价值创造的社会责任生态圈。蚂蚁金服公司的企业社会责任项目"蚂蚁森林"就是一个典型的"互联网+"背景下企业社会责任平台化的产物。作为一款公益活动,蚂蚁森林项目的设计如下:用户通过步行、地铁出行、在线缴纳水电煤气费、网上缴交通罚单、网络挂号、网络购票等行为,减少相应的日常生活碳排放量,可以用来在支付宝里申请种一棵虚拟的树。这棵树长大后,公益组织、环保企业等蚂蚁生态伙伴们,可以"买走"用户在蚂蚁森林里种植的虚拟"树",而在现实世界的某个地域种下一棵真实的树。在"互联网+"的背景下,"蚂蚁森林"这一平台化的企业社会责任项目整合了来自支付宝用户、政府、公益机构、企业等多个组织的资源与力量,以线上线下相结合的方式来应对生态环保这一重大社会问题。通过多方的共同努力,蚂蚁森林这一公益项目获得了空前的成功。截至2020年9月,蚂蚁森林已经在沙漠里种下2亿棵树,实现碳减排1200多万吨。种植的面积超过了274万亩,相当于2.5个新加坡的国土面积。"蚂蚁森林"项目也因其对绿色减排的影响获得联合国"地球卫士奖"。因此,在"互联网+"背景下企业社会责任平台有利于凝聚来自政府、非营利组织等多方的力量与资源,精心设计、尽力施行的企业社会责任会迸发出惊人的能量,达到意想不到的效果。

(四)"互联网+"改变企业社会责任沟通方式

在传统的社会责任沟通方式中,一般是企业针对所实施的社会责任项目与社会相关方面进行一些沟通。但是,传统的社会责任沟通方式往往显得很不专业,召开的沟通会议具有典型的随意性、无目的性和滞后性。这些沟通方式在信息传递上是自上而下的垂直传播。由于时间滞后的原因,这些传统的企业社会责任沟通方式使得企业的利益相关者的要求与期望得不到有效反馈。甚至出现企业在社会责任履行中做了很多事情,而利益相关者却认为企业没有做,或者企业自认为做够了而利益相关者却认为做得还不够的情况。这就是由于沟通方式不当、不专业造成的信息传递不对称现象。

在"互联网+"的背景下,企业社会责任的沟通方式发生了重大变革。企业的沟通方式由传统的会议、相关报表、发布会的形式,走向了即时的基于互联网技术的在线平台沟通,在传播方式由自上而下的垂直式沟通方式走向了并行式、分散式沟通,从而大大增强了企业回应利益相关者期望与要求的动态性与适应性。例如,在"互联网+"背景下,企业基于平台化的网络在线沟通,披露的时间可以采取月度、季度与年度披露相结合的方式,通过互联网的信息大数据处理来实现对企业不同利益相关者的动态跟踪、分类管理与沟通效果评估。在技术工具使用的层面上,企业可以基于互联网技术,建立特定议题下显性与隐性的利益相关者沟通社区,企业能够与需要沟通的利益相关者进行一对一、一对多、多对多的多维立体互动。与此同时,企业的利益相关者能够及时反馈,从而在沟通过程中增进企业与利益相关者各成员之间的情感黏性、利益归属与价值认同(阳镇和许英杰,2017)。

"互联网+"的浪潮正喷涌而来,正在为企业承担社会责任带来诸多改变。为了更好地推动企业社会责任工作的发展，增进企业社会责任活动的社会价值与经济价值，广东企业应该抓住"互联网+"为企业社会责任发展带来的机遇，乘势而上，谱写积极、主动地承担社会责任工作的新篇章。

第三节 从战略的高度思考企业社会责任工作

一 战略性企业社会责任的内涵

战略性企业社会责任（Strategic Corporate Social Responsibility，SC-SR）的视角能够帮助广东企业更好地抓住承担企业社会责任所带来的机遇，通过企业社会责任活动实现企业与公益的双赢。本节将详细介绍战略性企业社会责任的思想以及其对广东企业承担社会责任的启示。

随着经济社会的不断发展，一方面企业承担社会责任已经成为企业得以长期发展的必备条件，另一方面企业间竞争的加剧使得企业不得不考虑企业社会责任项目的成本与收益。正是在这样的一个背景下，战略性企业社会责任的概念应运而生。战略性企业社会责任的基本思想是通过企业社会责任活动同时实现企业经济目标与社会目标的达成。战略性企业社会责任打破了传统企业社会责任对企业经济目标和社会目标此消彼长的假设，通过创造共享价值，试图破解企业如何做到赚钱和为善两不误的经典难题（彭雪蓉和刘洋，2015）。

战略性企业社会责任的思想可以追溯到1984年管理大师德鲁克的《企业社会责任的新意义》一文，在这篇文章中，德鲁克提出企业应该把"社会责任问题转化为商业机会、经济利益、生产能力、待遇丰厚的工作岗位以及社会财富"。1996年，Burke 和 Logsdon 正式提出战略性企业社会责任的概念。他们跳出短期盈利的思维，从长期角度思考企业社会责任给企业带来的好处，并指出当它通过支持核心业务为企业带来实际利益并助力企业完成使命时，企业社会责任就是战略性的。他们认为，传统的企业社会责任行为对利益相关者而言是有价值的，但对企业而言却是非战略性的；只有当企业社会责任的履行能够产生商业利益,特别是为企业的核心业务提供支持,并有助于提高生产率时,它才是战略性的。同时,他们还提出了五个维度来定义战略性企业社会责任,即中心性、专用性、前瞻性、自愿性和可见性,为鉴别战略性企业社会责任奠定了基础。其中,中心性描述了企业社会责任设计与企业使命和目标的一致程度;专用性描述了企业拥有通过企业社会责任活动获得收益的独特能力;前瞻性反映了企业在对经济、技术、社会、政治趋势有预见的情况下做出有计划的社会责任活动的能力,这种能力在机遇与威胁并存的动态环境中显得尤为重要;可见性反映了企业社会责任活动能被内部及外部利益相关者识别的能力;自愿性是指企业做出社会责任决策是出于自愿行为而非迫于外界压力。

在此基础上,Husted 和 Allen(2007)对战略性企业社会责任的特征进行了进一步检验,并剔除了自愿性这一特征。他们认为,从战略的角度出发,企业积极追求竞争优势的行为都是自愿的。与此同时,法律规制等非自愿的约束也可以激励创新、创造商业价值。经过修正,他们确定了战略性企业社会责任的四个典型特征(可见性、前瞻性、中心性、专用性)。另外,他们还对传统企业社会责任、传统企业战略与战略性企业社会责任进行了比较分析。他们认为,相较于传统企业社会责任,战略性企业社会责任由于具备了以上几个典型特征,它对于企业具有真正的战略性价值,可以帮助企业获得持久的发展;相较于传统企业战略,战略性企业社会责任的最大不同在于它从更广泛的角度考虑企业与社会的关系,把社会问题纳入企业战略范畴,并从解决社会问题的过程中寻找市场机会,进行产品和服务创新,进而实现共同价值创造。

哈佛大学商学院教授迈克尔·波特(Michael E. Porter)是久负盛名的战略管理学家,他在 20 世纪 80—90 年代所提出的五力模型、价值链、钻石模型(Diamond Model)三种通用竞争战略等概念已经写进了全世界商学院的战略管理学教材之中。2006 年,波特教授与他的合作者以企业与社会共生关系为基本假设,基于竞争优势理论,根据社会问题的不同性质以及企业应对社会问题的不同行为模式,把企业社会责任区分为反应性社会责任（Reactive CSR）和战略性社会责任（Strategic CSR）（Porter & Kramer，2006）。他们指出，企业履行战略性社会责任的目的在于寻找能够为企业和社会创造共享价值的机会，企业在解决社会问题的同时也可以获取竞争性收益，赢得可持续竞争优势。由于企业掌握的资源是有限的，因此企业不能不加区别地进行企业社会责任方面的投资，而是应该战略性地识别出社会中的某些特定问题，围绕这些问题开展企业社会责任活动。Porter 和 Kramer（2006）将有待解决的社会问题分为一般社会问题、价值链中的社会问题、外部竞争环境中的社会问题。根据这些有待解决的社会问题的不同类型和企业是否具有主动性，可以将企业履行的社会责任分为反应性和战略性两种，其中，战略性企业社会责任是指那些能创造企业和社会共享价值、长期投资于企业未来竞争力的企业社会责任。具体而言，企业有两种方式通过承担战略性企业社会责任来创造共享价值，一是通过解决企业价值链中存在的社会问题而进行价值链创新，如丰田为解决汽车尾气排放问题而研发的油电混合动力车；二是通过投资竞争环境中能增强企业竞争力的社会项目使企业和社会共同获益。例如微软和美国社区学院协会之间的合作既解决了社区学院 IT 职业教育中存在的问题，又解决了制约微软增长的 IT 技术人员短缺问题，从而建立起企业与社会的共生关系。如果一家企业能够同时履行这两种类型的战略性企业社会责任，那么就能使两者相互促进和强化，效果也会更加显著。

　　上述学者界定战略性企业社会责任概念的视角和结论虽有差异，但内涵基本一致，即强调战略性企业社会责任是企业利益和社会利益内在统一的，能够为企业与社会创造共享价值的企业社会责任。总体来看，战略性企业社会责任本质上是一种把社会问题纳入企业核心价值的内在、主动的战略，它把承担社会责任看作企业创造与社会共享的价值，取得可持续竞争优势和发挥积极社会影响的战略机会。战略性企业社会责任是企业追求自我实现需要的一种全新的思维和行为方式。它要求企业不仅确立与社会共生的理念，而且把社会利益纳入自己的核心价值主张,并且把自己的社会影响视为自身战略的重要组成部分。因此,企业履行战略性企业社会责任的目的不仅仅是使利益相关者满意,为企业赢得可持续竞争优势,还包括充分发挥自己的社会影响,提升自己的"社会融入度"(Porter & Kramer,2006;2011)。

二 战略性企业社会责任的利益回报机制

战略性企业社会责任打破了企业成功与社会福利之间零和博弈的关系,强调双方可以寻求长期共同发展,创造共享价值。因此,许多学者也在积极探究战略性企业社会责任给企业带来利益回报的机制,从而为企业界更好地实践战略性企业社会责任提供思路。总体来讲,战略性企业社会责任的利益回报机制体现为以下几个方面。

(一)战略性企业社会责任有助于企业成功实施其既定战略目标

企业在经营过程中会形成自己的竞争战略,如成本领先战略、差异化战略和聚焦战略。在履行战略性企业社会责任的过程中,企业可以结合自身运营管理、人力资源管理、营销管理的特点,提升产品质量,降低产品制造和销售成本(王水嫩等,2011),提高员工生产率,降低人员成本(McWilliams 和 Siegel,2011),从而为企业带来成本优势,强化成本领先战略的实施;战略性企业社会责任也可以结合社会需求,创造新的社会责任产品特征或类型,或将社会责任融入生产过程以实现工艺创新(McWilliams 和 Siegel,2011),树立对社会负责的企业形象,将自己的产品和服务同竞争者区别开来(Porter 和 Kramer,2006;Bhattacharyya,2010),从而强化差异化战略的实施。而且,企业完全可以通过履行战略性企业社会责任来吸引特定的目标客户,在细分市场上实施聚焦战略。

(二)战略性企业社会责任有助于企业降低经营风险

一方面,战略性企业社会责任要求企业尊重并识别关键利益相关者,有效满足其利益诉求,建立顺畅的沟通协调机制,在企业风险管理层面具有战略意义(王水嫩等,2011)。另一方面,企业通过社会责任活动赢得的声誉是一项重要的战略资源,当企业出现负面消息时,之前积累的良好的企业社会责任声誉能够产生缓冲危机的作用，减少消费者负面评价，保护企业形象，帮助企业渡过难关（Koh，2014；Shiu 和 Yang，2017）。当然，这种战略性企业社会责任帮助企业降低风险的作用机制是有条件的，即企业在日常经营中是真心实意地在承担战略性企业社会责任，不是在作秀，不是在欺骗。只有这样，在出现危机事件时才有可能获得重要利益相关者（如顾客）的宽恕。因此，企业应该在理解消费者期望、实事求是进行沟通的基础上管理商业责任声誉，积累社会责任声誉，树立与事实相符的社会责任形象，如此才有可能最大限度地发挥战略性企业社会责任降低经营风险的作用。

（三）战略性企业社会责任有助于发掘新的商业机会

Prahalad（2004）提出"金字塔底部"（Bottom of Pyramid，BOP）的概念，将解决全世界人口金字塔底部的 40 多亿人口的需求视为蕴含巨大商业机会的社会问题。关注金字塔底部的战略性企业社会责任活动可以在缓解社会问题的同时创造新市场，实现企业与社会共同受益。同时，环保技术的发展和碳交易市场的增长也证实了社会问题中蕴含商业机会（Bhattacharyya，2010），值得战略性企业社会责任实践的关注。中国自 2020 年以来提出"碳达峰、碳中和"的"30—60"目标任务，并进一步把"碳达峰、碳中和"纳入生态文明建设整体布局，要求构建清洁低碳安全高效的能源体系，调整产业结构，推动中国经济社会发展的绿色转型。在此背景下，企业从战略的高度全面审视产品业务和经营方式中涉及的绿色环保元素，完全有可能为企业发掘出全新的商机。

（四）战略性企业社会责任有利于形成企业的持续竞争优势

事实上，企业通过战略性企业社会责任获取持续竞争优势有多个视角和多种路径。Porter 和 Kramer（2006）从企业竞争优势的来源出发，认为战略性企业社会责任能够通过提供合适的产品和服务来解决特定的社会问题，实现企业价值链环节的创新；与此同时，企业也可以通过践行战略性企业社会责任来改善自身所处的竞争环境，从而赢得持续竞争优势,增强企业的长期竞争力。邵兴东和孟宪忠(2015)从企业资源基础论的视角出发,阐述了战略性企业社会责任提供企业持续竞争优势来源的四种途径,即提升企业声誉与企业品牌、培育战略企业家精神、发挥人力资源优势、形成企业社会责任文化保障,为企业实践提供了指导。Kuokkanen 和 Sun(2020)从满足消费者期望的角度出发,认为消费者对企业社会责任产品和服务的需求是广泛存在的,这就使得企业通过战略性企业社会责任来获得竞争优势是可能的。彭雪蓉和刘洋(2015)综合制度合法性理论、资源基础论、动态能力理论,构建了企业通过战略性企业社会责任实现持续竞争优势的三种途径:(1)由于战略性企业社会责任的目标具有二元性,即同时追求企业的发展和社会的进步,因此可以通过满足市场需求来获得实用合法性、满足社会期望来提供道德合法性,从而增强双重合法性;(2)战略性企业社会责任带来的资源不仅拥有传统企业社会责任项目所提供的声誉和道德方面的价值性(V,Value)、稀缺性(R,Rareness),还由于它紧密联系企业的使命与业务,难以模仿,专业性很强,因而具有了难以模仿性(I,Imperfect imitability)和不可替代性(N,Non-substitutability),进而拥有了构建企业核心竞争力的基础属性;(3)战略性企业社会责任能够帮助企业在不断发展变化的社会背景下完善自身、持续学习、变革创新,通过应变能力、创新能力和吸收能力来构建企业动态能力(Ramachandran,2011)。

三 开展战略性企业社会责任工作的方法

相对于传统的企业社会责任活动来说,战略性企业社会责任对企业的管理能力要求更高,要求企业从长远、全局、整体、动态的高度出发来看待企业所开展的企业社会责任活动。面对日益严重的各种社会问题,没有哪个企业有足够的能力和资源解决全部的社会问题,识别、选择那些与自身业务和能力相匹配的特定社会问题,并结合企业的经营活动来尽力解决这些特定的社会问题,是企业有效履行战略性企业社会责任的关键。关于战略性企业社会责任活动的工作,以下三方面的管理工作值得重视。

（一）运用四层过滤法来筛选战略性企业社会责任项目

Bhattacharyya（2010）从实操的角度提出了一套过滤的方法，用以帮助企业从六个方面（计划性、前瞻性、中心性、持续行动的长期性、投入大量资源的保障性、有效影响企业内外业务运营的嵌入性）来筛选战略性企业社会责任项目。筛选过滤共分为四个层次，自上而下分别是意图层、核心层、保障层、运营层。四层过滤模型如图12-1所示。

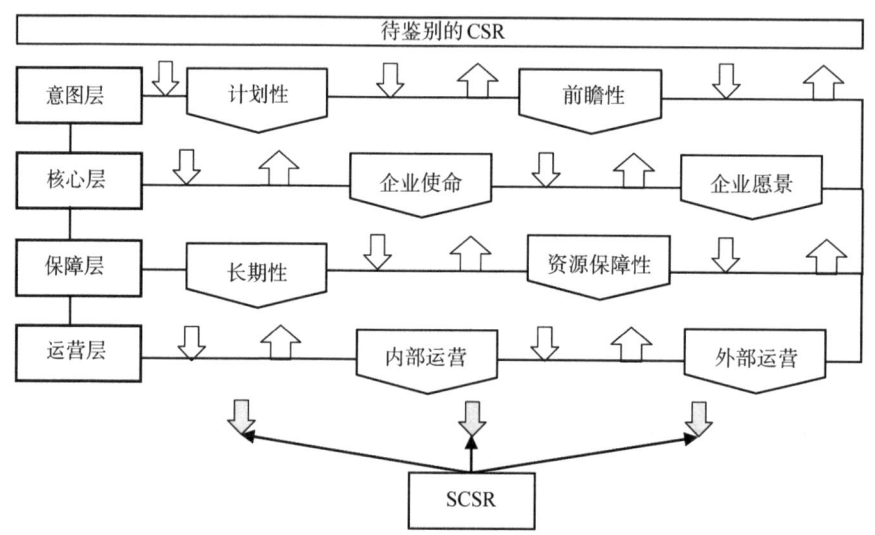

图12-1　Bhattacharyya鉴别SCSR的四层过滤法

资料来源：Bhattacharyya（2010）。

待鉴别的企业社会责任活动首先要通过意图层的过滤，排除盲目随机、没有事先计划过的企业社会责任行为。这是因为战略性企业社会责任需要考虑到企业内部价值链活动的环节和外部竞争环境中的重要因素，需要企业对内外部环境有足够的认识，明确企业同社会的关系，只有这样才能设计出有助于企业和社会长期发展的社会责任项目。因此，通过意图层过滤的企业社会责任项目具有计划性和前瞻性。

第二层过滤在核心层展开，需要确保企业社会责任活动是围绕实现企业使命和愿景开展的，排除那些不能以建设性方式为实现企业目标和愿景、完成企业使命做出贡献的企业社会责任活动。因此，通过核心层过滤的企业社会责任活动是与企业愿景和使命相匹配的，是具有战略意义和核心属性的，这就为项目的长期实施和助益企业核心竞争力发展创造条件。

第三层过滤在保障层展开，筛选出具有长期规划性且有大量资源保障的企业社会责任活动，排除那些短期、应急、资源支持无保障的企业社会责任项目。一般来说，短期的、未投入较多资源的企业社会责任活动难以取得良好的成效，甚至可能被认为是企业伪善、作秀的表现。具有战略性的企业社会责任活动需要有长期性，体现企业对社会的承诺，且投入足够多的资源来保障实施的效果，这样才能对最终战略目标的达成提供保障。因此，通过保障层过滤的企业社会责任活动是具有长期性和资源保障性的。

第四层过滤在运营层展开，具有战略性的企业社会责任活动需要与企业内外部运营相关联，不能与企业运营无关，与企业业务本身脱节。否则，这种企业社会责任项目游离于企业成长之外，不能把企业发展与社会进步合理地结合在一起。因此，通过"运营层"过滤的企业社会责任活动需要与企业内部运营和外部运营相关联。

以上四层过滤环环相扣、相辅相成，最终通过这四层过滤筛选的企业社会责任活动才能称之为战略性企业社会责任活动。

（二）把战略性企业社会责任活动融入价值链环节之中

Porter 和 Kramer（2006）认为，战略性企业社会责任管理工作的关键点在于通过审视企业与社会的关系，寻找企业与社会的利益交叉点。他们把企业与社会的关系看作一种相互依存的共生关系，并把这种共生关系分为以下两种：企业经营活动对社会的影响（即"由内及外"）和社会环境对企业经营活动的影响（即"由外及内"）。为了全面、系统地审视企业与社会之间的这两类关系，波特教授把他30多年前赖以成名的两大战略管理分析工具（价值链模型、钻石模型）重新拿出来，并给它们赋予了全新的企业社会责任的含义。不得不说，波特教授异常聪明，而且极富与时俱进的精神。他的睿智思考使得这两个经典的战略管理分析模型重新在企业社会责任领域焕发出独特的魅力。

波特（1985）在他所著的《竞争优势》一书中，将企业价值链（Value Chain）活动分为两大部分：支持性活动（Support Activities）和基础性活动（Primary Activities），前者包括企业的基础性建设工作、人力资源管理、技术开发和采购等，后者包括原料的物流、生产运营、成品的物流管理、营销与销售、服务等。这两大类活动共同协作，为企业带来利润回报。借用该模型，Porter和Kramer（2006）将之作为梳理和分析企业与社会之间"由内及外"关系的一个基本框架，并且向每一个价值链环节注入了企业社会责任的内容（如图12-2所示）。例如，企业在其基础性建设工作中，需要秉承"透明""诚信"的原则与政府部门打交道；在企业的研发活动中，需要考虑到技术的伦理价值问题；在原料和成品的物流管理工作中，需要考虑到企业的各种运输活动对交通带来的影响；在企业的营销和服务活动中，需要考虑到如何保护顾客的隐私；等等。

对于那些想真正开展战略性企业社会责任工作的企业而言，这一分析模型提供了如何把企业社会责任从战略思考落实到具体执行的可行思路，即运用价值链模型来梳理企业经营活动的每一个环节对社会所产生的影响，建立问题和机会清单并加以详尽分析，尽可能地消除所有企业价值链活动中产生的负面社会影响。通过把战略性企业社会责任活动融入企业价值链的每一个环节之中，企业认认真真、踏踏实实地解决企业价值链中可能涉及的每一个社会问题，假以时日，在创造社会价值的同时就为企业带来战略上的持久竞争优势。

（三）通过履行战略性企业社会责任改善企业的竞争环境

钻石模型是波特教授在1990年出版的《国家竞争优势》一书中提出来的，主要是用以分析一个国家或地区形成国际性竞争优势的条件。波特（1990）认为，有四个要素在其中起到关键性作用：（1）资

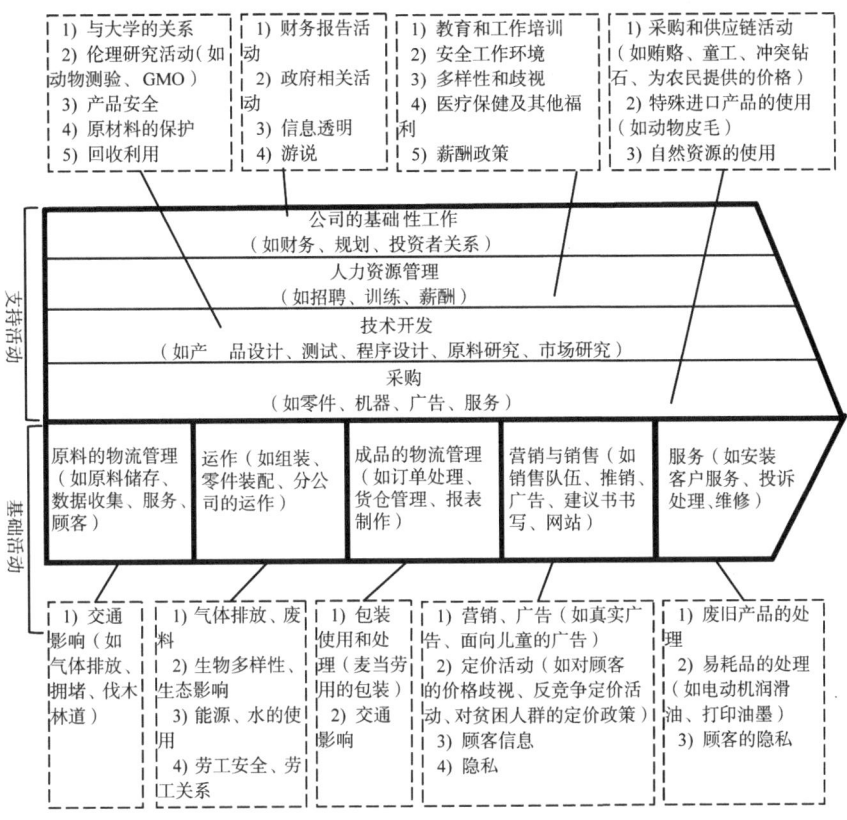

第十一章 面向未来的思考：广东企业改进社会责任工作的建议

```
1) 与大学的关系          1) 财务报告活      1) 教育和工作培训      1) 采购和供应链活动
2) 伦理研究活动（如        动              2) 安全工作环境         （如贿赂、童工、冲突钻
   动物测验、GMO）      2) 政府相关活      3) 多样性和歧视          石、为农民提供的价格）
3) 产品安全              动              4) 医疗保健及其他福      2) 特殊进口产品的使用
4) 原材料的保护          3) 信息透明         利                  （如动物皮毛）
5) 回收利用              4) 游说           5) 薪酬政策            3) 自然资源的使用
```

支持活动	公司的基础性工作（如财务、规划、投资者关系）
	人力资源管理（如招聘、训练、薪酬）
	技术开发（如产品设计、测试、程序设计、原料研究、市场研究）
	采购（如零件、机器、广告、服务）
基础活动	原料的物流管理（如原料储存、数据收集、服务、顾客） / 运作（如组装、零件装配、分公司的运作） / 成品的物流管理（如订单处理、货仓管理、报表制作） / 营销与销售（如销售队伍、推销、广告、建议书书写、网站） / 服务（如安装客户服务、投诉处理、维修）

```
1) 交通            1) 气体排放、废      1) 包装             1) 营销、广告（如真实广       1) 废旧产品的处
   影响（如            料                  使用和处           告、面向儿童的广告）             理
   气体排放、        2) 生物多样性、         理（麦当劳        2) 定价活动（如对顾客         2) 易耗品的处理
   珊瑚、伐木          生态影响              用的包装）            的价格歧视、反竞争定价          （如电动机润滑
   林道）           3) 能源、水的使         2) 交通              动、对贫困人群的定价政策）       油、打印油墨）
                     用                    影响             3) 顾客信息                  3) 顾客的隐私
                  4) 劳工安全、劳                           4) 隐私
                     工关系
```

图 12-2 企业社会责任的价值链模型分析

资料来源：Porter & Kramer（2006）。

源要素，指一个国家或地区的生产要素状况，包括人力资源、天然资源、知识资源、资本资源、基础设施等；（2）需求条件，指对某个行业的产品或服务的国内需求情况；（3）相关及支持产业，指国内是否存在具有国际竞争力的供应商和关联辅助行业；（4）国内企业的战略、结构和竞争状况，指一国国内帮助企业创建、组织和管理的条件，以及国内竞争的特点。波特（1990）将这四方面的要素画成构成一个钻石菱形，认为当某些行业或行业内部门的菱形条件处于最佳状态时，该国企业取得成功、该国在此产业内形成国际性竞争优势的可能性最大。这个钻石菱形还用来表示这四个元素构成一个互相促进增强的系统，任何一个要素要想发挥作用都取决于其他要素的状况。

类似于将上述价值链模型应用于企业社会责任领域,并使之重新焕发活力,Porter 和 Kramer（2006）认为"钻石模型"也可以用于分析企业社会责任问题（如图 12-3 所示）。当企业从战略的高度来思考如何承担社会责任时,可以采取"由外而内"的分析方法,即首先分析企业所处的外部环境中存在哪些需要解决的社会问题,然后审视这些社会问题如何体现在钻石模型中的四个要素之中。由于这些问

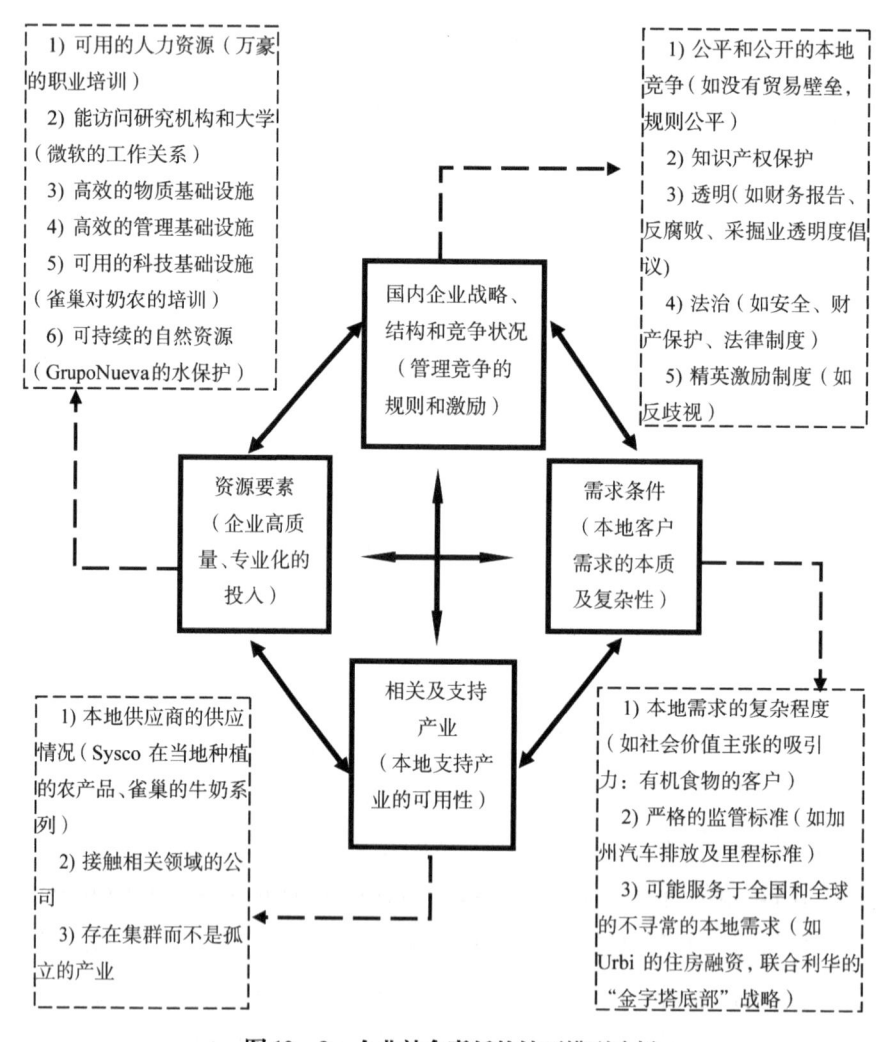

资源要素框：
1) 可用的人力资源（万豪的职业培训）
2) 能访问研究机构和大学（微软的工作关系）
3) 高效的物质基础设施
4) 高效的管理基础设施
5) 可用的科技基础设施（雀巢对奶农的培训）
6) 可持续的自然资源（GrupoNueva 的水保护）

国内企业战略、结构和竞争状况框：
1) 公平和开放的本地竞争（如没有贸易壁垒,规则公平）
2) 知识产权保护
3) 透明（如财务报告、反腐败、采掘业透明度倡议）
4) 法治（如安全、财产保护、法律制度）
5) 精英激励制度（如反歧视）

中心模型：
- 国内企业战略、结构和竞争状况（管理竞争的规则和激励）
- 资源要素（企业高质量、专业化的投入）
- 需求条件（本地客户需求的本质及复杂性）
- 相关及支持产业（本地支持产业的可用性）

相关及支持产业框：
1) 本地供应商的供应情况（Sysco 在当地种植的农产品、雀巢的牛奶系列）
2) 接触相关领域的公司
3) 存在集群而不是孤立的产业

需求条件框：
1) 本地需求的复杂程度（如社会价值主张的吸引力：有机食物的客户）
2) 严格的监管标准（如加州汽车排放及里程标准）
3) 可能服务于全国和全球的不寻常的本地需求（如 Urbi 的住房融资,联合利华的"金字塔底部"战略）

图 12-3 企业社会责任的钻石模型分析

资料来源：Porter & Kramer（2006）。

第十一章 面向未来的思考:广东企业改进社会责任工作的建议

题都是社会性问题,一个企业的资源有限,不可能以自身力量去解决所有问题,因此,企业应当从中间找出一个或几个最具有战略价值的社会问题,加以精心设计成为有效的社会责任活动。当企业把解决这些特定社会问题的工作与企业的业务发展、产品、服务相结合的时候,就找到了战略性企业社会责任的可行之路;当企业有效地履行这些战略性企业社会责任之后,就有可能改善企业所处的外部竞争环境,为企业打造持久的竞争优势奠定了基础。

我们看到,广东诸多企业都对企业社会责任工作给予了越来越多的重视,但是离战略性企业社会责任的要求还有很大的差距。王水嫩等(2001)认为,中国企业管理工作的制度建设不足,自身实力较弱、责任意识还不强,对于战略性企业社会责任的认知还很粗浅,这些因素都制约了中国企业从战略性高度来系统地开展社会责任实践工作。为了推动企业社会责任的可持续发展,创造企业与社会的共享价值,广东企业在战略性企业社会责任的设计、实施方面还任重道远。

参考文献

陈宏辉、贾生华：《企业利益相关者三维分类的实证分析》，《经济研究》2004年第4期。

陈宏辉、张麟、向燕：《企业社会责任领域的实证研究：中国大陆学者2000—2015年的探索》，《管理学报》2016年第7期。

李伟阳、肖红军：《企业社会责任的逻辑》，《中国工业经济》2011年第10期。

李伟阳、肖红军：《ISO26000的逻辑 社会责任国际标准深层解读》，经济管理出版社2011年版。

卢代富：《国外企业社会责任界说述评》，《现代法学》2001年第3期。

彭雪蓉、刘洋：《战略性企业社会责任与竞争优势：过程机制与权变条件》，《管理评论》2015年第7期。

唐鹏程、杨树旺：《企业社会责任投资模式研究：基于价值的判断标准》，《中国工业经济》2016年第7期。

王水嫩、胡珊珊、钱小军：《战略性企业社会责任研究前沿探析与未来展望》，《外国经济与管理》2011年第11期。

张麟、莫申江、陈宏辉：《国外员工志愿服务研究回顾及对中国本土研究的启示》，《管理学报》2015年第8期。

广药集团社会责任报告（2008—2020）。

广汽集团社会责任报告（2016—2020）。

腾讯公司社会责任报告（2013—2020）。

碧桂园可持续发展报告（2015—2020）。

万科企业社会责任报告（2016—2020）。

唯品会社会责任报告（2018—2020）。

美的集团社会责任报告（2011—2020）。

广东省属企业社会责任报告（2019—2020）。

粤港澳大湾区国有企业社会价值蓝皮书（2021）。

Aguilera, R. V., Rupp, D. E., Williams, C. A., & Ganapathi, J., "Putting the S back in corporate social responsibility: A multilevel theory of social change in organizations", *Academy of Management Review*, Vol. 32, No. 3, 2007.

Aguinis, H. & Glavas, A., What we know and don't know about corporate social responsibility: A review and research agenda. Journal of Management, Vol. 38, No. 4, 2012.

Annan, K., *UNGlobal Compact*, UN Press Release, 1999.

Bansal, P. & Roth, K., Why companies go green: A model of ecological responsiveness. Academy of Management Journal, Vol. 43, No. 4, 2000.

Bansal, P., From issues to actions: The importance of individual concerns and organizational values in responding to natural environmental issues. Organization Science, Vol. 14, No. 5, 2003.

Berle, A., For whom are corporate manager trustees? A note. Harvard Law Review, Vol. 45, No. 8, 1932.

Berrone, P., Fosfuri, A., Gelabert, L., & Gomez-Mejia, L. R., Necessity as the mother of green inventions: Institutional pressures and environmental innovations. Strategic Management Journal, Vol. 34, No. 8, 2013.

Berrone, P. & Gomez-Mejia, L. R., Environmental performance and executive compensation: An integrated agency-institutional perspective. Academy of Management Journal, Vol. 52, No. 1, 2009.

Bhattacharyya S. S., Exploring the concept of strategic corporate social responsibility for an integrated perspective. European Business Review,

Vol. 22, No. 1, 2010.

Bowen, H. R. & Johnson, F. E., SocialResponsibility of the Businessman. Harper, 1953.

Buehler, V. M. & Shetty, Y. K., Motivations for corporate social action. Academy of Management Journal, Vol. 17, No. 4, 1974.

Carroll, A. B., A three-dimensional conceptual model of corporate performance. Academy of Management Review, Vol. 4, No. 4, 1979.

Carroll, A. B., The pyramid of corporate social responsibility: Toward the moral management of organizational stakeholders. Business Horizons, Vol. 34, No. 4, 1991.

Chiu, S. C. & Sharfman, M., Legitimacy, visibility, and the antecedents of corporate social performance: An investigation of the instrumental perspective. Journal of Management, Vol. 37, No. 6, 2011.

Conlon, D. E. & Murray, N. M., Customer perceptions of corporate responses to product complaints: The role of explanations. Academy of Management Journal, Vol. 39, No. 4, 1996.

Davis, K., "Can business afford to ignore social responsibilities?" *California Management Review*, Vol. 2, No. 3, 1960.

Davis, K., The case for and against business assumption of social responsibilities. Academy of Management Journal, Vol. 16, No. 2, 1973.

Davis, K. & Blomstrom, R. L., Business, Society, and Environment, *Social Power and Social Response*, New York: McGraw-Hill, 1971.

Dodd, M., "For whom are corporate managers trustees", *Harvard Law Review*, Vol. 45, No. 7, 1932.

Donaldson, T. & Dunfee, T. W., Toward a unified conception of business ethics: Integrative social contracts theory. Academy of Management Review, Vol. 19, No. 2, 1994.

Eells, R. & Walton, C., Conceptual foundations of business (3rd ed.). Burr Ridge, IL: Irwin, 1974.

Elkington, J., Cannibals with Forks: The Triple Bottom Line of 21st Century Business. Oxford: Capstone Publishing, 1997.

Farooq, O., Payaud, M., Merunka, D., & Valette-Florence, P., The impact of corporate social responsibility on organizational commitment: Exploring multiple mediation mechanisms. Journal of Business Ethics, Vol. 125, No. 4, 2014.

Fineman, S. & Clarke, K., Green stakeholders: Industry interpretations and response. Journal of Management Studies, Vol. 33, No. 6, 1996.

Freeman, E. R., Strategic Management: A stakeholder Approach. Cambridge University Press, 1984.

Freeman, R. E., Divergent stakeholder theory. Academy of Management Review, Vol. 24, No. 2, 1999.

Friedman, M., *The social responsibility of business is to increase its profit*, The New York Times Magazine, September 13, 1970.

Garriga, E. & Melé, D., Corporate social responsibility theories: Mapping the territory. Journal of Business Ethics, Vol. 53, No. 1, 2004.

Gomulya, D. & Boeker, W., How firms respond to financial restatement: CEO successors and external reactions. Academy of Management Journal, Vol. 57, No. 6, 2014.

Grunig, J. E., Anew measure of public opinion on corporate social responsibility. Academy of Management Journal, Vol. 22, No. 4, 1979.

Habel, J., Schons, L. M., Alavi, S., & Wieseke, J., Warm glow or extra charge? The ambivalent effect of corporate social responsibility activities on customers' perceived price fairness. Journal of Marketing, Vol. 80, No. 1, 2016.

Hillman, A. J. & Keim, G. D., Shareholder value, stakeholder management, and social issues: What's the bottom line? Strategic Management Journal, Vol. 22, No. 2, 2001.

Husted, B. W. & Allen, D. B., Strategic corporate social responsibility and value creation among large firms: Lessons from the Spanish experience. Long Range Planning, Vol. 40, No. 6, 2007.

Johnson, R. A. & Greening, D. W., The effects of corporate governance and institutional ownership types of corporate social performance. Academy of Management Journal, Vol. 42, No. 5, 1999.

Jones, D. A., Willness, C. R., & Madey, S., Why are job seekers attracted by corporate social performance? Experimental and field tests of three signal-based mechanisms. Academy of Management Journal, Vol. 57, No. 2, 2014.

Kang, J., The relationship between corporate diversification and corporate social performance. Strategic Management Journal, Vol. 34, No. 1, 2013.

Lantos, G. P., The boundaries of strategic corporate social responsibility. Journal of Consumer Marketing, Vol. 18, No. 7, 2001.

Li, S., Song, X., & Wu, H., Political connection, ownership structure, and corporate philanthropy in China: A strategic-political perspective. Journal of Business Ethics, Vol. 129, No. 2, 2014.

Li, W. J. & Zhang, R., Corporate social responsibility, ownership structure, and political interference: Evidence from China. Journal of Business Ethics, Vol. 96, No. 4, 2010.

Luo, X., Wang, H., Raithel, S., & Zheng, Q., Corporate social performance, analyst stock recommendations, and firm future returns. Strategic Management Journal, Vol. 36, No. 1, 2015.

MacLean, T. L. & Behnam, M., The dangers of decoupling: The relationship between compliance programs, legitimacy perceptions, and institutionalized misconduct. Academy of Management Journal, Vol. 53, No. 6, 2010.

Maignan, I., Ferrell, O. C., & Hult, G. T. M., Corporate citizenship: Cultural antecedents and business benefits. Journal of the Academy of Marketing Science, Vol. 27, No. 4, 1999.

Maignan, I. & Ferrell, O. C., Measuring corporate citizenship in two countries: The case of the united states and france. Journal of Business Ethics, Vol. 23, No. 3, 2000.

Manner, M. H., The impact of CEO characteristics on corporate social performance. Journal of Business Ethics, Vol. 93, No. 1, 2010.

Marcus, A. A. & Anderson, M. H., A general dynamic capability: Does it propagate business and social competencies in the retail food industry? Journal of Management Studies, Vol. 43, No. 1, 2006.

Margolis, J. D. & Walsh, J. P., People and Profits: The Search for A Link between A Company's Social and Financial Performance. Psychology Press, 2001.

Marquis, C., Glynn, M. A., & Davis, G. F., Community isomorphism and corporate social action. Academy of Management Review, Vol. 32, No. 3, 2007.

Matten, D. & Crane, A., Corporate citizenship: Toward an extended theoretical conceptualization. Academy of Management Review, Vol. 30, No. 1, 2005.

McWilliams, A. & Siegel, D. S., Creating and capturing value: Strategic corporate social responsibility, resource-based theory, and sustainable competitive advantage. Journal of Management, Vol. 37, No. 5, 2011.

Mueller, K., Hattrup, K., Spiess, S. O., & Lin-Hi, N., The effects of corporate social responsibility on employees' affective commitment: A cross-cultural investigation. Journal of Applied Psychology, Vol. 97, No. 6, 2012.

Orlitzky, M., Schmidt, F. L., & Rynes, S. L., Corporate social and financial performance: A meta-analysis. Organization Studies, Vol. 24, No. 3, 2003.

Parmar, B. L., Freeman, R. E., Harrison, J. S., Wicks, A. C., Purnell, L., & De Colle, S., Stakeholder theory: The state of the art. Academy of Management Annals, Vol. 4, No. 1, 2010.

Petrenko, O. V., Aime, F., Ridge, J., & Hill, A., Corporate social responsibility or CEO narcissism? CSR motivations and organizational performance. Strategic Management Journal, Vol. 37, No. 2, 2016.

Porter, M. E. & Kramer, M. R., Strategy and society: The link between competitive advantage and corporate social responsibility. Harvard Business Review, Vol. 84, No. 12, 2006.

Porter, M. E. & Kramer, M. R., Creating shared value: Redefining capitalism and the role of the corporation in society. Harvard Business Review, Vol. 89, No. 1/2, 2011.

Saeidi, S. P., Sofian, S., Saeidi, P., Saeidi, S. P., & Saaeidi, S. A., How does corporate social responsibility contribute to firm financial performance? The mediating role of competitive advantage, reputation, and customer satisfaction. Journal of Business Research, Vol. 68, No. 2, 2015.

Sen, S. & Bhattacharya, C. B., Does doing good always lead to doing better? Consumer reactions to corporate social responsibility. Journal of Marketing Research, Vol. 38, No. 2, 2001.

Sharma, S., Managerial interpretations and organizational context as predictors of corporate choice of environmental strategy. Academy of Management Journal, Vol. 43, No. 4, 2000.

Swanson, D. L., Addressing a theoretical problem by reorienting the corporate social performance model. Academy of Management Review, Vol. 20, No. 1, 1995.

Tang, Y., Qian, C. L., Chen, G. L., & Shen, R., How CEO hubris affects corporate social (ir) responsibility. Strategic Management Journal, Vol. 36, No. 9, 2015.

Tenbrunsel, A. E., Wade-Benzoni, K. A., Messick, D. M., & Bazerman, M. H., Understanding the influence of environmental standards on judgments and choices. Academy of Management Journal, Vol. 43, No. 5, 2000.

Turker, D., Measuring corporate social responsibility: A scale development study. Journal of Business Ethics, Vol. 85, No. 4, 2009.

Waddock, S. A. & Graves, S. B., The corporate social performance-financial performance link. Strategic Management Journal, Vol. 18, No. 4, 1997.

Wang, H. L. & Qian, C. L., Corporate philanthropy and corporate financial performance: The roles of stakeholder response and political access. Academy of Management Journal, Vol. 54, No. 6, 2011.

Wang, H., Tong, L., Takeuchi, R., & George, G., Corporate social responsibility: An overview and new research directions. Academy of Management Journal, Vol. 59, No. 2, 2016.

Wang, T. Y. & Bansal, P., Social responsibility in new ventures: Profiting from a long-term orientation. Strategic Management Journal, Vol. 33, No. 10, 2012.

Wartick, S. L. & Cochran, P. L., The evolution of the corporate social performance model. Academy of Management Review, Vol. 10, No. 4, 1985.

Weerawardena, J. & Mort, G. S., Investigating social entrepreneurship: A multidimensional model. Journal of World Business, Vol. 41, No. 1, 2006.

Wood, D. J., Corporate social performance revisited. Academy of Management Review, Vol. 16, No. 4, 1991.

后　　记

本书终于成稿，写作告一段落了。我长舒一口气，感到一阵难得的轻松。抚卷翻阅书稿，回首写作本书的几年时间，不禁心生许多感慨。

写作本书的起始，是2017年左右。当时，我尚在中山大学岭南学院工作。为了迎接"庆祝改革开放40周年"，岭南学院准备于2018年出版一套丛书"广东改革开放40年回顾与展望"，本书也被学院列入丛书出版计划之中。感谢岭南学院给我提供了一个难得的机会来系统地梳理和回顾广东企业在承担社会责任方面所做的工作。不过，本书的写作过程却一波三折，迟迟未能定稿。究其原因，除了我自己犯了拖拉的毛病和惰性使然之外，一个重要的因素是本书所想展示的一些案例企业出现了意想不到的变化。企业承担社会责任、恪守商业伦理当然是一件令人称道的事情，把广东企业中的翘楚在这一领域的优秀实践活动总结出来，分享给更多的读者，也是我多年来的一个夙愿。但是，企业在市场竞争中面临各种各样的压力，也面临各种各样的诱惑，如何在经济绩效和社会绩效之间取得平衡，却是一件很不容易的事情。在本书的写作过程中，一些原本纳入写作计划的案例企业却在经营过程中出现了问题，有的甚至还是比较严重的问题。因此，我在写作中途不得不中断了原定的写作计划，暂时搁笔了。我的想法是，既然这样，那就缓一缓吧，等一等吧。世间有些事情的是非曲直，可能需要让时间来进行评判。尤其是关于企业社会责任方面的事情，用长远一些的眼光可能会看得更加清楚。

这一缓一等，差不多3年多的时间就过去了。现在重新审读摆在我面前的这部书稿，我真有一些别样的感觉。不过，拖了这么长的时间才正式出版本书，我还是心生愧疚，同时也充满感激：愧疚于中山大学岭南学院给我的厚爱，愧疚于本书出版的延迟使得这部丛书一直存在缺失；感激岭南学院给我的包容，感激学院领导一直鼓励我出精品，"不要赶工、对付"。在此期间，我已经从岭南学院校内调动到管理学院工作了。但是，倘若没有岭南学院的支持、敦促和包容，本书的写作是不可能完成的。

在本书的写作过程中，我们查阅了许多文献和资料。在这一方面，我的多位学生提供了帮助。尤其是在7家案例企业的写作过程中，他们贡献良多。他们是胡怡琳、叶恒毅（第五章，广药集团案例）；薛姗、钟晓（第六章，广汽集团案例）；郭俊馨、任梦迪、方笑菲（第七章，腾讯公司案例）；周晓芙、李楠（第八章，万科集团案例）；孙习文、张勇、杨佳璇（第九章，唯品会案例）、张麟、杨佳璇（第十章，美的集团案例）。他们都是我在岭南学院指导的硕士生、博士生，现在都已经毕业，在各行各业之中顺利发展。祝愿这些青年才俊在更加广阔的舞台上施展自己的才华。

在多易其稿后，本书由我和张麟老师最终统稿完成。文中若有谬误之处，责任都由我们两人承担。感谢岭南学院科研秘书李义华老师，没有她的坚持和不断提醒，我真有可能在半途时就放弃了。感谢中国社会科学出版社的宽容和等待，给你们造成了麻烦，我深感歉意。感谢喻苗编辑极其专业、耐心细致的工作，使得本书得以顺利出版。

在写作过程中，我们参考了大量的中外文文献和资料。我们尽可能在文中相应的地方进行了标注，并在书末附上主要参考文献。但是，有些文献资料的标注和列示可能还是有所缺失，恳请见谅。

最后，仅以此书献给在企业社会责任领域进行理论研究的同仁，献给在承担社会责任方面开拓进取的企业实践者。让我们共同努力，在企业社会责任这一领域取得更加丰硕的成果。

陈宏辉
2022 年岁末